◆ 国家社科基金资助出版

◆ 北京高校中国特色社会主义协同创新中心
（中央财经大学）资助出版

共和主义与德性

GONGHEZHUYI YU DEXING

陈文娟　著

中国社会科学出版社

图书在版编目（CIP）数据

共和主义与德性/陈文娟著.—北京：中国社会科学出版社，2018.3

ISBN 978－7－5203－2212－6

Ⅰ.①共…　Ⅱ.①陈…　Ⅲ.①共和制—研究　Ⅳ.①D033

中国版本图书馆 CIP 数据核字(2018)第 049467 号

出 版 人　赵剑英
责任编辑　孔继萍
责任校对　王　龙
责任印制　李寡寡

出　　版　中国社会科学出版社
社　　址　北京鼓楼西大街甲 158 号
邮　　编　100720
网　　址　http://www.csspw.cn
发 行 部　010－84083685
门 市 部　010－84029450
经　　销　新华书店及其他书店

印　　刷　北京明恒达印务有限公司
装　　订　廊坊市广阳区广增装订厂
版　　次　2018 年 3 月第 1 版
印　　次　2018 年 3 月第 1 次印刷

开　　本　710×1000　1/16
印　　张　16.25
插　　页　2
字　　数　218 千字
定　　价　68.00 元

献给崇放和联弘
还有他们的美好未来

目　录

导 论

作为一种政治意识形态的共和主义

“意识形态”一词是由希腊语中的术语“理念”（eidos）和“逻各斯”（logos）合成的新词，意为观念的科学。从意识形态本身的观念发展史来看，它曾经拥有多种含义。马克思在《德意志意识形态》中，用轻蔑的态度来使用意识形态概念，用它来指称那些用哲学解释世界而无力改变世界的青年黑格尔派。在马克思那里，意识形态不仅意味着实践上的无能，而且是虚幻和不现实的。然而，在马克思提出的唯物主义本体论中，依然包含着这样一种意识形态的信念，即思想和观念能够反映和把握客观世界，社会可以从理性和科学的角度加以解释，而人类最终将向某种形式的理性的社会、经济和政治启蒙前进。[①] 在这里，笔者无意考察意识形态观念的复杂发展史和各种关于意识形态的争论，只是想在意识形态概念的当代用法——即把所有政治学说本身看作意识形态——上，探讨作为一种意识形态的共和主义与自由主义、社群主义和社会主义之间的相互交叉和重叠。

第一节　政治意识形态图景中的共和主义

共和主义作为起源于古希腊的主流意识形态，在其最初得以表

① ［澳大利亚］文森特：《现代政治意识形态》，袁久红等译，江苏人民出版社 2005 年版，第 2 页。

达的城邦生活形式消失之后，继续存留。作为一种“残留的习语”，在近代已经融入西方主流的自由主义意识形态之中。然而，社群主义在发起对自由主义的攻击开始，就一直借助共和主义的共同善、德性、责任等语言。此外，共和主义对马克思、马克思主义的列宁传统、无政府主义、美国社会主义也另有其影响。下面，笔者主要探讨共和主义与自由主义、社群主义和社会主义之间的关系，当然现代政治意识形态的现实图景远比这要复杂得多。

一 共和主义与自由主义

长久以来，政治哲学家们把共和主义与自由主义视为对抗性的。[①] 他们认为，这两种政治意识形态各自形成一套特殊的政治语言，并且在描述政治现实时，有其特殊的用法。在政治理念上，共和主义强调积极自由，重视公民参与和政治团结，自由主义强调消极自由，主张一种免于干涉的自由；在政治目标上，共和主义追求表达共同善的美好生活，这种共同善优先并独立于个人欲望与个人利益的综合，自由主义则致力于寻求界定和保护个人权利，重视个体自由选择的权利；因此，在政治手段的选择上，共和主义往往强调自治的集体利益的重要性，而自由主义则论证公正对待个人的程序正义的合理性。

孟德斯鸠曾说，政治自由并不是愿意做什么就做什么，在一个国家里，在一个有法律的社会里，自由仅仅是：一个人能够做他应该做的事情，而不是被迫去做他不应该做的事情。自由是做法律所许可的一切事情的权利。[②] 然而，自由多元主义者柏林批判“孟德斯鸠忘记了他的自由主义的冲动”，在柏林看来，自由与法律相一

① 在“公民教育”“公民友爱”“责任共和主义”“至善论共和主义”等章节中，笔者主要是从共和主义与自由主义的对照中来谈。在这里，笔者主要是谈了共和主义与自由主义、社群主义和社会主义之间的相容性问题。

② [法] 孟德斯鸠：《论法的精神》(上册)，张雁深译，商务印书馆 2005 年版，第 183 页。

致、自由与权威相一致的孟德斯鸠假设，实际上是一种集体语境中的积极的政治自由观，这种理性的专断远离了“自由主义的出发点”。[①] 同样，更著名的法国自由主义者贡斯当批判卢梭的积极自由观“把属于另一世纪的社会权力与集体性主权移植到现代”，结果“为多种类型的暴政提供了致命的借口”。[②]

尽管政治理论家们长期展现的是共和主义与自由主义之间的分歧，但是，近些年来，很多理论家的新研究表明了二者的互动融合趋势。自由主义阵营的金卡里认为，公民共和主义与程序自由主义是盟友关系，要夸大它们之间的分歧在哲学上是令人怀疑的，在政治上是适得其反的。[③] 作为公民共和主义的倡导者，泰勒指出，长期以来，学者们把个体主义辩护术视为所有自由主义的特征，而整体主义本体论则是共和主义的特征，他主张要把整体主义本体论和个体主义辩护术混合起来。简言之，共和主义与自由主义都强调公民身份的二重性，强调国家的普遍性，以及强调商业共和主义。因此，共和主义与自由主义在其可能含义、意识形态功能等方面，仍然具有某种通约性。更进一步说，共和主义的政治词汇不仅为自由资本主义所借鉴，并随着时代的发展，获得了新的含义。

二　共和主义与社群主义

20 世纪 80 年代以后，共和主义者与社群主义者的结合成为一种引人注目的学术现象，那么，共和主义的观点为什么会对社群主义者具有吸引力呢？

第一，共和主义重视公共生活，这与社群主义重视共同体的归属感、共同善的本质相契合。桑德尔曾指出：“如果‘共和学派’

---

① ［英］柏林：《自由论》，胡传胜译，译林出版社 2003 年版，第 218—223 页。

② ［法］贡斯当：《古代人的自由与现代人的自由》，阎克文、刘满贵译，上海人民出版社 2005 年版，第 40 页。

③ ［加拿大］金卡里：《自由平等主义与公民共和主义：朋友抑或敌人》，载应奇、刘训练编《公民共和主义》，东方出版社 2006 年版，第 454 页。

在我们意识形态的起源上是正确的，那么或许还有希望来复兴我们的公共生活并重新激发一种共同体的归属感。”在1984年，桑德尔就指出：“如果共同善是正确的，那么我们当下最紧迫的道德和政治问题就是复兴那些隐藏在我们传统中但在我们这个时代正在消失的公民共和的可能性。”[①] 伯恩斯坦认为：“一种能够加强团结，提高公众自由，培养谈论、聆听和相互辩论之愿望，致力于理性劝导的公共生活的形成，预示了这种社群生活的初级形式。”[②] 在社群主义者看来，共和主义的个体是基于家庭或基于关系之中，能够形成一个团结的共同体；而自由主义常常假设一个前社会的个体存在，把个体从具体情境中剥离开来，并把自我限定在被视为“非政治”的私人领域中，这种自我导致了现代社会的一系列弊端。

第二，共和主义蔑视自然权利、尊崇德性，这与社群主义的主张相一致。麦金泰尔相信，对自然权利的信仰“就像信仰巫术和独角兽一样”。[③] 沃尔泽认为，“新古典共和主义的复兴为当代的社群主义政治提供了许多内容”。[④]“或许［古典共和主义的］学说可以扩展一下，以便说明一种‘共和国的共和制’，对自由主义民主的一种去中心的、参与的修正。”[⑤] 麦金泰尔的德性观念充满了共和主义的含义，“构成人类善的是一种在其最佳状态下的完全的人类生活，德性的践行是这样一种生活的必要的和核心的部分，而不是获得这样一种生活的纯粹准备性实践。因此，如果不参照德性，我们就不能恰当地确定人类善的特征”。[⑥]“德性……支持我们对善的相

---

① Michael Sandel, *Liberalism and its Critics*, New York: New York University Press, 1984, p. 7.

② Richard Bernstein, *Beyond Objectivism and Relativism*, Philadelphia: University of Pennsylvania Press, 1983, p. 226.

③ Alasdair MacIntyre, *After Virtue: A Study in Moral Theory*, London: Duckworth, 1981, p. 69.

④ Michael Walzer, "The Communitarian Critique of Liberalism", *Political Theory*, Vol. XVIII, No. 1, 1990, p. 19.

⑤ Ibid., p. 20.

⑥ Alasdair MacIntyre, *After Virtue: A Study in Moral Theory*, p. 149.

关追求”。[①]

第三，在对资本主义的共同体批判中，现代共和主义与社群主义形成亲近感。沃尔泽相信，每一种自由和社会无计划的交换必然导致一部分人支配其他人，“至少在理论上，自由交换创造了一种市场，其中所有的物品都可以通过货币这个中介转化为所有其他的物品……不过，市场中的日常生活，自由交换的实际经验，与理论所认为的大相径庭。据说中性媒介的货币在实践中是一种具有支配性的物品，并且它会被那些在讨价还价和交易中拥有特殊才能的人——资产阶级社会中的能人——所垄断”。[②] 波考克也指出，在商业社会，资本家被视为政治动物的典范，资产阶级意识形态占据统治地位，这种社会中广泛存在的企业家、食利者因其追逐个人的私有化，而丢失公共精神，不过是腐化的形象和象征，不是恰当的公民。因此，他主张，以亚里士多德主义和公民人文主义来对抗资产阶级意识形态，并断言在这场为生存而战的斗争中，资本主义意识形态必将失败。[③]

三　共和主义与社会主义

20 世纪 80 年代末，随着苏联的解体和冷战的结束，社会主义一度陷入低潮。正是在这个时候，新共和主义先是对古典共和主义的学理回顾和梳理，随后掀起一轮共和复兴之路。由于它对自由资本主义持批判态度，“在某种程度上是作为社会主义的替代品出现的”，并且“新共和主义为左翼知识分子提供了一种新的选择”使得他们能够从一种新的视角来批判自由

① Alasdair MacIntyre, *After Virtue: A Study in Moral Theory*, p. 204.

② Michael Walzer, *Spheres of Justice: A Defense of Pluralism and Equality*, New York: Basic Books, 1983, pp. 21 – 22.

③ J. G. A. Pocock, *The Machiavellian Moment*, Princeton and Oxford: Princeton University Press, 1975, pp. 460 – 461.

主义。①

第一，佩迪特对自由资本主义契约的批判对社会主义具有吸引力。佩迪特认为："无支配自由的理想将对社会主义者构成吸引力。社会主义的孕育与共和主义的这一理想是有联系的，它是在批评日益兴起的雇佣关系时产生的多少具有革命性的影响。"社会主义者批判资本主义的自由雇佣契约，因为在自由契约形式的背后存在着雇主出于专断理由解雇工人的巨大风险，这种雇佣契约是共和主义者一直批判的奴役契约的现代翻版，工人只不过是拿着工资的奴隶而已。按照佩迪特的观点，在批判资本主义社会工人背负的契约性义务基础之上，社会主义者可以进一步借助于无支配自由理想为罢工辩护。在自由主义者看来，雇主与工人在双方同意的基础上签订自由契约，如果雇主并未使用任何形式的强制、暴力或操纵，那么，集体的罢工行为就是对自由契约的违背，因而是不合法的。然而，社会主义者相信，工人个体明知雇主在自由契约订立时强加了自己的愿望，但出于对贫穷的顾虑，不得不扭曲地接受雇主对工人潜在的支配。故而，集体罢工行动是工人个体对抗雇主，获得无支配自由的唯一希望。②

第二，波考克对资产阶级意识形态和自由市场行为的批判是社会主义左翼愿意发掘的资源。如果说佩迪特关于无支配自由的理想可能对社会主义者构成吸引力的论断，确实吸引了左翼学者的注意，那么，波考克对于资产阶级的意识形态和自由市场行为的批判，则必定是左翼政治家愿意发掘的替代性资源。波考克明确指出："我们已经发现，由于亚里士多德的和公民人文主义价值——实际上把食利者和企业家定义为腐化的——普遍存在，'资产阶级意识形态'——一种把资本家视为政治动物的典范——在其发展中

---

① 曹钦：《论佩迪特共和主义思想的社会主义背景》，《天津师范大学学报》（社会科学版）2012年第1期，第16页。

② ［澳大利亚］佩迪特：《共和主义》，刘训练译，江苏人民出版社2005年版，第186—187页。

遭受到极大阻碍，并且，如果资本家的思想最终是实现个人私有化，那么，这可能是因为它不能找到一种把他展示为公民的恰当方式，‘资产阶级意识形态’被旧式的马克思主义描述为随着历史必然性而出现，它似乎不得不为了生存而战，并且可能永远不能赢得最终胜利。”[①] 最终，“资产阶级意识形态”会被更具公共性、更体现公民美德的意识形态所超越、所取代。

第三，马克思对阶级冲突的分析和解决为新罗马共和派提供了重要思想资源。在论述共和国的政治稳定时，共和派往往从一种“共和存在主义”[②] 的视角来看待“共和国在时间之中存在”会面对的一些问题。波考克认为，以混合政体为特征的共和政制最适合于人类在时间中的持久和繁荣，[③] 但是，共和国也会受到限制，造成这种限制的主要根源在于阶级冲突，[④] 这种冲突尤其体现在贵族与平民之间，体现在良善、智慧、勇敢、富裕、出身高贵的少数精英与智识平凡、贫穷、出身低微的少数人之间。为了维护政体的稳定性，共和派会采用精英特权的共和主义模式，即贵族主导民众的政体。斯金纳指出，“罗马自由的语言在马克思对资本主义社会—政治关系的分析中是多么‘举足轻重’”。[⑤] 马克思是结构性权力批判的最伟大的先驱，这种批判成为斯金纳，尤其是佩迪特的一项重要的资源。新罗马的自由观直指社会中所存在的各种支配现象，尤其是政治方面的支配，如“绝对执行权的滥用”。[⑥] 同样，这种新罗马的自由观也反对非法的社会等级制度，因为这种社会等级的存在意味着拥有较高等级的人对较低等级的人的直接干涉。斯金纳指

---

① J. G. A. Pocock, *The Machiavellian Moment*, pp. 460 – 461.

② ［美］约翰·麦考米克：《马基雅维利反对共和主义：论剑桥学派的“圭恰尔迪尼时刻”》，载应奇、刘训练编《共和的黄昏》，吉林出版集团有限责任公司 2007 年版，第 100 页。

③ J. G. A. Pocock, *The Machiavellian Moment*, p. vii.

④ Ibid., p. viii.

⑤ Quentin Skinner, *Liberty before Liberalism*, Cambridge: Cambridge University Press, 1998, p. x, note. 3.

⑥ Ibid., p. 17.

出，在政治支配中，存在帝国主义统治者对他国统治政权的支配，以及绝对主义统治者对特定人群的支配。这些强制或奴役是阶级不平等和阶级冲突的集中体现，它是社会不公和道德不义的代名词。

尽管共和主义与社会主义意识形态存在上述一致性，但是二者仍然存在差别，共和主义者论述自由时，主要考虑到的是政治领域的支配现象，但是对精英施加给人民的那种内部支配基本保持沉默，这种支配被认为与共和主义的理论和实践是相容的；而社会主义者则会更广泛地把经济、社会、文化等方面的支配纳入自由领域，它赋予了人民在维护自由方面所具有的至高无上的地位。共和主义并不绝对地、完全地反对私有财产，并认为私有财产是保障公民履行政治责任、实现公民美德的保障性条件；而社会主义则完全反对市场和一切市场行为，批判由于自由市场所带来的一系列后果。共和主义强调一种最低限度的民主，主张协商式、论争式民主，它更强调论争甚于参与，它赋予政治精英以特权民主，而赋予民众一种消极的政治定位，甚至社会、政治、经济精英们所享有的自主权是以牺牲普通民众的正当权益为代价，因而很容易滑向寡头制的泥潭；而社会主义则强调全民民主，实质民主，主张全体民众的参与式民主，它赋予了民众自由积极的，甚至是“狂风暴雨式的”政治参与权。

综上所述，尽管意识形态的辩论在现在已经变得光怪陆离，共和主义、自由主义、社群主义、社会主义也只是意识形态的冰山一角，不同的意识形态都在寻求支持者，在各种相互冲突、范式多元的政治话语体系之间，本书更愿意在合作的意义上，而非对立的意义上，来理解共和主义与其他意识形态之间的关系。

第二节　当代共和主义家族

一　共和主义意识形态演变

共和主义思想最早见诸古希腊和古罗马的思想中。与现代共和主义包含一系列旨在付诸实践的思想、观点、看法和纲领不同，古代共和主义的理论来自对政治实践的归纳和总结。在古代世界，先有共和制度，然后有反映和把握共和制度的共和思想，一方面从客观的角度描述现存的政治实践，另一方面从理性和科学的角度阐释人类政治实践的合理形态。亚里士多德是共和主义思想的早期阐述者。亚里士多德通过对希腊政治重心雅典政制的观察和分析，以及对当时150多个希腊国家的政治制度的比较研究，写作了《政治学》和《雅典政制》这两部古典共和主义的代表作。鉴于雅典政制以民主制为典范，罗马政制以共和制为典范，处于共和国末期的西塞罗是共和主义思想的杰出阐述者和实践者。当前活跃的“剑桥学派”则是以新罗马学派自居。

自觉的共和主义意识形态是从美国大革命发展出来的。就时代的精神实质而言，18世纪是一个民主和精英、自由与平等、政治与商业（工业）并存的社会，是一个智力上、文化上多元的社会。精英们的观念世界蔓延到各个阶层，但是却不能排斥相互竞争的观点，对那些处于社会中不同位置的人而言，这些观点在时间中具有更大的阐释力量。共和主义的修订者通过坚持一个特定政治传统对理论基础的霸权，来拒绝看到在一个多元的、未经审查的、文明的社会中，人的意识形态倾向具有一种相反的结果。互竞的意识形态不是要确保而是要阻挠社会团结，以及使政府寻求秩序的努力变得尴尬。这是一个意识形态的世纪，在这个时代，工作和财富的性质改变进入社会和政治的开放的、不同的观念。因此，现代共和主义需要发展出一种全新的词汇来与之相协调、相妥协。

建国之初，共和主义的思想交锋处于全盛时期。1776年美国革命促成了《联邦党人文集》的完成，也催生了共和主义政党的建立。伯纳德·贝林在《美国革命的思想意识渊源》中指出，共和主义是美国人民奋斗的核心价值所在。① 共和主义不仅是一种“代表了一种政府形式”的政治学说，而且是“一种承载道德特性和包含社会……真正特点的强有力的意识形态”。② 一旦规范的话语变成了意识形态，就具有了政治上的强大力量。例如，在美国独特的意识形态谱系中，古代史学家、启蒙运动作家、清教徒、英国辉格党反对派传统中的作家对美国精神都具有一定的形塑作用，但是，只有辉格党反对派传统中的作家的思想观念是最为重要、最具决定性的，它“主导着殖民者各种各样的学识，并把它们塑造成一个前后一贯的整体”，其他几种思想观念，仅具有附带的作用，只是在美国精神中漂浮着的“观念束”，“本身都没有形成一个连贯的智识模式”。③ 因此，和一些含混晦涩的、不能为历史和社会提供清晰而又具有决定性指导的哲学冥思相比较，在美国精神中，共和理念更加具体、更加简单、更加平常，更适合作为意识形态来解释他们正经历的事件，具体指导事件的发展方向和态势，并最终引领一个民族的情绪和活力。④

20 世纪 50 年代以来，伴随着公民共和主义复兴运动，西方学界对共和主义的研究进入了一个新的繁荣阶段，出现了一些新的研究范式，取得了许多成果。

二 当代共和主义流派

尽管并非所有共和主义者都信奉一个确定的观念体系，但是各个流派都有一些核心的坚持和主张。

---

① ［美］伯纳德·贝林：《美国革命的思想意识渊源》，涂永前译，中国政法大学出版社 2007 年版。该书获得 1968 年美国历史性最高奖——班克罗夫特奖（the Bancroft Prize），以及同年度的普利策历史图书奖（the Pulitzer Prize for History）。

② ［美］扎科特：《自然权利与新共和主义》，王崇兴译，吉林出版集团有限责任公司 2008 年版，第 201 页。

③ ［美］扎科特：《自然权利与新共和主义》，第 26—32 页。

④ Bernard Bailyn, *The Ideological Origins of the American Revolution*, Cambridge, Mass.: Harvard University Press, 1967, pp. 22 - 34.

剑桥学派注重于研究共和政体的美德基础，尤其是对公民自由与公民美德的阐释和发挥。波考克主张传承由马基雅维利及其同时代人如圭恰迪尼、布鲁尼等在构建佛罗伦萨理论中所形成的，并由威尼斯共和国所实践的巨大遗产：均衡政府理念和公民美德观。在驱除"腐化"这种对共和政体长期稳定具有毁灭性影响的因素方面，波考克倡导共和主义"积极公民"概念和积极自由概念，强调发挥公民美德（积极自由）优于肯定权利的自由（消极自由）。[①] 斯金纳追捧前人文主义修辞文化及其罗马历史与政治思想，在坚持以城市独立与共和自治为核心的积极自由的同时，也承认以确保个人权利为中心的消极自由。[②] 斯金纳强调，政治成就的关键在于增进美德，美德是自由共和国生存与荣誉的必要品质，只有全体公民拥有美德和实践美德，才能建立"井然有序"的共和国。共和政体最严重的威胁来自暴政的加剧和随之而来的自由丧失，由于美德与政治自由的构成性关系，必须使共和政体"受美德和诚实精神指导"，以消除派系纷争、制服堕落腐化和建立有序社会。[③] 佩迪特也试图调和"积极自由"和"消极自由"，只不过积极自由认为不自由既来自对他人的依赖，也来自他人的干涉（如他人的操纵、威胁、压迫等），而消极自由倾向于认为不自由仅仅来自对他人的依赖。佩迪特宣称，共和政体的建立要以保障共和主义的无支配的自由理想为目标，确立以法治、分权、民主为核心的宪政制度，尤其是通过一种积极的"论辩民主"（contestatory democracy）方式——一种更能体现和践履古典公民主义的争胜模式和竞技精神的"言辞的斗争"方式，而不是消极的

---

① J. G. A. Pocock, *The Machiavellian Moment*, 1975.

② Quentin Skinner, *Liberty before Liberalism*, pp. 59 – 101.

③ Quentin Skinner, *The Foundations of Modern Political Thought*, Vol. 1: *The Renaissance*, Cambridge: Cambridge University Press, 1978, pp. 229 – 237.

"同意"方式——建立一个协商的、包容的、回应的共和国。[①]维罗里认为在共和政体中，自由意味着法律平等地加诸公民身上的限制，法律保护每个公民不受别人专横意志的侵犯，违背自由就是违背法律。共和主义的政府要保护自由，必须要发扬公民愿意致力于共同善的美德，公民美德是共和政体的基础和精神。针对当前的流行观点，即，由于现代民主与集团利益相连，人们没有服务于共同善的动力，所以公民美德变得不可能；又由于多元社会中公民若更有美德，必然会变得更不宽容，所以公民美德具有危险性。维罗里引用孟德斯鸠，破除公民美德与私人生活和财富不相容的偏见，并特别强调爱国精神是共和国最需要的激情，爱国主义的美德是共和政体的重要原则，因为没有爱国这种良好的公民行为模式，即使是最明智的宪政安排也不足以防范来自共和国内部和外部的威胁。[②]

法律共和主义注重于研究共和政体的制度基础，用共和主义宪政解释、修正和补充美国宪法，尤其是对宪法政治的公民身份、政治商议以及共同善观念的阐释和发挥。阿克曼以"人民"概念为核心建立了"宪法政治"和"常规政治"的二元民主理论，前者强调非常态政治时期（如共和政体的创建）公共意志的动员、形成和表达，后者强调常态政治时期"私人公民"的"节约德性"。[③]米歇尔曼强调法律共和国要致力于发展共同善观念，提倡一种包容性、修正性对话模式的"创生法的政治"，认为共同善的理性商议一直存在于共和国宪政之中。[④]森斯坦在宪法实践领域推进了阿克

---

① Philip Pettit, *Republicanism: A Theory of Freedom and Government*, Oxford: Clarendon Press, 1997, pp. 22 – 27, pp. 183 – 203.

② Maurizio Viroli, *Republicanism*, New York: Hill and Wang, 2002, pp. 47 – 49, pp. 69 – 72, pp. 79 – 103.

③ Bruce Ackerman, *We the People: Foundation*, Cambridge, MA: Harvard University Press, 1991.

④ ［美］米歇尔曼：《法律共和国》，载应奇、刘训练编《公民共和主义》，东方出版社2006年版，第187页。

曼和米歇尔曼的共和主义宪法学版本，呼吁接受“共和主义的综合”，主张通过共和政府的制度设计促进作为公民德性的政治商议（deliberation）。[①] 他认为，尽管随着环境的改变，现代社会不可能机械地复兴共和主义的一些政治生活概念，但是，共和主义政治理论仍然对司法机构内外的政治参与者与观察者具有很强的吸引力，尤其是共和主义对商议民主的信仰持续影响着法律原则与关于政治过程的当代评估。“政治商议”作为自由共和主义的四个核心信条之一，建立在“公民德性”的基础之上，来对私人利益进行批判性审查。[②]

社群主义的共和主义注重于在对自由主义的批判中，利用共和主义的主题（如德性的践行、公共参与、共同体的归属感、共同善观念，等等）为其社群政治理论辩护。桑德尔认为建立一种理想共和政体的基础是要抛弃自由主义的“无牵挂的自我”的个人权利学说，回到政治传统和公民公共生活的“情境中的自我”，培育共和国的政治忠诚和道德认同。[③] 沃尔泽批判自由主义学说的功利语言和权利语言导致个体选择缺乏连贯性和一致性，认为共和国的共和制可以对自由主义民主进行一种去中心的、参与的修正，主张用非中立国家的立场和强化地方政府的方式，鼓励提高和展现多元社会环境中的公民美德。[④] 麦金泰尔主张在更小的亚社群和亚文化中，再造美德的践行场所和情感的联系纽带，从而实现共同和善这种最佳状态的人类生活。[⑤]

世界主义的共和主义注重于在全球范围内扩展共和主义的公民

---

① Cass Sunstein, *The Partial Constitution*, Cambridge, MA: Harvard University Press, 1993.

② ［美］桑斯坦：《超越共和主义复兴》，载应奇、刘训练编《公民共和主义》，东方出版社2006年版，第283—285页。

③ Michael Sandel, *Democracy's Discontent: America in Search of a Public Philosophy*, Cambridge, Mass.: Belknap Press of Harvard University Press, 1996.

④ Michael Walzer, "The Communitarian Critique of Liberalism", *Political Theory*, Vol. 18, No. 1, 1990.

⑤ Alasdair MacIntyre, *After Virtue: A Study in Moral Theory*, London: Duckworth, 1981.

身份概念为其世界主义立场辩护，强调一种超越文化认同的道德普世主义。林克雷特表明，国际社会公约的主要职责是保护弱势群体，在国际社会中国家在对外关系处理中应致力于减少伤害，因此，他从一种康德共和主义的视角阐述要超越文化或民族共同体，把减少特定群体对他人造成的伤害，以及全球资本主义和工业化所造成的更广泛的伤害，作为世界政治制度的道德关切和道义承诺。[①] 波曼从一种共和主义的立场阐述世界主义的公民通过争议和挑战，以及对有约束力的集体决策的直接商议的核准，表达的正是共和主义不受支配的自由理想。[②] 罗伊·张认为共和主义公民身份不仅有助于确定全球正义的基本原则，而且有助于设计出全球治理的崭新制度模式来处理伦理问题。[③]

施特劳斯学派注重于对古典共和主义思想资源的挖掘和阐发，但坚持一个合法的政体要建立在一种关于自然权利学说的道德理论基础之上。施特劳斯[④]和曼斯菲尔德[⑤]分析古典共和主义尤其是马基雅维利德性思想中邪恶与美德并存的双重性质。庞格尔[⑥]和扎科特[⑦]论证了美利坚创始人立国的哲学依据是将洛克的政治哲学与辉格党政治学结合起来的加图所创立的“新共和主义”。尼德尔曼主张对美利坚共和政体的阐释要诉求于一种多维面向的古典共和主义学说，并运用一种理论和实践上最具有说服力的共和主义学说来应

---

① Andrew Linklater, “Citizenship, Humanity, and Cosmopolitan Harm Conventions”, *International Political Science Review*, Vol. 22, No. 3, 2001, pp. 261 – 277.

② ［美］詹姆斯·波曼：《世界主义的共和主义：公民身份、自由与全球政治权威》，载应奇、刘训练编《公民共和主义》，第 429—452 页。

③ ［加］罗伊·张：《共和主义公民身份的世界主义视界》，载应奇、刘训练编《共和的黄昏》，第 456—475 页。

④ ［美］利奥·施特劳斯：《关于马基雅维利的思考》，申彤译，译林出版社 2003 年版。

⑤ Harvey C. Mansfield, “Machiavelli’s Political Science,” *The American Political Science Review*, Vol. 75, No. 2, 1981, pp. 293 – 305.

⑥ Thomas Pangle, *The Spirit of Modern Republicanism: the Moral Vision of the American Founders and the Philosophy of Locke*. Chicago: University of Chicago Press, 1988.

⑦ ［美］扎科特：《自然权利与新共和主义》第三部分。

对政治困境和挑战。[①]

综上所述，共和主义的自由主义版本把公民身份建立在平等主义和现代多元主义基础之上；共和主义的社群主义版本假定共和主义是支持民族主义的，把公民身份认同视为良善生活的独一无二的范式，并常常带有民族主义的热情；共和主义的世界主义版本假定共和主义是支持世界主义的，但是却在建立一个世界政府的问题上陷入僵局。这些范式的研究视野和进路各不相同，因而对德性的诠释也有较大差异。本书旨在从政治伦理的角度探讨共和主义与德性，探讨共和政体和公民德性之间的关系，反思政治的道德维度，厘清其内在脉络，为我国制度文明建设之路提供坚实的理论支点。

本书从三个维度对共和主义与德性这一主题进行研究。前两章从历史维度出发，主要考察了古典共和主义传统中苏格拉底、柏拉图和亚里士多德关于政治德性的观点，处于古今变革中的马基雅维利关于公民德性的论述。接下来的三章从理论维度出发，考察了共和主义理论中几个重要的范畴，即古典德性与公民教育、自由与帝国、公民友爱与政治秩序之间的关系。最后两章从比较维度出发，从权利与责任、中立性与至善论的视角比较了自由主义与共和主义的公民德性论。

---

① Cary Nederman, “Rhetoric, Reason and Republic: Republicanism – Ancient, Medieval and Modern,” in James Hankins ed., *Renaissance Civic Humanism: Reappraisals and Reflections.* Cambridge: Cambridge University Press, 2000, pp. 247 – 269.

第 一 章

古希腊思想家的政治德性论

德性/美德①的概念产生于古希腊文ἀρετή（拉丁写法为 aretē），指具有某方面能力、特长，可以译为“卓越”（excellence）：它并不局限于指涉人类的卓越，而是泛指一切事物的卓越，而这种卓越的展现又与事物的功能和目的息息相关。因此，一个行动者或物体的“aretē”就是那些使之成为好的行动者或物体的特性，亦即那些使之充分实现其功能、目的的特性或品质。②

虽然按照“aretē”的本义，它可以用来描绘人的品性、特长、优点、技巧和才能，但其获得伦理意义——“从指称人的天然本性和天然功能转向人的社会本性；人的 aretē 不仅指手足眼耳等生理方面的特长和功能，而且主要指人在社会生活中的品德和优点”③——却又经过了一段长期发展的过程；而且，即使到了希腊后期，它都包括才能和品德两个方面的内容。

在古希腊思想中，最常见的德性即所谓的“四主德”（四枢德）：智慧④、勇敢、节制（自制）与正义（公正），其他经常被提到的德性还包括虔敬、友爱等。虽然在这些德性中，智慧（理智德

---

① 关于“德性”与“美德”的译名之辩，参见李义天《美德伦理学与道德多样性》，中央编译出版社 2012 年版，第 120 页注释。

② 参见 David Carr，*Educating the Virtues*，Routledge，1991，pp. 44 – 45。

③ 汪子嵩等：《希腊哲学史》第 2 卷（修订版），人民出版社 2014 年版，第 140 页。

④ “四枢德”中的智慧往往既包括“Sophia”（智慧），也包括“phronēsis”（实践智慧、明智），参见刘宇《实践智慧的概念史研究》，重庆出版社 2013 年版，第 162 页。

性）往往被认为是最高的德性，尤其是在苏格拉底、柏拉图、亚里士多德这样的哲学家看来；但非常清楚的是，这些主要的德性程度不一地都具有政治面相，密切地相关于城邦生活；对于柏拉图和亚里士多德而言，这些德性的塑造、培养和教育最后甚至还成为其整个思想体系的旨归。

第一节　苏格拉底论德性

如果我们相信，柏拉图的早期对话反映了苏格拉底本人的思想的话（并佐之以色诺芬的《回忆录》），那么，我们会发现，作为"第一个把哲学从天上拉回到人间的哲学家"，苏格拉底不但就很多具体的德性都有过论述（《游叙弗伦》论虔诚；《卡尔米德》论节制；《拉克斯》论勇敢；《吕西斯》论友爱）；而且，他还围绕德性问题提出了一系列经典的命题和论断（主要是《普罗塔戈拉》和《美诺》），阐述了他的理性主义道德哲学；他的思想既展现了他与同时代的智者派的辩驳与争论，也引发了柏拉图和亚里士多德等人后来的修正与发展。

一　德性即知识

在《普罗塔戈拉》和《美诺》这两篇对话中，苏格拉底坚持一种作为知识（epistēmē）或智慧（sophia 或 phronēsis）的德性概念，而"知识"和"智慧"这两个术语又与"技艺"（technē）这个术语互换使用，所以，"德性即知识"（美德即知识）的命题与"德性的统一性"（the unity of virtue，指诸德性统一于智慧）问题以及"德性是一门技艺"（德性与技艺的关系）问题密不可分。

关于"德性的统一性"，苏格拉底有过多种表述。在《普罗塔戈拉》中，他向普罗塔戈拉提问："究竟德性是不是一个东西，而它的各个部分则是正义、节制、虔敬；抑或我刚才说的这些不过是实为一个东西本身的各个名称”（329c－d）?[①] 但这篇对话通篇都没有解释到底应该如何来理解德性统一于智慧。[②] 其他地方倒是有过一些说明，《斐多》中的解释似乎最为详尽：“但所有这些东西都能够与之交换的唯一有效通货便是智慧。有了智慧，我们才会拥有真正的勇敢、节制、正义，也就是真正的德性，无论快乐与恐惧以及所有诸如此类的东西存在与否。它们的相互交换，没有了智慧，所谓的德性便不过是德性的一种幻影；它事实上适合于奴隶，既不健全也不真实。”（69a－b）[③]

色诺芬的《回忆录》也记载了苏格拉底说过的话：“正义和其他一切德性都是智慧。因为正义的事和一切道德的行为都是美好的；凡认识这些事的人决不会愿意选择别的事情；凡不认识这些事的人也决不可能将它们付诸实践；即使他们试着去做，也是要失败的。……既然正义的事和其他美而好的事都是道德行为，很显然，正义的事和其他一切道德的行为，就都是智慧。”（Ⅲ. 9. 5）[④]

德性统一于智慧的确切含义在苏格拉底的对话中显然是暧昧不明的，而学术界对此也多有争议，当代比较有说服力的一种解释认为，“统一性论题是道德灵魂方面的一种本质主张，是一种对道德行为的因果解释。这种因果解释的原则，就是对话依照智慧描绘的那种东西，也就是，关于善恶的知识”。[⑤] 卡恩则指出，要想进一步地理解这个命题，有必要区分出两种德性概念：一种是真正哲人的

---

① 刘小枫编/译：《柏拉图四书》，生活·读书·新知三联书店 2015 年版，第 85 页。

② 《美诺》中苏格拉底说，各种德性“虽然很多，而且多种多样，却共有一个同一的型，正是由于这个型，它们才都是德性”（72c，王太庆译：《柏拉图对话集》，商务印书馆 2004 年版，第 157 页，“德性”原译为“品德”）。甚至在《法律篇》第 12 卷全书接近末尾的地方，还在讨论为什么不同类型的德性有共同的名称这个问题，但那里同样没有解释，而只是断言，“勇敢、节制、正义与智慧是一回事，我们可以以单一名称来正确地称呼德性”（参见 963—965）。

③ 依据 Hackett 版《全集》（*Plato Complete Works*，edited by John M. Cooper，Hackett，1997）中 G. M. A. Grube 英译本译出（p. 60）。

④ ［古希腊］色诺芬：《回忆苏格拉底》，吴永泉译，商务印书馆 1984 年版，第 117 页。

⑤ 这是彭勒（Terry Penner）的解释，转引［美］卡恩《作为知识的德性》，载刘小枫编《谁来教育老师》，华夏出版社 2015 年版，第 16—17 页。

超凡德性，这是一种罕见的、艰难的理想；另一种是普通民众的德性，可以希望一般公民能够获得的德性；而德性统一性（诸德性统一于智慧）论题只适用于哲人德性。[①]

“德性即知识”这个命题指涉的德性与知识（智慧、明智）的关系问题，同样存在争议。这个命题似乎认为知识是德性的充分必要条件，但维斯认为，“若细读将德性与知识联系在一起的那些文本，我们就会发现，这些段落强调的不是知识之于德性的必要条件，而是知识之于德性的充分性：《卡尔米德》174b—176a；《普罗塔戈拉》349e—360e；《拉克斯》199b9—c7；《欧蒂德谟》279—282”。也就是说，没有智慧（道德知识）的人也有可能获得德性，成为好人；只要他能够拥有真实的道德信念，并依此行动。[②] 与之直接相关便是一个著名的“苏格拉底式悖论”（Socratic paradoxes）：知识足以带来道德/正确的行动，人们做错事只是出于对善的无知，亦即没有人会有意作恶（德性等同于知识、恶行等同于无知）。[③] 所有这些观点都被卡恩概括为苏格拉底的理智主义（Socratic intellectualism）。作为对人类行为动机的解释，这种理智主义当然是不适合普通人的，就像后面要指出的，它（也许是刻意地）忽略了人的情绪、情感等非理性因素。

二　从哲人德性到公民德性

抛开（柏拉图早期对话中）苏格拉底提出的“德性即知识”“德性统一于智慧”“德性是否可教”等命题及其相关论辩的复杂

---

① 参见［美］卡恩《作为知识的德性》，第19页。

② ［美］维斯：《洞穴中的德性》，郭振华译，华东师范大学出版社2014年版，第216—217页。他的主要依据是《美诺》中对“真实意见”（正确信念）的肯定。但卡恩则认为有些论证似乎证实的是智慧对于德性的必要条件，而非充分条件，参见［美］卡恩《作为知识的德性》，第23页注释1。

③ 参见［美］卡恩《作为知识的德性》，第20—23、52—60页；［美］莫里斯《没有谁会有意作恶》，载刘小枫编《谁来教育老师》，华夏出版社2015年版，第224—245页。

面相和具体细节不论，[①] 我们至少可以得出这样几个初步的结论：首先，应当区分哲人的德性与普通人的德性；其次，在具体的德性上，有些德性属于公民德性，亦即普通公民需要具备的德性，这对于城邦公共生活的维系是至关重要的；最后，从柏拉图到亚里士多德，他们在德性尤其是普通公民德性的培养（公民教育）问题上，对苏格拉底的唯智主义是有所反思和修正的。

第一个结论和第二个结论其实是联系在一起的，那么，普通公民的政治德性主要包括什么呢？我们注意到，《普罗塔戈拉》的“大演说”（以普罗塔戈拉之口发表）特别提到“正义”与“节制”这两种德性，谈到这是宙斯要赫尔墨斯分配给所有人的“政治技艺”（322b—e，politikē technē/ the art of politics），并将其称作“政治德性”（323a—323b，politikē aretē/ political or civic virtue）；这种德性不是“天生的或自己冒出来的，而是教会的，靠努力培养出来的”（323c5），“对世人来说，好品质出自努力或训练或施教”（323d5）。

无论苏格拉底本人的进一步看法如何，我们都可以由此大致确定（应该也是当时普遍被接受的一般性看法[②]）：（1）政治德性、公民德性主要指向正义与节制这两种具体德性；（2）政治德性是能够为所有人（多数人）所享有的，而不只为少数人所享有；（3）政治德性不是天生的、偶然得来的，而是靠习惯培养的，是可教、可学的。[③]

---

① 鉴于“德性是否可教”问题涉及更复杂的争论，这里不赘述。

② 参见［美］卡恩《作为知识的德性》，第10—12页；A. W. H. Adkins，*Merit and Responsibility：A Study in Greek Values*，University of Chicago Press，1960，p. 6。

③ 参见《斐多》（82a—b）中的论述：“这些人已经践行了民众的（dēmotikē）德性、政治的（politikē）德性（*Plato Complete Works* 中 G. M. A. Grube 译为“popular and social virtue”），他们称作节制和正义。然而，这些德性由习惯和实践产生，无须哲学和理智”。《会饮》（209a）的第俄提玛演说中称，“最大、最美的实践智慧”涉及城邦和家庭的恰当安排，“被称为节制和正义”（《柏拉图四书》，第244页；这里的节制与正义似乎从属于智慧，注释引施特劳斯的注疏说，此处的节制与正义与《斐多》82a—b 中对举的节制和正义不是一回事）。对照《理想国》卷六（500d7）：“节制、正义以及所有民众的德性”（dēmotikē aretē，G. M. A. Grube 和 C. D. C. Reeve 译为“popular virtue”，Allan Bloom 译为“vulgar virtue”）。卷十（619c—d）指出，拥有这些德性的人生活在秩序井然的城邦中，他们有德性是靠习惯而不是靠哲学。

如果说这种指向普通公民的日常德性没有受到苏格拉底（柏拉图早期对话）的足够重视——反而可以说故意贬低（尤其是对智术师自诩的“政治技艺”）——的话，那么，柏拉图（后期对话）和亚里士多德则在他们的伦理学和政治学中给予了特别的关注。但需要注意的是，苏格拉底式的哲人德性也从未被放弃或取消，[①] 相反，由于公民美德的培育问题必然要产生由谁（哲学王、立法者）来教导的问题，所以，哲人德性必然要嫁接到公民德性上来。无论是柏拉图还是亚里士多德，都要处理这个问题；甚至在更为晚近的马基雅维利、卢梭那里，仍然摆脱不掉政治秩序之创建者的德性（德能）、立法者的超凡性等问题。

由此可见，我们转到第三个结论上来，亦即在道德教育问题上，“苏格拉底的理智主义”存在很多缺陷和不足：过分重视理性，忽视习惯、习俗；对非理性的激情及其训练的忽视；在方法上是否定性的，缺乏正面的道德建议和实质性的描述；没有考虑到受教育对象原先的品质和基础，等等。“苏格拉底对美德及其论证的关注并没有得出清楚的、明确的结论，起码在柏拉图早期对话的描绘中是这样。……无论苏格拉底的出发点是什么，他的声望和影响的实际效果是促使传统原则被削弱”。[②] 对于这些问题与不足，柏拉图中后期的对话以及亚里士多德都有所反思、弥补和修正。

第二节　柏拉图论公民德性及其教育

柏拉图继承了苏格拉底的很多观点，并且他同样强调智慧

① 然而悖谬的是，正如有学者所指出的，在早期对话中，苏格拉底也许根本不相信有人能够获得哲人德性（智慧、知识），苏格拉底式的辩驳（道德探究）本身便被视为一种德性（其目标只是获得“真实意见”），而《理想国》则放弃了道德探究，那是因为哲人们获得了德性知识，需要做的只是向那些不适合从事哲学和统治的人灌输德性。参见维斯《洞穴中的德性》附录2：“《王制》为何放弃道德探究”。

② 参见［美］纳斯鲍姆《阿里斯托芬与苏格拉底论学习实践智慧》，载娄林主编《诗艺与政治》，华夏出版社2013年版，第52—53页。

这一哲人德性的至高性，但他的代表作《理想国》和《法律篇》主要关注的其实却是公民德性，前者被古代的编辑家冠以“论正义”的副标题，而后者实际上通篇论述公民的德性教育问题。

一 定义“正义”：《理想国》中的政治德性

众所周知，《理想国》中的德性问题是柏拉图在建构一座理想城邦的过程中阐述的，因此，传统的“四主德”在这里便具有了强烈的政治性。我们发现，智慧这一德性被赋予城邦的统治者，并且被窄化为维护城邦的知识；勇敢这一德性被赋予城邦的护卫者，并且其重要性被弱化；相比之下，节制这一德性被强化，而正义这一德性被抽象化。

具体言之，前面已经指出，在古希腊“四主德”中，政治德性或者说公民德性主要指向正义与节制：不是因为城邦不需要智慧和勇敢，而是因为这两种德性不可能为全体公民所具有；智慧虽然被视为最高的德性，但显然只能为少数人所取得；勇敢作为一种德性虽然在古代战争社会的背景下受到高度的重视，但柏拉图在《理想国》中主要将其赋予护卫者阶层，而在《法律篇》中更是将其排在四德之末。①

节制与正义就不同了，在理想城邦中，全体公民都被预期具备这两种德性，而且两者之间的关系非常密切。对此，柏拉图是这样论述的：节制这种德性不像勇敢和智慧那样只存在于城邦的一部分之中，“相反，它真正分布于整个城邦，被所有的人分享，它使最弱的、最强的、力量居中的人们唱同一个调性，一方面，你可想象，根据精神素质，另一方面，你可想象，根据力量，或者，根据人数、财富或其他与此类似的东西。这样，我们就能非常正确地声

① 参见《法律篇》630以次；王柯平：《〈法礼篇〉的道德诗学》，北京大学出版社2015年版，第65页以次。

称，这种一致性就是节制精神，低劣和优秀之间有了如此的共鸣，知道两者中的哪一方必须在城邦中、在每一个人的生活中占据主导地位”（432a）。[①] 所谓“同一个调性”“一致性”“共鸣”都指向“和谐一致”这种理想，它与“各安其位”的正义融为一体。[②] 同时，作为一种特殊的德性，正义“至少在城邦中，仅仅意味着其他三种德行的呈现”。[③] 用柏拉图自己的话说就是，正义“为它们三者提供力量、使之得以生存，并且一直在保护它们，使之生存下去，只要它自己能生存”（432b—433c）。[④]

同样众所周知的是，在论证过程中，柏拉图使用了著名的“城邦—灵魂类比”。所谓“城邦—灵魂类比”是指，与一个正义的城邦有三个本性不同的阶层一样，一个人的灵魂也包含类似于这三个阶层的气质、条件（435）。学术界关于柏拉图的“城邦—灵魂类比”有不少讨论和争议，[⑤] 我们这里只就与德性议题相关的内容略作论述。

按照柏拉图在《理想国》中的划分，人的灵魂有三个组成部分——类似于城邦的三个阶层：理性、血气（thymos，也译“意志”“意气”“气魄”等）和欲望。当一个人的灵魂中理性充当领导、血气服从时，他就是智慧的；当血气坚守理性的训示、抵抗不当欲望时，他就是勇敢的；而当这三个部分友好和睦时，他就是节

---

① ［古希腊］柏拉图：《理想国》，王扬译，华夏出版社 2012 年版，第 146—147 页。

② ［法］罗米伊：《希腊民主的问题》，高煜译，译林出版社 2015 年版，第 158—159 页；祝宏俊：《古希腊节制思想》，社会科学文献出版社 2009 年版，第 214—219 页。

③ ［美］布鲁姆：《人应该如何生活——柏拉图〈王制〉释义》，刘晨光译，华夏出版社 2009 年版，第 107 页。在《法律篇》中，柏拉图明确将正义称作是“智慧、节制和勇敢相结合的产物”（631d）。事实上，《理想国》所提供的正义观——无论是城邦的正义还是个人的正义——与人们通常所理解的正义之间是有很大区别的。

④ ［古希腊］柏拉图：《理想国》，第 148 页。参见《理想国》540e，那里正义被视为“正确的东西”所派生出来的“最重要、最关键的东西”（第 285 页）。

⑤ 参见娄林主编《〈理想国〉的内与外》，华夏出版社 2013 年版，所收入的威廉姆斯、李尔、费拉里等人的论文；布洛斯纳：《城邦—灵魂的类比》，载［美］费拉里编《柏拉图〈理想国〉剑桥指南》，陈高华等译，北京大学出版社 2013 年版。

制的从而也是正义的（441—442）。[①]

虽然如后文将要指出的，柏拉图并不愿意强调作为德性（正义）之奖赏的荣誉与声望的作用，但他最终还是承认了灵魂不朽这一对德性“给我们的最大报酬和我们为它准备的奖品”（608c），它让正义者在人生的终点拿到奖品，戴上桂冠，“不仅为自己赢得了美好的名声，而且从人们那里拿走了奖品”（613c）。[②] 所以，在《理想国》的结尾，柏拉图诉诸厄尔神话，以寓言的形式在德性与永恒幸福（以及恶行与永恒惩罚）之间建立确定的联系，从而引导人们追求德性；而当后来西塞罗以“西庇阿之梦”来结尾《论共和国》时，其用意与柏拉图诉诸厄尔神话如出一辙。[③]

二 立法者的技艺[④]：《法律篇》中的公民德性教育

如果说《理想国》主要关注的是“哲人王”如何教育和培养的问题——城邦中其他阶层的教育和培养只是次要的、附带的问题，那么，《法律篇》则主要关注的是作为立法者的“哲人王”如何来教育、训导其他阶层之公民的问题。[⑤]

---

① 柏拉图在《理想国》中据此提出的教育方案（主要针对护卫者和统治者，亦即“哲学王”）表明，与苏格拉底执着于智识主义的辩驳法相比，柏拉图开始重视对非理性欲望的训练和习惯的培养（这也就意味着德性不只是知识问题），并且不再止步于对传统观念的批判，而是提出了对正义等德性的实质性描述或者说正面规划。参见［美］纳斯鲍姆《阿里斯托芬与苏格拉底论学习实践智慧》，第47—48、54—55页。

② ［古希腊］柏拉图：《理想国》，第376、383页。

③ 参见王柯平《〈法礼篇〉的道德诗学》，第328页以次；哈利韦尔：“灵魂的生死之旅：厄尔神话疏解”，《柏拉图〈理想国〉剑桥指南》，第393—394页。

④ 柏拉图在《高尔吉亚》（464a—b）中指出，与身体和灵魂相对应的是两种技艺，一种是照料身体的简单技艺，它包括体育和医术两个部分；一种是与灵魂有关的政治技艺，在政治技艺中，与体育相对应的是立法，与医术相对应的是正义（的维护）。《法律篇》卷一末尾便将“对一个人灵魂之本质与习性的洞见”视为政治技艺的最大助益之一，而政治技艺正是培养良好品性的技艺（650d）。本章对《法律篇》的引用，主要依据桑德斯英译本（收入 *Plato Complete Works*）和潘戈英译本（*The Laws of Plato*，Translated by Thomas L. Pangle，University of Chicago Press，1988）译出。

⑤ 参见波波奇尼《柏拉图与古典政治哲学的诞生》，载程志敏、方旭编《哲人与立法——柏拉图〈法义〉探义》，华东师范大学出版社2013年版。

在《法律篇》（730e—731a）中，柏拉图在谈到“德性奖赏的获得者”亦即什么人应该得到荣誉时指出，应当赞扬节制、实践智慧以及其他一切德性，应当把最高荣誉授予那些不但自身拥有这些德性而且能够将其传递给他人的人；愿意传递出去但缺乏能力的人，可以获得次一级的荣誉。显然，这里所谓“自身拥有且能够传递德性的人”就是指立法者，而所谓“传递”实际上就是立法者对其他公民的教育。

《法律篇》对“教育”（paideia）有独特的界定，柏拉图甚至认为，只有公民（美德）教育才是真正的教育：“我们所谓的教育是指从儿童时代就开始的德性教育，这种训练会让人产生一种热切的欲求，即成为一个知道如何按照正义的要求去统治和被统治的完美公民。我认为，我们应当把这种训练与其他的训练区分开来，并且只为其保留‘教育’之名。那种旨在获得钱财或者健壮体格，甚或某种不为理性和正义所引导之智慧的训练，我们会视为粗鄙的、没有教养的，并且会说它根本不配称作教育。”（643e—644a）①

正是基于这种教育观念，柏拉图如此来定义德性：“我认为，教育就是在儿童身上最早形成德性。快乐与喜欢、痛苦与憎恶，开始在那些尚未达到理性的灵魂中得到正确的安置；然后，当这些灵魂能够运用理性时，这些激情与理性协调一致，共同确认他们已经通过良好的习惯得到了恰当的培养。这种整体上的协调一致就是德性；这种德性的一部分就在于，对快乐和痛苦进行正确的训练，使人们从小到老都恶其所应恶，爱其所应爱；如果你能够将这一点从你的说明中区分出来，并认定这就是教育，那么，我认为你是正确的。”（653b—c）②

---

① *Plato Complete Works*，p. 1337；*The Laws of Plato*，p. 24。中古学者法拉比认为，《法律篇》的前八卷都与教育有关，属于“法律的根基”。施特劳斯提出，“《法律篇》总体而言是一部关于教育的书”（Leo Strauss，*The Argument and the Action of Plato's Law*，The University of Chicago Press，1975，p. 55）。

② *The Laws of Plato*，p. 32（这段话的英译文和中译文都有较大出入，这里主要依据潘戈英译文；参见［法］布舒奇《〈法义〉导读》，谭立铸译，华夏出版社 2006 年版，第 106 页）。

于是，我们发现，快乐与痛苦成为公民德性教育的起点：“一个孩子在婴儿时期最早的感觉便是快乐和痛苦，这是德性和恶行最早进入灵魂的路径。”（653a）[①] 与《理想国》中对欲望的否定相反，柏拉图在《法律篇》中开始承认，“就本性而言，人类首先存在于快乐、痛苦和欲望中”（732e）；[②] 作为基本的行为动机，“没有人会自愿被说服去做一件事，除非这件事给他带来的快乐超过痛苦”（663b）。[③]

当然，德性教育需要克服快乐，因此，柏拉图谈到了对恶劣行为或言词所带来的坏名声的畏惧，亦即羞耻，它会拒斥最常见、最强烈的快乐——这是德性教育的重要心理基础，立法家非常重视这一点，将其视为谦逊节制、勇敢的源泉（647—648）。

与《理想国》相比，我们会发现，《法律篇》中关于教育理论的阐述并不丰富，而在教育的内容方面则有所变化。《法律篇》的教育科目（课程设置）包括音乐、体育、舞蹈、文学、戏剧、军事、狩猎、数学、天文等，与《理想国》相比，增设了戏剧和军事，减少了和声学、辩证法或哲学。这种变化乃是基于前者更侧重公民美德教育，而后者更侧重于哲学王的教育，所以，扩充了诗乐教育和体操训练的内容，加大了教育科目的实用性。[④]

关于公民教育的方式，柏拉图在《法律篇》的一段对话（第2卷，663e—664a）中指出，“真理是一件高贵而持久的事物，但要说服人们相信它却似乎不那么容易”；人们却轻易相信那些诸如“牙齿种到地里长出武士”这样荒谬的故事（《理想国》415中著名的“高贵的谎言”便脱胎于这个故事）；因此，只要耐心劝说，立法者就可以让年轻的心灵相信任何事情。所以，“立法者唯一应当

---

① *The Laws of Plato*, p. 32.

② Ibid. , p. 119.

③ Ibid. , p. 44.

④ 参见王柯平《〈法礼篇〉的道德诗学》，第89页；克利里：《〈法义〉中的教化》，载程志敏、方旭编《柏拉图的次好城邦——柏拉图〈法义〉发微》，华东师范大学出版社2013年版。

寻求的就是最有利于城邦的信念，并且应当发掘各种策略，比如通过歌曲、神话和论证，以便让整个共同体尽可能众口一词、始终如一地谈论这些信念”。[①]

所以，有学者指出，在柏拉图的对话文本中，无论是讨论政体制度、公民德性、理想城邦，还是讨论立法原则、宗教信仰、宇宙秩序，“喻说方式和神话故事（诗学成分）总是与理论思辨和道德教育（哲学要旨）交叉融合在一起。……‘喻说’作为一种修辞艺术手段，其形象性和解释力可以用来阐述自己的哲学思想和政治目的，进而用来帮助人们理解和接受这其中的要义和观念；‘神话’作为一种人们用来认识自己和周围世界的特殊话语形式，其虚构性和感染力可用来构建自己的哲学王国和诗学园地，进而用来教导人们感悟或认识其中的真理和伦理”。[②] 同时，也像许多学者所注意到的那样，《法律篇》比《理想国》弥散着更多的宗教意象，宗教神学“对一切法律来说是最高贵和最好的序曲”（887c）。[③] 所有这些方式都是考虑到了公民（德性）教育的对象是无法理解哲学论证的普通民众，而当以上一切手段失效，亦即说服和教导失败时，就有必要诉诸强制与惩罚；但总的来说，柏拉图更倾向于结合说服和强迫，所以，他不仅规定了法律，而且还提供了这些法律的序言或序曲（prooimia），对其加以解说、劝导。

第三节　亚里士多德论德性政治学

毫无疑问，在德性问题上，亚里士多德的看法更加精微、系统和复杂，而他的看法更接近于柏拉图而非苏格拉底——事实上，他关于伦理学和政治学的论述在很大程度上都是以《法律篇》为起点

① *The Laws of Plato*, pp. 44 – 45.

② 王柯平：《〈法礼篇〉的道德诗学》，第 125 页。

③ 参见林志猛编《立法者的神学——柏拉图〈法义〉卷十绎读》，华夏出版社 2013 年版。潘戈在相关的论文中提到，这里柏拉图试图建立一种“公民宗教”或者说“公民神学”。

的；但另一方面，正是由于他的伦理学更具实践目的（他更加明确地将伦理学从属于广义的政治学）、他关于德性的分类更为齐整（首先是道德德性与理智德性的划分，然后是理智德性中实践智慧与理论智慧的划分），隐含其中的哲学与政治、沉思生活与积极生活的对立与紧张反而更加突出与棘手。

一 德性的政治维度

在《尼各马可伦理学》第10卷（NE X. 7—8）和《政治学》第7卷的开头（Pol. VII. 2—3），[①] 亚里士多德比较过政治的生活与沉思的生活（它们都为热爱德性的人所追求），并且明确地认为沉思的和理论的生活实际上要优于政治的和实践的生活（后面将要谈到的理智德性高于道德德性也与此相关），由此可以实现“完全的幸福”；但同样可以确定的是，亚里士多德并没有因此贬抑实践生活、政治生活的价值（他赋予政治生活的价值要大于柏拉图），也没有必要在这两种生活之间做出非此即彼的选择。[②]

在强调沉思生活的至高性、自足性时，亚里士多德多次提到神、神性（NE，1177a15—20，1177b25—30；1178b8—28；Pol.，1323b23—25；1325b25—28）；与之相比，伦理的、政治的生活乃是“属人之善”（NE，1094b5—10）：“正义的、勇敢的以及其他德性的行为，都是在与他人的相互关系中做出的，都是在遵守交易与需要方面的适合每一种场合的实践与感情，而所有这些都是人的事务”（NE X. 8，1178a10—14）。一旦理解了伦理生活、政治生活的“属人之善”的性质后，我们就容易理解亚里士多德何以称包括伦

① 《尼各马可伦理学》主要引自廖申白译注本（商务印书馆2003年版），参照里夫英译本（C. D. C. Reeve Trans，Hackett Classics，2014）改动；《政治学》主要依据里夫英译本（Hackett Classics，1998）译出，参照颜一中译本（《亚里士多德选集·政治学卷》，中国人民大学出版社1999年版）。

② 林德认为，《尼各马可伦理学》第10卷中篇幅很小的“沉思生活理论也是亚里士多德晚期人类行为哲学中的柏拉图残余”。参见林德《〈尼各马可伦理学〉的现代性》，刘小枫编《城邦与自然——亚里士多德与现代性》，华夏出版社2010年版，第194—195页。

理学在内的政治学的目的是最高的善："政治学的目的是最高善，它致力于使公民成为有德性的人、能做出高尚［高贵］行为的人。"（NE I. 9，1099b29—32）① 虽然沉思的生活构成了"完善的幸福"，是"最高等的一种实现活动"，但那是属于"神性的"（NE X. 7）；"合于其他德性的生活只是第二好的"，但那"都是人的实现活动"（NE X. 8）。所以，上述所谓"最高的"仅仅是就"属人之善"而言的，是"实践中的至善"，而非至善本身。

按照亚里士多德在《形而上学》（VI. 1）中的分类，人类的知识（科学、哲学）可以分为三类，即思辨科学、实践科学和创制科学；而实践科学就主要包括政治学、伦理学和家政学。《尼各马可伦理学》的开卷（I. 1—3）和结尾（X. 9）则表明，伦理学从属于广义的政治学（它被称为"最权威的科学"），主要关注德性问题；狭义的政治学则主要关注政制（政体）问题。

亚里士多德在《尼各马可伦理学》中明确指出："真正的政治家，（例如克里特和斯巴达的立法者，以及其他的类似立法者）都要专门地研究德性，因为他的目的是使公民有德性和服从法律。如果对德性的研究属于政治学，它显然就符合我们最初的目的"，当然，"我们要研究的显然是人的德性。因为，我们所寻求的是人的善和人的幸福"（NE I. 13，1102a7—15）。在《政治学》第 7 卷的"序论"中，他又指出，不管对于单个个人还是整个城邦而言，最优良的生活都意味着这样一种德性的生活，即"配备着充分的（外部）资源足以采取各种有德性的行动"（Pol. VII. 1，1323b40—1324a1）。

那么，在亚里士多德看来，到底什么是德性？德性有哪些类型、又有哪些具体的德性？以及如何培养德性呢？

德性是什么？按照一种古老的传统，亚里士多德把善分为三

---

① 参见《政治学》中的说法："既然一切科学与技艺的目的都是善，那么最高的善和最好的善便是所有科学与技艺中最主要之科学与技艺——亦即政治科学——的善；政治的善是正义，而正义就是全体公民的共同利益。"（Pol. III. 12，1282b13—17）

类，即外在诸善、身体诸善和灵魂诸善，[①] 而德性属于灵魂诸善；灵魂的状态有三种：情感、能力与品质，德性既不是能力（但自然赋予我们接受德性的能力）也不是情感（德性当然与情感相关），而是品质（NE II. 5）。[②] “人的德性就是既使得一个人好又使得他出色地完成他的活动的品质”（NE II. 6，1106a21—22）。所谓品质，作为一种性质，它比习性“更持久、更稳定”，作为品质的德性，“难以被取代，难以发生变化，而习性则是易于变动的性质……除非某习性由于经年累月偶然成为人的本性，它已经根深蒂固，难以改变，那么我们也许就可以把它叫做状况或品质了”，所以，有某种品质的人同时就有某种习性，但具有某种习性并不一定拥有某种品质。[③]

“如果德性是品质，那么仅仅知道德性就并不能使我们做事情更有德性”（NE VI. 12，1143b23—24）。德性需要先运用然后才能获得，需要习惯加以养成，“立法者通过塑造公民的习惯而使他们变好。这是所有立法者心中的目标”（NE II. 1，1103b3—4）。正是这一点使得我们后面将要谈到的德性教育成为可能并具有重要性。

接下来我们看一看亚里士多德关于道德德性与理智德性的区分。亚里士多德将灵魂划分为两个部分：“有理性的”部分和“没有理性”的部分。[④] 灵魂理性部分的德性就是《尼各马可伦理学》第6卷论述的理智德性，[⑤] 灵魂非理性部分的德性则是第2—5卷论

① 参见 NE I. 8，1098b12；Pol. VII. 1，1323a22；MM，1184 b2；EE 1218b32；Rhet，1360b25；也参见《尼各马可伦理学》第21—22页译注3。

② 按照《尼各马可伦理学》第2卷第4章的看法，合乎德性的行为不仅要求行为具有某种性质，而且还必须出于某种状态：首先是知道哪种行为；其次，必须是基于行为自身而选择那样做；最后，必须是出于某种确定的、稳定的品质而选择那样做。

③ 《亚里士多德全集》第1卷《范畴篇》，秦典华译，中国人民大学出版社1990年版，第26页。

④ 关于两者的区分以及非理性灵魂借助于性情机制服从理性从而无法与理性灵魂分离，参见［美］张伯伦《亚里士多德为什么称伦理学为Ethics》，《城邦与自然》，第250页以次。

⑤ 《尼各马可伦理学》第6卷第3章列举了思维成真的五种品质：技艺、科学、明智、智慧和理智（廖申白译本译为“努斯”），廖申白译注（第169—170页注释3）援引多家观点指出，这五种品质或方式“不等于理智的五种德性”，只有明智和智慧是德性。

述的道德德性（伦理德性）。“理智德性通过教导而发生和发展，所以需要经验和时间。道德德性则通过习惯养成，因此它的名字‘道德的’也是从‘习惯’这个词演变而来”（NE Ⅱ.2，1103b11—17；参见MM，1186a1—5）。总体上，与他认为沉思的生活高于实践的生活相一致，亚里士多德认为，理智德性要高于道德德性，在理智德性内部，智慧要高于明智（实践智慧）。

在大致弄清楚了亚里士多德所阐述的沉思生活与实践生活的关系、政治学与伦理学的关系、理智德性与道德德性的关系之后，我们就可以来具体地考察一下亚里士多德的德性表（都属于道德德性[①]）中那些最具政治性的德性（公民德性）。我们认为，有这样几种德性尤其值得关注：正义、明智以及友爱。

首先来看一看正义（廖申白译本译为“公正”，引用时一律改为“正义”）。毫不奇怪，亚里士多德在《尼各马可伦理学》中要以一整卷的篇幅（第5卷）来处理正义这个德性。他说，“正义常常被看作德性之首”，并引用谚语说，“正义是一切德性的总括”（NE V.1，1129b27—30）。如果说他关于正义的地位的看法与柏拉图一致的话，那么他关于正义的定义和内容的看法就比柏拉图更接近于常识了：首先，他区分了两种正义形式，一种是一般的、普遍的正义，另一种是具体的、特殊的正义，前者指向守法（在古希腊语中，正义与法律这两个概念有密切的联系），后者指向公平（或平等，这种“作为公平的正义”与当代理论关于正义的理解一致）；其次，他又把“具体的正义”分为两类，即分配的正义和矫正的正义。

虽然具体的正义在亚里士多德那里（以及当代的研究者那里）更受重视，但这里我们主要考察一下“一般的正义”，因为所谓“德性之首”“一切德性的总括”乃是就这种意义上的正义而言的：

---

① 在《欧台谟伦理学》的德性表中，明智（实践智慧）是与道德德性放在一起的，但在《大伦理学》和《尼各马可伦理学》中，明智被机智取代，也就是说，明智（实践智慧）不再与道德德性并列，而作为理智德性另外加以探讨。参见廖申白《尼各马可伦理学》译本附录三。

"守法的正义是总体的德性，不过不是总体的德性本身，而是对于另一个人的关系上的总体的德性"（NE V. 1，1129b25—27）；"我们说正义即是共同生活中的德性，凡具备这种德性，其他的所有德性就会随之而来"（Pol. III. 13，1282b39—40）。守法的正义之所以被认为是"总体的德性"，是"完全的"，是因为在为了共同体的利益而采取正义的行动中，没有任何一种基本德性（比如勇敢、节制）是不需要加以运用的，而且它使得每一种其他德性变得完满，因为城邦的善比个人的善"更主要、更完满"。[①]

其次我们来看一看理智德性中的明智（实践智慧）如何被纳入公民德性。在亚里士多德看来，在沉思中运用（理论）智慧是"完善的幸福"，而运用明智（实践智慧）则是"第二好的"（NE X. 7—8）。但是，就像他在《大伦理学》中所说，明智"犹如智慧的一个管家，它通过压抑激情并使其井然有序来为智慧赢得闲暇，使它能进行自己的工作"（MM，1198b17—20）。[②]

至于明智与道德德性的关系，他认为，明智作为正确的逻各斯，它与道德德性一起发挥作用，它们共同完善着活动，"德性使我们的目的正确，明智则是我们采取实现那个目的的正确的手段"（NE VI. 12，1144a7—9；参见1145a4—6）。明智区别于聪明就在于，明智是对于一个高尚的、高贵的、善的目的的手段，而聪明则是对于任何一个确定目的的手段（能力）；明智离开了德性就只是聪明，并且很容易蜕化为狡猾（NE VI. 12，1144a20—30）。[③]

更重要的是，按照亚里士多德的说法，"政治学和明智是同样的品质，虽然它们的内容不一样。城邦事务方面的明智，一种主导性的明智是立法学，另一种处理具体事务的，则独占了这两

---

① 参见［美］斯科菲尔德《亚里士多德的政治伦理学》，第342—346页，也参见杨《亚里士多德的正义》，第194—195页，载［美］理查德·克劳特《布莱克维尔〈尼各马可伦理学〉指南》，刘玮、陈玮译，北京大学出版社2014年版。

② 苗力田编：《亚里士多德选集·伦理学卷》，中国人民大学出版社1999年版，第310页。

③ 参见NE X. 8，1178a15—17："明智似乎离不开道德德性，道德德性也似乎离不开明智。因为，道德德性是明智的始点，明智则使得道德德性正确。"

者共有的名称，被称作政治学”（NE VI. 8，1141b23—29）。也就是说，广义的政治学就是与城邦事务有关的明智，它包括研究城邦普遍事务的明智（立法学）和处理城邦具体事务的明智（狭义的政治学）以及家政学（经济学）。他还断言，“统治者独特的德性是明智；因为其他诸种德性似乎都必然为统治者和被统治者所共有。被统治者的德性当然不是明智，而不过是真实的意见”（Pol. III. 4，1277b25—29）。

最后我们再来看一看作为一种特殊的公民德性的友爱。虽然学术界关于“政治的友爱”或者说“公民的友爱”到底属于亚里士多德所区分的“快乐的、有用的和德性的友爱”这三种类型（NE VIII. 3）中的哪一种还存在着分歧，但有两点是非常清楚的：一是友爱对于城邦至关重要；二是友爱与正义作为两种维护政治共同体的两大德性相辅相成。就像他所指出的，“我们相信，友爱是城邦最大的善，因为在这种情况下人们最不可能陷入内乱”（Pol. II. 4，1262b7—9）；“在每一种共同体中，都有某种正义，也有某种友爱”（NE VIII. 9，1159b26—27），“友爱还是把城邦联系起来的纽带。立法者们也重视友爱胜过正义。因为，城邦的团结就类似于友爱，他们欲加强之；纷争就相当于敌人，他们欲消除之”（NE VIII. 1，1155a20—24）。

二　德性与公民教育

德性作为伦理学这门实践科学的研究对象，我们研究德性，“不是为了解德性，而是为使自己有德性，否则这种研究就毫无用处”（NE II. 2，1103b27—29）；“在实践事务上，沉思和知道还不算完成，实践沉思所得的和所知的东西才算是完成……如果说仅仅知道德性是什么还不够，我们就还要努力地获得它、运用它，或以某种方式成为好人”（NE X. 9，1179a35—b5）。

在这个问题上，亚里士多德对苏格拉底的智识主义德性论持批评态度。首先，他认为苏格拉底将德性只归结为理论性知识，不研究德性在人的生活行为中是怎样产生和实现的，这就抹杀了伦理学的经验性内容。他在《优台谟伦理学》中明确批评说，苏格拉底“虽然常常探讨什么是德性，但却不追寻它如何产生，又从什么之中产生。……关于德性，最有价值的不是知道它是什么，而是认识它源出于什么。因为我们的目的，不是想知道勇敢是什么，而是要勇敢，不是知道正义是什么，而是要正义，正如我们更想健康，而不是认识健康是什么，更想具有良好的体质，而不是认识良好体质是什么一样”（EE 1216b1—25）。[①]

其次，他批评苏格拉底的德性论抹杀了灵魂中的非理性部分，否定了意志和情感在形成德性中的作用。在《大伦理学》第 1 卷中，他批评苏格拉底说：“因为他把德性当作知识，其实这是不可能的。因为一切知识都涉及理性，而理性只存在于灵魂的思考部分之中。按他的观点，一切德性就都在灵魂的理性部分中了。这样，就可推导出：由于他把德性当成知识，就摒弃了灵魂的非理性部分，因而也摒弃了感受和习俗。因此，像这样对待德性是不正确的。在此之后是柏拉图。他正确地把灵魂分成理性的部分和非理性的部分，并给每部分派定所属的德性。”（MM，1182a16—26）[②]

由此，他指出了苏格拉底和柏拉图在这个问题上的区别：苏格拉底认为灵魂的本性只是理性，德性只是纯理智的，忽视了意志和情感对形成德性的作用；柏拉图则将灵魂分为理性和非理性两部分，认为意志和情感属于灵魂的非理性部分，他将智慧归于理性，勇敢归于意志，节制归于情感。亚里士多德自己正是沿着柏拉图开辟的道路而展开其道德心理学和政治学论述的。

首先，他重视情感的作用，力图将德性与快乐从根本上联系起来。在亚里士多德看来，德性（与恶）虽然不是情感，却与情感密切相关，所谓情感，“我指的是欲望、怒气、恐惧、信心、妒忌、

---

① 苗力田编：《亚里士多德选集·伦理学卷》，第 366 页。

② 同上书，第 258 页。

愉悦、爱、恨、愿望、嫉妒、怜悯，总之，伴随着快乐与痛苦的那些情感”（NE II.5，1105b20—23）。德性是适中的情感和实践（行动），“在适当的时间、适当的场合、对于适当的人、出于适当的原因、以适当的方式感受这些感情，就既是适度的又是最好的。这也就是德性的品质”（NE II.6，1106b20—22），[①] 而这种情感的适中、适当、适度（中道）当然来自理智、理性的指导，并通过习惯养成品质。

快乐（与痛苦）无疑是最重要的情感，亚里士多德多次强调德性与快乐的关系，以及德性教育中引导快乐的重要性：“我们必须把伴随着活动的快乐与痛苦看作是品质的表征。……道德德性与快乐和痛苦相关。……所以柏拉图说，重要的是从小培养起对该快乐的事物的快乐感情和对该痛苦的事物的痛苦感情，正确的教育就是这样。”（NE II.3，1104b5—15）在《尼各马可伦理学》的第10卷中，他再次重申，快乐“似乎与我们的本性最为相合。所以，我们把快乐与痛苦当作教育青年人的手段。而且，我们把爱所应当爱的，恨所应当恨的看作养成德性的品质的最重要的内容。快乐与痛苦贯穿于整个生命，对于德性与幸福至为重要。因为人总是选择快乐，躲避痛苦”（NE X.1，1172a19—24）。

其次，在此基础上，亚里士多德更加注重德性的养成与实现，更加注重公民教育的作用。在亚里士多德的伦理学和政治学中，公民的德性教育具有极端的重要性。他在《政治学》第8卷中明确指出，“谁也不会有异议，立法者最应关心的事情是青少年的教育，因为那些没有这样做的城邦的政体都深受其害”（Pol. VIII.1，1337a10—14）。

对于如何获得德性这个古老的话题，亚里士多德持有一套完整而合乎常识的看法。

---

① 当然，“并不是每项实践与感情都有适度的状态。有一些行为与感情，其名称就意味着恶”（NE II.6，1107a9—10）。有些情感就不是德性，比如说，羞耻（NE IV.9）。亚里士多德又指出，“爱似乎是一种感情，友爱则似乎是一种品质”（NE VIII.5，1157b30）。

人们通过三种途径而变得卓越，这三种途径是自然、习惯和理性。一个人从出生便拥有作为人而不是其他某种动物的自然（天性），其身体和灵魂便具有某种特性。但某些天生便具有的特性是没有益处的，是习惯改变了它们：某些特性天生就有两种可能，要么随着习惯变得更好，要么随着习惯变得更坏。其他动物最主要靠自然（天性）生活，而只有极少方面受习惯影响，但人类还依靠理性来生活，因为只有人才具有理性。因此，自然、习惯和理性这三者需要相互协调。人类往往因为理性而违背习惯和自然，如果他们被说服某种其他的做法是更好的。我们前面已经讨论过，具有哪种自然（天性）的人更容易为立法者所驾驭，那么剩下的就是教育的任务了：因为有些事物的学习是依靠习惯，有些是依靠教导（Pol. VII. 13，1332a38—1332b10）。

显然在这三者之中，理性的地位是最高的，因为“理性和理智是我们自然的目的，所以生育和我们习惯的训练应当以此为准则”（Pol. VII. 15，1334b14—16）。[①] 理性和理智高于习惯，与前面概述的沉思生活高于政治生活、理智德性高于道德德性是一致的，也是容易理解的；而自然（天性）与德性（习惯）的关系却还需要略作阐释。[②]

在亚里士多德看来，“德性在我们身上的养成既不是出于自然，也不是反乎于自然的”（NE II. 1，1103a24—25），自然赋予人类接受德性的能力，但这种能力必须通过习惯以及教导而完善和实现。在“通过习惯养成的德性”（NE VII. 8，1151a18）之外，他也提到了与生俱来的“自然的德性”，但就像“儿童和野兽也生来就有某种品质，而如果没有努斯，它们就显然是有害的”，“如果自然的品

---

① 不过，就教育的先后顺序来说却是，首先应该关注儿童的身体，其次是灵魂，最后是欲望；但“关心欲望是为了理智，关心身体是为了灵魂”。参见 Pol. VII. 15，1334b17—28。

② 习惯与自然（本性）存在着这样一种关系：“由自然造就的东西不可能由习惯改变。……出于本性而按一种方式运动的事物都不可能被训练得以另一种方式运动”（NE II. 1，1103a18—23）；“习惯可改，本性难移。但是习惯一旦成为自然也就难改了”（NE VII. 10，1152a30）。

质上加上了努斯，它们就使得行为完善，原来类似德性的品质也就成了严格意义的德性”，也就是说，“自然的德性”离开了明智这一理智德性便不可能成为道德德性（NE VI. 13）。

特别需要指出的是，这里的自然是指纯粹的自然（mere nature），亦即需要在理性指导之下的习惯加以提升的状态。它不同于《政治学》第1卷所揭橥的“城邦是自然的产物”“人依据自然是政治动物”（Pol. I. 2，1253a2—5）中的“自然”；后者是指一种目的或目标，是规范意义上的自然，亦即事物发展到完全状态所展现的特性（本性）；城邦之所以是自然的，就是因为城邦为人类的行为和发展提供了一种规范；人类实现和践行德性的潜能是一种目标，唯此才称其为人，所以，参与政治生活是自然的。所谓“理性和理智是我们自然的目的”，便是说，纯粹的自然需要通过习惯和理性达致充分的自然，而充分的自然是指向城邦生活的，所以，习惯和理性所导向的是人的政治性情（道德—政治德性）。①

事实上，早在《尼各马可伦理学》中，亚里士多德就说过，“有些人认为一个人好是天生的（by nature，出于自然），有些人认为人是通过习惯，另一些人认为是通过学习（by teaching，教育），而成为好人的”。但是，“本性（自然）使然的东西显然非人力所及，是由神赋予那些真正幸运的人的”；“逻各斯与教育也似乎不是对所有人都同样有效。学习者必须先通过习惯培养灵魂，使之有高尚［高贵］的爱与恨，正如土地需要先耕耘再播种”（NE X. 9，1179b20—26）。因此，仅仅通过教育是不够的，还需要法律来作为补充；如果说教育的作用在于教导和习惯环节，那么，法律的作用则在于习惯和强迫环节（习惯是它们共有的环节）。

在《尼各马可伦理学》结尾处由伦理学向（狭义）政治学过渡的部分中，亚里士多德指出，逻各斯虽然能够使那些生性良纯的

① 参见 Julia Annas，“Aristotle on Human Nature and Political Virtue”，*Review of Metaphysics*，Vol. 49，No. 4，1996，pp. 731 -753。

青年获得德性的意识，却“无力使多数人去追求高尚［高贵］和善。因为，多数人都只知恐惧而不顾及荣誉，他们不去做坏事不是出于羞耻，而是因为惧怕惩罚”。多数人凭感情生活，追求自己的快乐，躲避与之相反的痛苦，“他们甚至不知道高尚［高贵］和真正的快乐，因为他们从来没有经历过这类快乐”（NE X. 9，1179b8—16）。对于那些凭感情生活的人既然无法通过逻各斯加以教育、引导，那么就只能通过法律和惩罚加以训练和强制。“如果一个人不是在健全的法律下成长的，就很难使他接受正确的德性。因为多数人，尤其青年人，都觉得过节制的、忍耐的生活不快乐。所以，青年人的哺育与教育要在法律指导下进行。这种生活一经成为习惯，便不再是痛苦的。但是，只在青年时期受到正确的哺育和训练还不够，人在成年后还要继续这种学习并养成习惯。所以，我们也需要这方面的，总之，有关人的整个一生的法律。因为，多数人服从的是法律而不是逻各斯，接受的是惩罚而不是高尚［高贵］的事物”（NE X. 9，1179b31—1180a5）。

因此，对于立法者来说，就必须“鼓励趋向德性、追求高尚［高贵］的人，期望那些受过良好教育的公道的人们会接受这种鼓励；惩罚、管束那些不服从者和没有受到良好教育的人；并完全驱逐那些不可救药的人。因为，公道的人会听从逻各斯，因为他们的生活朝向高尚［高贵］；坏人总是追求快乐，应当用痛苦来惩罚，就像给牲畜加上重负一样”（NE X. 9，1180a5—13）。如此看来，在亚里士多德这里，公民的德性教育存在着自然（天性）—习惯（第二天性）—理性（教导）—法律（强迫）这样多个环节。

无论是柏拉图的《法律篇》最后走向公民德性教育问题，还是亚里士多德的《政治学》以阐述青少年教育的一卷为终论，无不反映了古希腊思想家对政治教育的关注，而这种关注无疑又是古希腊政治文化和公民教育实践的直接反映。[①] 古希腊哲学家由关注哲人德性走向关注公民德性，阐述公民（德性）教育的心理基础与行为机制，在高扬理性精神的同时又肯定情感的作用，既源于又高于古典政治文化。他们的论述深刻地影响了西方文明后来对相关问题的思考，即便进入现代社会，尤其是古今社会的政治特质发生了根本性的变化之后，仍然可以看到他们的思想在当代的回响。

① 古希腊思想家对教育问题的重视，参见［法］罗米伊《希腊民主的问题》，结束语“民主与教育”；以及更老派的耶格尔的《教化》（Werner Jaeger，*Paidiea*：*The Ideals of Greek Culture*）这样的经典研究。

第二章

西塞罗的政治德性论[①]

在罗马从共和制向元首制—帝制转型的关键时刻，西塞罗以他的政治行动和理论著述生动而集中地见证了这一历史场景。[②] 为了挽救共和国，他不但粉碎了喀提林阴谋，而且几乎是在拒绝了“与敌人的和解；与暴民的平安相处；惬意的晚年生活”之后，投身于反恺撒以及安东尼的政治活动，发表各种政治演说，直至最后以身殉难；同时，他还利用间歇性退隐的闲暇，围绕政治—法律、演说术（修辞学）、哲学—伦理、宗教等公共议题，著书立说，从理论上捍卫罗马传统的共和理想，他在这方面的工作，既有对罗马独特政治文化的延续与重构，也有对外来希腊哲学思想的继承与改造。

第一节　共和罗马的政治伦理传统

罗马共和国传统的政治伦理观是什么？其产生和供给机制又有哪些？众所周知，罗马是一个务实的民族，哲学思辨和理论创新并不是他们的长处。然而，通过那些对共和传统抱有深刻同情与怀念的罗马历史学家的记述以及像波利比乌斯这样的外来者的观察，结

---

① 本章由课题组成员刘训练撰写。

② 关于西塞罗如何从行动和著述两个方面捍卫罗马共和国的精辟概述，参见［美］麦克科马可《道德与政治——西塞罗如何捍卫罗马共和国》，吴明波译，载刘小枫、陈少明编《西塞罗的苏格拉底》（经典与解释 35），华夏出版社 2011 年版。更详尽的论述，参见［美］罗森《西塞罗传》，王乃新等译，商务印书馆 2015 年版。

合现代历史学家的研究，我们还是能够在混合政体这一制度因素之外，总结和归纳出罗马共和国在公民美德方面——考虑到罗马平民的德性主要限于消极的服从，所以，这里的公民美德主要指向贵族精英阶层的传承与教育——独特的实践做法与观念形态。

一　撒路斯提乌斯论罗马共和国的公民美德

我们首先来看一看与西塞罗同时代的人撒路斯提乌斯（C. Sallustius Crispus）——他们虽然同属“新人”（novus homo），但在政治上并不属于同一阵营，西塞罗是反恺撒的，而撒路斯提乌斯则通常被视为恺撒派——在其历史著作中对罗马政治伦理传统的追溯与概括。

在《喀提林阴谋》的引论性章节中，撒路斯提乌斯指出，人类高于动物，所以我们应当“以我们内在的资源（即精神的力量——引者注）而非身体的力量来追求荣耀；既然生命本身是短促的，我们就应当尽可能地延长对我们生命的记忆。我这样说是因为财富和美貌带来的荣耀（gloria）是流动的、脆弱的，而德性（virtus）则被认为是光荣的、永恒的”（Bellum Catilinae，1）。[①]

在随后追溯罗马的历史时，他认为，罗马在争取了自由——亦即摆脱了王政——之后，立即“变得令人难以置信的强大”，这源自于人们对荣耀的欲求（gloriae incesserat）。这使得青年人能够忍受战争的艰苦，接受严格的军事训练，并且“他们之间为了荣耀展开了最激烈的竞争”：每个人都奋勇杀敌、攻克城墙，并希望这样的行为为他人所关注。“他们渴望赞美，但对于金钱却是慷慨的：他们想要的荣耀是巨大的，财富则是取之有道的”（Bellum Catilinae，7）。撒路斯提乌斯相信，公民之间在德性上的竞争是罗马强

---

① 以下《喀提林阴谋》的引文依据“牛津世界经典丛书”的英译本（*Catiline's Conspiracy*，*The Jugurthine War*，*Histories*，Translated by William W. Batstone，Oxford University Press，2010）并对照拉丁语原文（*Sallust's Bellum Catilinae*，Edited，with Introduction and Commentary by J. T. Ramsey，Oxford University Press，2007）译出。

大的原因，而对金钱和权力的渴望或者说贪婪（avaritia）和野心（ambitio）是一切罪恶的根源（Bellum Catilinae，9–10）。

不过，野心与贪婪是不一样的，作为一种恶习，它比后者更接近于德性："无论是良善的人还是卑劣的人都为他们自己欲求荣耀、荣誉和统治权，只不过前者通过正当的途径获取之，而后者没有高贵的品质，便通过狡诈和欺骗来竞取之。"① 贪婪则意味着对金钱的欲求，明智的人是不会追求的，"它是没有止境的、永不满足的，不会因为富足或贫乏而消歇"（Bellum Catilinae，11）；"一旦财富被视为一种荣誉，荣耀、统治权和权力随之而来，那么德性便失去其光彩，贫穷被视为一种耻辱，而清廉则被看作是恶意"，一切恶行由此产生（Bellum Catilinae，12）。

以上论述表明，在撒路斯提乌斯看来，对金钱和财富的贪婪是最糟糕的恶行（财富应当取之有道，并且用之慷慨），而对权位和荣耀——这两者往往联系在一起——的野心则要看获取的途径正当与否：如果以虚假的方式追求荣耀和权位便是一种恶行，但如果以有利于政治共同体的方式寻求之则近乎德性；② 虽然荣耀不及德性本身高贵，但它却如影随形，就像他在赞扬小卡托的德性时所说，"他越是不追求荣耀，荣耀就越是紧跟着他"（Bellum Catilinae，54）。③

---

① 奥古斯丁在《上帝之城》中引证了这段话之后评论说，这里所谓"正当的途径""高贵的品质"是指德性，"罗马人喜欢这种追求方式，就是在他们诸神的神殿里都表示了出来。他们把德性之神（Virtus）和荣耀之神（Honor）的神庙建得最近"（*De Civitate Dei*，II 12.3，参见［古罗马］奥古斯丁《上帝之城》上，吴飞译，上海三联书店 2007 年版，第 191—192 页）。

② 参见奥古斯丁有所保留的批判："对赞美的爱虽然是一种罪过，但被认为是德性，因为通过它，可以限制更大的罪过"；"这个帝国中最伟大的人们为了荣耀、赞美和光荣，心系祖国，同时也为了给自己争得光荣，他们毫不迟疑地把祖国的安全置于自己的安全之前，因为热爱赞美这一种罪过，而避免了贪财和别的种种罪过"（*De Civitate Dei*，II 13；中译本，《上帝之城》上，第 194 页）。

③ 撒路斯提乌斯关于罗马共和国中竞争性德性的论述对后世的共和主义——尤其是马基雅维利——产生了很大的影响，参见 Patricia J. Osmond，"Sallust and Machiavelli：From Civic Humanism to Political Prudence"，*Journal of Medieval and Renaissance Studies*，Vol. 23，1993，pp. 407–438。

关于罗马人对荣耀的追求，撒路斯提乌斯曾记述过这样一个习俗，他说，第二次布匿战争的罗马统帅法比乌斯·马克西穆斯和大西庇阿等著名人物都惯于宣称，“每当他们看到自己祖先的面具的时候，他们心中都会燃起追求德行的熊熊烈火。当然，他们的意思并不是说制造肖像的蜡对他们会有任何这样的力量，而只是说，由于回忆起祖先的丰功伟绩时他们的心情无法平静，直到他们以他们自己的勇敢精神也干出了无愧于他们祖先的声誉和光荣的事业”（Bellum Jugurthinum，4）。[①] 西塞罗在他的著作尤其是公共演讲（例如，《论土地法案》II. 1；《为穆瑞纳辩护》41；《为塞斯提乌辩护》38；《反腓力辞》IX. 2）中也曾多次提及这一习俗，[②] 而这一习俗也给早于他们一代人的来自希腊的历史学家波利比乌斯（Polybius）留下了极为深刻的印象。

在《通史》第6卷的著名章节中，波利比乌斯在分析了罗马的混合政体之后指出，罗马有很多制度来培养年轻人的勇武精神，他特别关注并点评了其中的一种做法，那就是罗马人为去世的知名人士举行葬礼游行、颂扬演说以及（贵族）家庭展示死者的面具以供后人瞻仰：“对一个渴望获得名望与德性的年轻人来说，再没有比这更加高贵的场景了。看到那些因其杰出而威名远播的人物的面具，摆在一起，栩栩如生，有谁不会受到激励呢？还有比这更加荣耀的场景吗？此外，那个就即将下葬者发表演说的人在结束关于死者的演说之后，会从最古老的人物开始，重述所有那些其面具摆放在场之人的功绩。通过这种方式，通过不断再现勇敢者的美好报道，那些表现出高尚行为的人的名声得以不朽，与此同时，那些为

---

① ［古罗马］撒路斯提乌斯：《喀提林阴谋·朱古达战争》，王以铸、崔妙因译，商务印书馆1996年版，第218页。

② 我们也看到，撒路斯提乌斯笔下的马略——作为“新人”——猛烈地抨击罗马贵族凭借显赫的门第和祖先的功业——摆出祖先的面具、列举祖先的凯旋式或职位——垄断政治特权，“他们的祖先把自己所能留给后人的东西全留给他们了——财富、胸像，关于他们自身的光荣的回忆；但是他们却没有给后人留下品德，而且他们也不可能做到这一点；只有品德是不能像礼品那样地授受的”（*Bellum Jugurthinum*，85，引文见中译本，第302页）。

其国家提供过良好服务的人的名望为人民所知，并成为后代的遗产。但最重要的结果是，年轻人由此受到激励，寄望于赢得伴随着勇敢者的荣耀，为了公共福利忍受一切艰难困苦。”[①]

这里，荣耀与德性结合在一起；并且，这种结合首先是一个实践问题，同时也是一个理论问题：古罗马的社会政治生活通过各种方式提供了荣耀与德性的生产机制或者说供给机制，并且有一组以荣耀为中心的概念体系对其加以观念化。[②]

二 罗马共和国传统的政治伦理及其危机

这样一种政治伦理观念在罗马的社会政治生活中居于如此核心的地位，以致有学者直接将其称作“罗马的意识形态”（Roman ideology）。这种所谓的“罗马意识形态”指的是这样一些概念所表达的价值体系：virtus（德性、美德）、dignitas（尊严、尊荣）、honestas（高尚）、splendor（光辉）、decus（光彩），尤其是 laus（称赞）和 gloria（荣耀），亦可称之为“罗马的荣誉法则”（Roman honour code）。[③] 历史学家厄尔则将这种罗马贵族的理想概括为：“通过赢得公职、参与公共生活，并借助这些方式在为国效劳时完成伟大的行动，以此来获取卓越的荣耀。它不仅关系到贵族个人，而且关系到整个家族；不仅关系到其活着的成员，而且关系到其死去的祖先和尚未出生的后代。它强加了一套适当的行为准则。在其

---

① 依据“勒布古典丛书”中《通史》的英译本译出（Polybius, *The Histories*, VI, 53－54, Translated by W. R. Paton, Harvard University Press, 2003）。参见［古希腊］波里比阿《罗马帝国的崛起》，翁嘉声译，社会科学文献出版社 2013 年版，第 438—439 页。关于贵族葬礼仪式与祖先面具展示的历史学研究，参见 Harriet I. Flower, *Ancestor Masks and Aristocratic Power in Roman Culture*, Clarendon Press, 1996。

② 厄尔在他的著作《罗马的道德与政治传统》中简要地分析了罗马历史上德性、荣耀及相关概念的完整历史，参见 Donald Earl, *The Moral and Political Tradition of Rome*, Cornell University Press, 1967。不过，他对西塞罗的论述并不多，从而低估了西塞罗在这问题上的理论价值。

③ 参见 A. A. Long, “Cicero's Politics in *De Officiis*”, in André Laks and Malcolm Schofield eds., *Justice and Generosity*, Cambridge University Press, 1995, p. 216。事实上“fama”（名望、声望）也属于这个概念群，关于它与“荣耀”之间的差异，详见下文。

严格的运用中，它是一个外显的和排他的概念：说它是外显的，是因为它强调行动、作为；说它是排他的，是因为它关注家族，并且为国效劳被视为一个贵族之才能唯一合适的展示领域。”①

这套政治伦理观念也可以通过老普林尼的《自然史》（*Naturalis Historia*，VII. 139）所记载的一位罗马贵族在其父葬礼上的颂词加以具体而形象的描绘，他赞扬他的父亲终身渴望成为战场上第一阵列的战士、最好的演说家、最勇敢的将军，尽自己的职责管理好最重大的事务、享有最大的荣誉、拥有最高的智慧，被公认为最杰出的元老、以高尚的手段获取巨大的财富、留下众多的子孙后代，并成为国家最著名的人物。②

此外，现代历史学家关于罗马政治文化中“除名毁忆”③ 的研究也生动地表明，在罗马的政治生活中存在着一种独特的名誉文化，④“一种建立在对职官贵族业绩认同基础上的公开毁誉的城邦政治文化”：“贵族家庭通过对牙座、束棒、面具、塑像和战利品等历代祖先职官身份标志的日常展示以及家宅、碑铭、拱门、会堂等纪

---

① Donald Earl, *The Moral and Political Tradition of Rome*, p. 35.

② 转引自 Donald Earl, *The Moral and Political Tradition of Rome*, p. 24。西塞罗在《论演说家》(*De Oratore*, II, 55. 225 – 226）中曾经提到一个演说家拟构的反讽性（葬礼）演说，指斥一个名门望族之后，“如何介绍你的生活？如何介绍你所从事的事业，你获得的荣誉，你追求的德性？说你增加了祖传的遗产？可是这也不是什么荣誉称赞。然而即使如此，它们也丝毫没有增加，更何况你已经随心所欲地把它们耗费殆尽。或者你研究过市民法？那是你的父业。不过它会说，当你出售房屋的时候，……甚至都没有把你父亲的圈椅留下来。或者你服过军役？然而你从来没有见过军营！或者你从事过演说？然而它在你那里早就不存在，……你面对那位亡故的老夫人，面对那些肖像不感到发颤？你不仅没有模仿他们，而且没有任何地方可以安置他们!”（《论演说家》，王焕生译，中国政法大学出版社 2003 年版，第 375—377 页）

③ “除名毁忆”（damnatio memoriae）是现代学者在罗马史研究中拟构出来的一个词汇，用来指代罗马人针对叛国者或所谓“国家公敌”的各式各样的毁坏名誉行为。一旦遭到“除名毁忆”，“被罪者不但从身份上被驱逐出公民社会，而且在灵魂和精神层面上被共同体遗忘、抛弃和诅咒。被罪者的名字和头衔被从所有的官方名录中删除；塑像被清除，人像面具不得出现在任何贵族的葬礼上；由其创作的书籍被没收或焚毁；财产继承权随之丧失，遗嘱也被宣布作废；其出生日被定为不祥的一天，每年他的忌日被当作公共节日来庆祝；有时他生前的宅邸也会被夷为平地”。参见熊莹：《“除名毁忆”与罗马元首制初期的政治文化》，《历史研究》2009 年第 3 期。

④ “名誉文化”是弗劳尔提出的，参见 Harriet I. Flower, *Ancestor Masks and Aristocratic Power in Roman Culture*。

念建筑的命名修建与包括葬礼、凯旋式在内的仪式的反复操演，将私人活动扩展为一种公共景观，将一种原来仅属于单个贵族家庭的私人记忆扩展为整个城邦参与分享的集体记忆，从而构建起从过去到现在的合法性之链，确立与强化城邦社会对于贵族家庭之'名'的认同和期待，以确保贵族家庭政治影响力的存在与整个贵族寡头统治的延续。此外，对'名'的渴望也促使全社会形成了一种以模仿和赶超先人德行功绩为目标的良性竞争氛围。"①

当然，从政治社会学的角度看，像"除名毁忆"这样措施可以视作贵族统治阶层的自我保护机制，"这种保护机制伴随着罗马寡头政制的形成而出现，其主旨在于控制和规范贵族竞争，平衡竞争与合作之间的关系，确保贵族阶层整体的影响力，因此既要防止某一个人或家庭垄断权力和荣誉，又要保证一个稳定数量的贵族家庭的存在"。②

然而，从理论上说，作为来自他人的赞赏、肯定，落脚点又是个人，荣耀既可以以公共的方式获得，也可以以私人的方式获得；以公共的方式获得的荣耀与德性是一致的，以私人的方式获得的荣耀则是与德性背离的，只有与德性结合在一起的荣耀才是有利于政治共同体、有利于国家的。③

在罗马共和国末期的历史背景下，以外在的、公共的荣耀作为个人行为内在的动力这样一种机制变得极不稳定，荣耀与德性出现了分离：④ 首先，它要求荣耀的授予者（既可能是普通民众、平民，

---

① 熊莹：《"除名毁忆"与罗马元首制初期的政治文化》，第141—142页。

② 同上书，第148页。

③ 厄尔指出，"对于共和国的贵族来说，Virtus 就在于为罗马国家的服务中以从事伟大的行为来赢得个人的声望和荣耀"，因此，职位、名望、德性、荣耀和天赋这些都是联系在一起的，而"罗马传统对于个人德性的纯粹私人的培养始终是敌视的"，离开了公共领域的成就，私人的良善是没有意义的。参见 Donald Earl, *The Moral and Political Tradition of Rome*, pp. 21, 23。

④ 有研究者认为，这种罗马意识形态的不稳定性是基于两个原因，一是它混合了高尚性（honesta）与利益（utilia）；二是它始终面临着由伦理价值滑向实际地位的风险，参见 Long, "Cicero's Politics in *De Officiis*", pp. 216－217；也参见萧高彦《西方共和主义思想史论》第3章，联经出版公司2013年版。

也可能是元老院、贵族精英）能够给予荣耀的追求者（政治领袖、军事统帅）以恰当的评价和荣誉，这就意味着无论是平民还是贵族都必须是明智的、非腐化的，但平民与贵族之间的斗争——这在共和国末期尤为尖锐、激烈——使得他们往往支持相反的国内外政策和不同的政治—军事领袖，贵族的傲慢和顽固，平民的赤贫和放纵，使得传统的宪制趋于瓦解，荣誉机制（高级官吏的选任、凯旋式的举行[①]，等等）无法正常发挥作用；其次，它要求荣耀的追求者对权力和财富的欲求必须保持在恰当的范围内，否则便沦为野心和贪婪，尤其是考虑到荣耀、荣誉往往与官职、权位联系在一起（甚至被等同），[②] 而权力又与财富切割不断，但在共和国末期，巨额的海外财富、军制的变革、风尚的变迁使得政治—军事领袖们开始不择手段地攫取权力和财富，并以此为荣耀，共和国传统的美德不复存在。[③] 罗马成了一个“一切都待价而沽”的城市。

第二节　政治生活与荣耀的价值

为了挽救罗马的这套政治伦理所面临的巨大危机——尽管这种危机事实上已经无可挽救——西塞罗做了两方面的理论努力：一方面，为了应对希腊哲学的挑战，他再次肯定公共生活的价值和荣耀的作用；另一方面，为了应对荣耀与德性的实际分离，他利用希腊的思想对德性重新做出诠释，试图以德性限制荣耀的私

---

① 对于军事统帅而言，凯旋式（triumph）是罗马能够授予的“最为宏大的荣誉”（李维：《自建城以来》30.15.12），转引自［英］芬利《古代世界的政治》，晏绍祥、黄洋译，商务印书馆 2013 年版，第 85 页。

② 在古罗马的语境中，“荣誉”主要是与官职、权位联系在一起的，比如，罗马人的官阶序列就被称为“荣誉阶梯”（cursus honorum）。

③ 西塞罗在《论义务》中哀叹说：“令人痛心的是，甚至在那些具有无比宏大的心灵，具有无比光辉的天才的人们中间也常常充满了对地位（honoris）、治权、权势和荣誉（gloriae）的强烈欲望”（*De Officiis*，I，8.26；《论义务》，王焕生译，中国政法大学出版社 1999 年版，第 27 页）。

人化。[①]

一 沉思生活与公共生活

西塞罗在《论演说家》中曾经列举过两个分别代表理论性和实践性的论题，一个是“德性是由于自身的价值，还是由于其后果而值得人们追求”，另一个是“智慧之士是否应该从事国务活动”（De Oratore，III，29.112）。[②] 后一个实践性论题其实涉及所谓公共生活与沉思生活孰优孰劣这个在西方思想史上延绵不绝的问题。

起码从亚里士多德开始，就存在着关于公共生活（政治生活）与沉思生活的比较论题。虽然在亚氏看来，政治生活无疑是不容否定的（“政治和战争在实践的活动中最为高尚和伟大”），他也没有在这两者之间直接加以对比，但他在《尼各马可伦理学》中明确断言，沉思的生活是“最完善的幸福”，在他列举的多种理由中，有一条便是沉思生活比政治生活更包含闲暇，因为自身之故而被欲求。[③] 而希腊化时期的各种哲学流派（尤其是伊壁鸠鲁派）则都主张从个人应当退守到私人领域，从而摆脱尘世的烦恼，获得自由。

对此，西塞罗不以为然，他赋予积极的公民生活以高于沉思生活的价值并鼓励公民德性：“一个人具有美德如同掌握某种技艺，若不加以运用是不够的，并且技艺即使不加运用，仍可因谙熟而继续存在，美德却全赖于对它的运用。对美德的最好运用在于管理国家，并且是在实际上，而不是在口头上实现那些哲学家们在他们的学派内议论的东西”（De Re Publica，I，2.2）。[④] 他明确指出，“如

---

① 事实上，西塞罗首先做的工作是从智识上论证哲学、修辞学与政治的统一。限于篇幅，这里不详述，关于这一点可参见余友辉《修辞学、哲学与古典政治——古典政治话语的修辞学研究》第4章第3节，中国社会科学出版社2010年版；胡传胜：《公民的技艺——西塞罗修辞学思想的政治解读》第3—4章，上海三联书店2012年版。

② ［古罗马］西塞罗：《论演说家》，第587页。

③ 关于享乐生活、政治生活和沉思生活的分类，参见《尼各马可伦理学》第1卷第5章；关于沉思生活是“最完善的幸福”，参见《尼各马可伦理学》第10卷第7章。

④ ［古罗马］西塞罗：《论共和国·论法律》，王焕生译，中国政法大学出版社1997年版，第12页。

果需要从两条通向智慧的道路中任择一条，那么尽管在高尚的研究和科学活动中度过那种平静的生活令一些人觉得更幸福，但过公民生活仍然更值得称赞，更加光荣”（De Re Publica，III，3.6）。[①]

这是因为，哲学家以自己的演讲只能说服少数人，而政治家能够利用自己的权力和法纪，迫使所有的人去做法律要求他们做的事情，所以后者也应当受到人们更多的敬重。[②] 堪当国家领导责任的人尤其应当维护国家整体和所有公民的利益，而不是个人或部分人的利益，这是他们最大的美德。因此，“没有哪一件事情，人类的德性在其中比在建立新国家或保卫已经建立的国家中与神意更接近”（De Re Publica，I，7.12）。[③]

在《论义务》一书中，他再次肯定了这一点。首先，他明确指出，“不能以柏拉图说过的关于哲学家的话为满足”，即因为他们正在从事探索真理，所以他们对于大部分人极力追求、常常为其互相激烈争斗的东西持蔑视态度；哲学家们甚至都不应该从事国务活动，除非迫不得已。[④] 其次，他认为，“那些献身于管理国家事务和从事伟大事业的人的生活对人类更有益，更适宜于提高他们的荣誉和声望。……实际上，管理国家的人丝毫不亚于而且甚至可以说还超过哲学家们，需要表现崇高的心境和对凡俗事务的藐视——我常常谈到这种藐视——以及心灵平静无烦扰，如果希望自己能够无忧无虑、庄严、坚定地生活”。[⑤] 但需要注意的是，西塞罗只是肯定了公共生活的价值，但他也从未否认沉思生活的价值。

由此可见，西塞罗绝不仅仅是希腊哲学的传声筒，他的哲学

---

① ［古罗马］西塞罗：《论共和国·论法律》，第103页。

② “如果一个公民能够利用自己的权力和法纪威力迫使所有的人去做那些哲学家们以自己的讲演只能说服少数人去做的事情，这样的公民理应受到比探讨这些问题的学者们更大的尊敬。事实上，哲学家们有哪一篇讲演如此精辟，以至于应该受到比靠公法和习俗完美地构建起来的国家制度更大的重视？”（De Re Publica，I，2.3）参见［古罗马］西塞罗《论共和国·论法律》，第13页。

③ ［古罗马］西塞罗：《论共和国·论法律》，第19页。

④ ［古罗马］西塞罗：《论义务》，第27—29页。

⑤ 同上书，第69—71页。

也深深地烙上了罗马实践智慧和政治文化的印迹。就像有学者指出的：总体上，西塞罗的政治哲学仍然继承了古希腊政治哲学的德性论观点，强调德性在政治生活中的积极主导价值，并试图从人性论的角度为德性政治提供依据，相信德性可教；但是，与古希腊政治哲学不同的，他并不像后者那样强调理性在德性教育中的完全主导作用，相反，他认为，德性政治之所以可能，人之所以有德性的行为，不完全是因为人的理性，更主要是因为人的一种强烈情感，即公民对祖国、对自己城邦的挚爱与奉献之情。"正是由于这一同样的情感，城邦各政治阶层尽管在其理性能力上各有差异，在其现实追求上互有冲突，仍然能够走到一起，共同构建一个以城邦公益为指导的德性政治"。由此，西塞罗反对积极生活（政治）与沉思生活（哲学）的二元对立，肯定不同阶层的权力诉求和非理性特征，力图为德性政治寻求现实根基；特别是，他再次肯定了修辞学"美言"的德性政治蕴涵，强调正是借助于修辞学"美言"的激发，德性政治的建构所需要的爱国情感才能确实发挥作用。①

事实上，西塞罗所肯定的"情感的德性价值"不仅仅体现在各阶层公民对祖国之爱，而且也更多地体现在贵族统治阶层对荣耀的追求中。当然，他在继承罗马传统的政治伦理观念、肯定荣耀之价值的同时，又指出应当追求"真正的荣耀"、坚持（真正的）荣耀与德性的统一，并在高尚性与利益关系的议题上，坚持利益和高尚性的统一，从而实现"真正的利益""真正的高尚性"与"真正的荣耀"的统一。

二 荣耀的作用

一位研究者曾经指出，"无论是古代人还是现代人，很少有人比马尔库斯·图利乌斯·西塞罗更加强烈地热爱荣耀，更加孜孜不

① 余友辉：《修辞学、哲学与古典政治——古典政治话语的修辞学研究》，第276—279页。

倦地追求荣耀”。[①] 西塞罗对名声和荣耀近乎病态的追求是众所周知的：不但他自己在各种公共演说和私人书信中不断渲染这一点，[②] 而且普鲁塔克在《西塞罗传》中也多次指出：“他对于赞美的过分爱好和对于名誉的热烈追求，一直保持到最后，而且经常搅乱他的正常思索。”[③] 同时，荣耀作为一个理论议题也始终受到他的高度关注，在他的思想中占有十分重要的地位，他在晚年还写作过一本《论荣耀》的著作，可惜已经失传。

因此，无论他后来如何反思荣耀的负面作用，我们都无法想象，像他这样一生追求荣耀的人会从根本上否定荣耀的价值与作用。

首先，作为荣耀的反面，耻辱、羞愧感对人的犯罪行为有抑制作用：“在这些国家里，优秀的人们获得赞赏和荣耀，避免败名和耻辱。他们避免犯罪与其说是害怕法律可能带来的惩罚，不如说是由于人的本性赋予的一种惧怕于公正指责的羞愧感。国家统治者借助舆论增强这种羞愧感，借助法规和教育使它达到最高程度，为的是使羞愧感能够不亚于恐惧心理阻止公民犯罪。”（De Re Publica, V, 4.6）[④] 西塞罗允诺，“关于这些问题可以谈得更深入、更详细”，但遗憾的是《论共和国》第5卷残缺太多，这方面的论述很少。[⑤]

---

① Francis A. Sullivan, “Cicero and Gloria”, *Transactions and Proceedings of the American Philological Association*, 1941, Vol. 72, p. 382.

② 比如，他在公元前56年4月致卢基乌斯（L. Lucceius，一位历史学家）的信中敦促友人为自己在历史上留下引人注目的记述，特别是他挫败“喀提林阴谋”的功绩；他在公元前50年1月致小卡托的信中的自白：“我承认，我热切地追求那些能够带来真正荣耀的事物；但仅仅是为了荣耀本身，而从未出于野心”。

③ ［古希腊］普鲁塔克：《西塞罗传》，《罗念生全集》第6卷，上海人民出版社2004年版，第295页。

④ ［古罗马］西塞罗：《论共和国·论法律》，第146页。

⑤ 不过，在他早期的作品中，可以看到相关的论述：“尽管我们的目标是用对我们来说可能的方法教育人们，要他们扬普避恶，但是对那些受过良好教育的人讲话，我们主要讲荣誉和高尚，把主要精力放在有助于保护和增进人类共同利益的这一类美德上。但若对那些无知者讲话，我们也必须提到利益、奖励、快乐、避免痛苦的方式；我们还必须提到谩骂和耻辱，因为没有人会如此粗心，以至于对谩骂和耻辱无动于衷，哪怕他不太考虑荣誉问题”（《论演讲术的分类》，26；《西塞罗全集·修辞学卷》，王晓朝译，人民出版社2007年版，第640页）。

其次，荣耀对人的正面行为具有强烈的激发、推动作用。在《论共和国》的残篇中，他指出，国家领导者由荣誉滋养，“他们的祖辈在荣誉感的驱使下，建立过许多惊人而伟大的业绩”；“国家领导人应该由荣誉滋养，并且人们给予国家领导人荣誉多久，国家便会存在多久”（De Re Publica，V，7.9）。①

在这方面，西塞罗还有十分丰富的、辞藻华丽的阐述：“马略要是不希望，或者没有想过，为他自己赢得比今生更为长远的荣耀，他会去经历千辛万苦和各种艰难险阻吗？……我们中没有一个人不会在他的祖国危难之时勇敢地保卫祖国，建功立业，希望后代能够奖赏他们。……自由给我们的生命规定的限度是狭窄的，而我们的荣耀所具有的限度是无限的”（Pro C. Rabirio，10.29）；②“要是我没有说服自己从青年时期就开始从广泛的阅读中获得道德教训，明白此生除了荣耀和尊荣，没有其他更加伟大的东西需要追求，在追求荣耀和尊荣时，任何身体的痛苦或死亡的危险，乃至流放，都不算一回事，那么我就绝不会为了你们的安全而袒露我的前胸与这些恶人发生残酷的冲突”（Pro Archia Poeta，6.4）。③

不但对于军事统帅、政治家来说如此，对于所有高尚的人来说都是如此：“雄心是人生的一个普遍要素，一个人越是高尚，他就越容易受到名誉的诱惑。我们不应当否认这种人性的弱点，它在所有人身上都是显而易见的；我们倒不如坦率地承认它，无须脸红。为什么一方面要哲学家在每本书中为他们歌功颂德，而另一方面却又嘱咐我们要轻视雄心！他们在书的每一页都为自己吹嘘，寻求出人头地，而对名声和公共声誉却倾泻蔑视。……你们越倾向于这样做，我就越要袒露心胸，向你们承认我渴望名声，要是我可以这样

---

① ［古罗马］西塞罗：《论共和国·论法律》，第147页。

② 《西塞罗全集·演说词卷》（上），王晓朝译，人民出版社2008年版，第777—778页。“自然赋予我们的生命是短暂的，但人们对高尚地献出生命的人的记忆是永远的。如果这种记忆不比我们的生命长，那么有谁会如此疯狂，甘冒巨大的辛苦和危险，努力争取最高的荣耀？”［Philippicae，XIV，12；《西塞罗全集·演说词卷》（下），王晓朝译，人民出版社2008年版，第804页］。

③ 《西塞罗全集·演说词卷》（下），第8页。

讲的话，这种欲望可能太强烈，但肯定是高尚的。……除了赞扬和荣耀，高尚不会为它所经历的辛苦与危险寻求其他方面的认可。先生们，一旦剥夺赞扬与荣耀，还有什么东西能激励我们的人生旅程？如果灵魂没有未来远景的激励，如果灵魂的想象力被束缚在现实的人生之中，那么灵魂绝不会甘受千辛万苦、日夜操劳、为生命本身而斗争。在每一高尚心灵的深处确实有一种力量在日夜驱使着它追求荣耀，要我们牢记不能让我们的名字褪色，而应让我们的名字永世长存。”（Pro Archia Poeta，11. 28）[①]

毫无疑问，在西塞罗那里，荣耀作为对政治家之最大奖赏的巅峰论述是《论共和国》的尾篇“西庇阿之梦”（王焕生先生译为“斯基皮奥之梦”）。按照马克罗比乌斯《斯基皮奥之梦》注诠的引述，“斯基皮奥向他们叙述了自己的梦，并解释说，更为永存、长青的奖赏是他亲自看见为高尚的国家统治者保存在天上的那些奖赏”。[②] 在那里，他基于灵魂不死的学说，借小西庇阿之口向人们描绘了政治家死后将获得的永恒幸福：“对于所有保卫国家、帮助国家、扩大了国家疆域的人，天庭为他们划定了一定的地域，他们可以在那里永远幸福地生活”，“这种回归上天的道路由对国家的贡献打开”。[③]

即便后来在《论义务》中，当他看到荣耀可能带来的危险，并试图以德性限制荣耀时，他也从未否认荣耀的作用：“一个人愈是志气宏大，便愈是容易因贪求荣耀而被驱使去干不义的事情。这是一个很复杂的问题，因为很难找到一个人，他能不怕苦难，甘冒危

---

① 《西塞罗全集·演说词卷》（下），第13—14页。在《图斯库卢姆谈话录》（Tusculanae Disputationes，I，15）中，他也指出，那些为国家献出生命的人，正是为了荣誉，“任何人若不是怀抱对永垂不朽的巨大期望，那么都不会让自己为了国家而走向死亡”，不会忍受艰辛、经历危险；“人的心智里不知怎么的有一种对未来时代的预感，并且一个人愈富有天赋，心境愈高远，这种预感便愈坚定，愈容易显现于眼前”。政治家们如此，诗人们、匠人们也是如此，就连哲学家们，“虽然他们撰著论述的是要蔑视荣誉，难道他们不也把自己的名字留在他们的书卷里？”参见［古罗马］西塞罗《论灵魂》，王焕生译，西安出版社2009年版，第109—110页。

② ［古罗马］西塞罗：《论共和国·论法律》，第152页。

③ 同上书，第159、166页。

险，却不希冀荣誉，有如对他的业绩的酬赏的荣誉。”（De Officiis, I, 19.65）①

第三节 在德性与荣耀之间

显然，在德性与荣耀之间存在着一种剪不断理还乱的关系，罗马共和国传统政治伦理观危机的实质便是荣耀与德性的分离，因此，要想再造、重塑这种政治伦理观，就需要在从根本上澄清德性高于荣耀的基本立场，将荣耀、荣誉与共同体（祖国）的利益连接起来，用正义等公民德性来约束、限制、引领和提升荣耀，从而教育贵族青年树立正确的荣耀观，挽救共和国的政治伦理危机。

一 荣耀与德性

不可否认，西塞罗关于荣耀的看法前后有一个显著的变化，即由论述纯粹的、简单的荣耀到区分“真正的荣耀”与“虚假的荣耀”的变化。

在早期的作品《论开题》中，他只是简单地这样定义：“荣耀就是拥有广泛的名望，并且伴有赞扬”（frequens de aliquo fama cum laude, De Inventione, II, 55）。② 但就像厄尔指出的，荣耀往往建立在“名望”之上，并且“尽管名望和荣耀有共同的基础，但后者并不主要取决于众人的意见，而是主要取决于那些最优秀的人、那些有良好判断力的人、那些好人亦即政治贵族的意见”。③ 所以，西塞罗后来开始界定“真正的荣耀”，强调行为本身的正确性，强调名望的来源。

比如，在《为塞斯提乌辩护》中，他说：“对于那些欲求高尚之人所给予之良好名望——只有这才能真正被称作荣耀——的人来

---

① ［古罗马］西塞罗：《论义务》，第65页。

② 《西塞罗全集·修辞学卷》，第262页。

③ Donald Earl, *The Moral and Political Tradition of Rome*, p. 30.

说，应当寻求他人的安逸与快乐，而非自己的安逸与快乐。”（Pro Sestio，66.139）[①] 在第一篇《反安东尼演说》中，他说：“荣耀是对高尚行为的赞扬，是为共和国做出重大贡献而赢得的名望，它既得到所有高贵之士的赞赏，也得到大众的赞赏。”（Philippicae，I，12.29）[②]

他在《论义务》第2卷中指出，任何人如果以为靠伪装便能赢得“永久的荣耀”，那他就大错特错了。原因在于，“真正的荣耀会生根，还会延展”，而一切伪装都像脆弱的花一样转瞬坠落地面，永远不可能长久地存在（De Officiis，II，12.43）。[③] 在《论共和国》中，他还教导说，与人间的传闻、意见所赋予的荣誉、名声相比，“应该让美德靠自身的魅力把你引向真正的荣耀”（De Re Publica，VI，23.25）。[④]

这样，我们就由“真正的荣耀”问题转向荣耀与德性的关系问题。在西塞罗看来，荣耀是德性的影子，这个比喻有两层含义：首先，德性高于荣耀；其次，作为对德性的奖赏，德性必然带来荣耀。

针对荣耀与德性在晚近共和国现实政治生活中的分离，他在《图斯库卢姆谈话录》第3卷中指出：“这些事物（公职、军事指挥权、民众给予的荣耀）吸引着我们当中最高贵的人，结果，当他们在追求其本性中最主要的目标之一即真正的与众不同时，却造成其生命的巨大浪费，他们追逐的不是德性的高贵形象而是荣耀这一幻影（nullam eminentem effigiem virtutis，sed adumbratam imaginem）。因为真正的荣耀是坚固的事物、清晰的典范，绝非如影子般虚幻：它是良善之人的一致称赞，是那些知道如何评判性格卓越之人的毫无偏见的赞同；它就好像是这种卓越（virtuti）的反映或回响，良

① 此处依据原文译出；中译文有误，参见《西塞罗全集·演说词卷》（下），第271页。

② 此处依据原文译出；中译文参见《西塞罗全集·演说词卷》（下），第596页。

③ ［古罗马］西塞罗：《论义务》，第195—197页。

④ ［古罗马］西塞罗：《论共和国·论法律》，第165页。

善之人不会否认它，因为它是正确行为的正常伴随物”（Tusculanae Disputationes，III. 3）。[①] 在此书的第1卷中，他更明确地指出，“即使你不去追求，荣誉［荣耀］也必然会伴随它（美德）”，“尽管荣誉［荣耀］本身并不值得追求。但是它却有如影子，总是追随着美德”。[②]

德性高于荣耀以及把荣耀视作德性的奖赏这个观点在柏拉图那里就有所阐发，比如，他在《会饮》（212a）和《斐多》（69b）中区分出所谓“真实的德性”与“德性的虚像”，尤其是在《理想国》第2卷（361b—367e）中，他非常详尽地论述了正义及其礼物（荣誉、名声）的区分。同时，亚里士多德指出，对于我们所追求的善来说，德性（virtue）是比荣誉（honor/honour）更大的善，“因为荣誉取决于授予者而不是取决于接受者，而我们的直觉是，善是一个人的属己的、不易被拿走的东西。此外，人们追求荣誉似乎是为确证自己的优点（virtue/merit），至少是，他们寻求从有智慧的人和认识他们的人那里得到荣誉，并且是因德性（virtue）而得到荣誉”（1095a21—30）。[③]

西塞罗接受了这种传统的观点而指出，道德高尚性（honestum，也译“道德价值”）“即使不受到普遍的赞赏，但仍然是高尚的，并且即使它不被任何人所赞扬，我们仍然认为它按本质是值得称赞的”（De Officiis，I，4. 14）；“天性最好追求的高尚是那种基于行动的高尚，而不是基于荣誉的高尚”（De Officiis，I，19. 65）。[④] 类似的观点还包括，他认为道德价值（honestum）“不是因为受到广泛赞同才称为‘道德’（可敬的），而是因为它是这样的东西，即使人没有意识

---

① *Cicero on the Emotions*：*Tusculan Disputations* 3 *and* 4 *Volume*，Translated and with Commentary by Margaret R. Graver，University of Chicago Press，2002，p. 2. 参见 Francis A. Sullivan，“Cicero and Gloria”，p. 388。

② ［古罗马］西塞罗：《论灵魂》，第143、154页。

③ ［古希腊］亚里士多德：《尼各马可伦理学》，廖申白译，商务印书馆2003年版，第11—12页。

④ ［古罗马］西塞罗：《论义务》，第17、65页。

到它的存在，或者从未谈到它，它也仍然是值得赞美的，因为它本身就是美的，可爱的”（De Finibus，II，15.50）；或者说，道德行为和道德价值是“终极目的的善”“唯一的善”，“其他一切都是为了达到这一目的的手段”，“唯一因其自身的效果和价值为人所欲求的事物”（De Finibus，III，6.21）。[①] 他在《论法律》中也指出：“正义既不要求任何报酬，也不要求任何赏金，是为其自身而追求。这就是一切德性的根源和含义。……为正义寻求报酬，这本身便是最大的不正义。”（De Legibus，I，18.48）[②]

但是，正如前面已经指出的，他又不可能像柏拉图那样，否认荣耀这个德性的“影子”作为奖赏的激励作用：“德性显然希望荣誉，没有什么其他东西可以成为德性的奖赏……它很乐意接受奖赏，但不强求”（De Re Publica，III，28.40）；[③] “勇敢者和聪明人的习惯是追求高尚行为本身，而不是追求对高尚行为的奖赏，这是千真万确的，无可置疑的；……但不管怎么说，在所有对美德的奖赏中如果必须计算，那么最高尚的就是荣耀的；只有这样才足以凭着后世的记忆补偿生命的短暂，使我们虽然缺席但仍旧在场，虽然死去但仍旧活着；简言之，凡人正是凭借着荣耀攀登天堂”（Pro Milone，35）；[④] 这一点对于普通人而言更是如此。[⑤]

二　荣耀与公益

除了区分所谓“虚假的荣耀”与“真正的荣耀”、肯定德性高

---

① ［古罗马］西塞罗：《论至善和至恶》，石敏敏译，中国社会科学出版社 2005 年版，第 60—61、106 页。

② ［古罗马］西塞罗：《论共和国·论法律》，第 204 页。

③ 同上书，第 124 页。

④ 《西塞罗全集·演说词卷》（下），第 432 页。

⑤ “由于我们不是和非常完美、非常富有智慧的人们一起生活，而是和这样一些人一起生活，他们身上如果能存在一些美德的影像，那便是很美好的事情了，而且我认为还应该明白这样一点，即对任何人都不应该持蔑视态度，纵然有人仅仅表现出某种美德迹象，而是应该对他表示尊重，特别是如果有人表现出这样一些更为优秀的美德，如节制、克己和我们已经谈了很多的公正，对他们更应该特别尊重”（De Officiis，I，15.46；西塞罗：《论义务》，第 49 页）。

于荣耀之外，西塞罗还遵照罗马的传统，将追求荣耀与为祖国效劳、造福民众、服务公益联系在一起。

在其早期的著作中，西塞罗曾经指出，“有许多事物吸引我们不仅由于它们内在的价值，而且也由于从它们中间可以产生利益；这类事物包括荣耀、地位、势力、友谊”（De Inventione，II，55）。[①] 那些因自身的缘故而值得向往的事物，“有些受到向往是由于它们内在的道德价值，有些是由于它们提供的某些好处；……由于内在道德价值而受到向往的是我们前不久讨论过的那些东西，因其本身的缘故而值得赞扬；由于提供了某些好处而受到向往的是那些身体之善和幸运之善。在这些值得向往的东西中，有些以某种方式与某种道德价值结合，例如荣耀和光荣”（《论演讲术的分类》，24）。[②]

因此，与德性本身具有自足性相比，荣耀必须与德性（尤其是正义）结合在一起才有价值，才是真正值得追求的荣耀。这一点，古希腊的思想家也是认可的。比如，色诺芬在《回忆苏格拉底》就提到，苏格拉底认为，统治者应该对城邦事务有精确的知识，这样可以使城邦获益，自己也得到荣誉：“如果你的目的实现了，你想要什么就会得到什么；你将能够帮助你的朋友；为你的家庭扬名，为你的祖国增光；你的名声就会传遍城邦，然后还会传遍希腊，……你将来无论到哪里去，都会受到人们的敬仰。”[③] 在柏拉图的《会饮》（208c—209e）中，第俄提玛教导说，通过有德行地服务于共同善，一个人可以从后代那里获得卓越的名声而获得不朽，并且成为其公民同胞爱慕的对象。[④]

西塞罗从两个方面都指出这一点，一方面，“凡是能够尽到这

---

① 《西塞罗全集·修辞学卷》，第 262 页。

② 同上书，第 640 页。

③ ［古希腊］色诺芬：《回忆苏格拉底》，吴永泉译，商务印书馆 1984 年版，第 105 页。

④ 参见刘小枫编/译《柏拉图四书》，生活·读书·新知三联书店 2015 年版，第 243—246 页。

些义务从而给国家带来巨大利益的人也会为自己赢得巨大的感激和荣誉（gloriam）”（De Officiis，II，24. 85）；[①] 另一方面，真正的演说家——也就是真正的政治家——“以自己的威望和智慧不仅能够为自己赢得巨大的尊荣，而且能够给许多普通公民以及整个国家带来巨大的幸福和安宁”（De Oratore，I，8. 34）。[②] 总之，“做一个好公民，对所有人亲善，很好地保护这个国家，由此受到赞扬、尊敬、热爱，这才是荣耀；而被别人害怕、仇恨，则是可恶的，是虚弱和衰落的证明”（Philippicae，I，14）。[③]

毫不奇怪，“祖国”在西塞罗那里，具有至高的价值。对于罗马贵族青年来说，要想获得真正的荣耀，就要为祖国效劳；他起码可以通过这样一些途径来获得荣耀：首先是在战场上建立功勋，其次是在元老院、民众大会和法庭上发表著名的演说，再次就是实施各种善行和慷慨（《论义务》第2卷第13章以次）。就最后一点而言，在共和国晚期的背景中，西塞罗尤其赞扬了罗马历史上那些具有自制精神的伟大人物：鲍卢斯占领了马其顿的宝库，却没有把任何东西运往自己的家里，“除了对他的名字的永久记忆”；小西庇阿摧毁了迦太基却没有使自己更加富裕；穆弥乌斯摧毁了富裕的希腊城市科林斯也没有变得更加富有，“他更希望装饰的是意大利，而不是自己的住宅，尽管在我看来，他在装饰了意大利之后，他的住宅也得到更美好的装饰”（De Officiis，II，22. 76）。[④]

即使对于恺撒，西塞罗也没有放弃用“真正的荣耀”加以劝服。特别是在《为马尔塞鲁辩护》（这篇演说也许冠以“致恺撒”更为恰当）中，他向恺撒直陈，维护传统共和政制将为其带来不朽的名声，延长其有限的生命，其中他再次给出了荣耀的定义：“对

① ［古罗马］西塞罗：《论义务》，第243页。
② ［古罗马］西塞罗：《论演说家》，第25页。
③ 《西塞罗全集·演说词卷》（下），第598页。
④ ［古罗马］西塞罗：《论义务》，第233页。

自己的同胞、国家或者全人类做出巨大的贡献而获得普遍的名望”(Pro Marcello, 8.26)。

这里，我们再次看到西塞罗努力的方向和目标：以德性限制、约束和提升荣耀，尽量将之内化为个人的动机而无求于外(所谓“足乎己而无待于外”);[①] 强调“真正的荣耀”与德性、公益的统一以及高尚性与利益的统一[②]来激发人们的善行，以灵魂不死、精神不朽来提升荣耀的价值，并以此驯化像恺撒这样的人的野心。

西塞罗在荣耀与德性之间千回百转、摇摆徘徊，苦心孤诣地试图在（真正的）荣耀、利益与德性、公益、正义之间建立起联系，所有这一切都是因为他其实非常清楚：作为一种政治教育，他的著述和演说，要想驯化类似于恺撒这样的人的政治野心，劝诫青年贵族精英（他曾一度寄望于屋大维）恪守或回归共和宪制与“先人习俗”（mos maiorum)，以希腊思想重述德性是很难取得什么直接效果的，唯有从荣耀这一罗马传统政治伦理观的核心概念入手，借助它与个人的欲求、利益和野心之间的连接，以灵魂不死、天国永恒这样的观念加以劝诱、引导，或许可以迂回地达致目的，从而挽救共和国。[③]

无论后世如何评价西塞罗的这种政治努力，从观念史的角度看，作为一个重要的理论议题，荣耀与德性的关系此后一直为思想

---

① 就像前文所指出的，德性与荣耀的区别之一便是，德性是自足的、不依赖外在因素的，而荣耀往往依赖于外在的评价。

② “当人们把利益和高尚性分开的时候，他们就是推翻了作为自然的基础法则的东西。事实上，我们全都追求利益，为利益所吸引，并且怎么也不可能另样地去做。……然而因为我们不能在其他任何地方，只能在荣誉（laude)、合适、高尚中发见利益，因而我们也就认为它们是我们首要的、最高的奋斗目标，并且把‘利益’这一词儿主要地不是视为光辉的，而是视为必须的”(*De Officiis*, III, 28.101;《论义务》，第343页)。

③ 他在《论义务》中承认，他所探讨的这些义务不是完美的、绝对的，而是普遍的、广泛应用的，“许多人由于天性的善良和学习的长进都能够践行”，它们在斯多葛派看来是“次等的高尚行为”。参见《论义务》第259—261页。

家们所不断阐扬和重新诠释，从奥古斯丁略有保留的批判，[①] 到文艺复兴时期彼特拉克等人不无迟疑的赓续，[②] 最后到霍布斯等人那里，这个问题才出现根本性的逆转直至被取消。

---

① 参见［古罗马］奥古斯丁《上帝之城》第5卷第12—26章，在那里他广泛地引证撒路斯提乌斯、维吉尔、西塞罗、李维等人的著作并加以点评和拒斥，但也有部分的保留。

② 参见彼特拉克在《秘密》第3卷中对西塞罗的引用，也可参见［美］吉莱斯皮《现代性的神学起源》第2章，张卜天译，湖南科技出版社2012年版。

第三章

马基雅维利的政治德性论

尽管围绕着马基雅维利[①]思想的方方面面学术界长期以来存在着无数的争论，就像克罗齐所说，“马基雅维利之谜”是一个永远解不开的谜题；然而，有一点却又似乎成为一项共识，那就是马基雅维利是西方现代政治思想（政治学）的奠基人，在西方传统思想向现代思想的过渡中发生过一场“马基雅维利革命”（施特劳斯、斯金纳语）。但是，他在何种意义上是西方现代“第一人”？学术界却又众说纷纭、语焉不详，国内外主流的、教科书式的结论只是笼统地说他实现了政治（政治学）与道德（伦理学）的分离，确立了政治的自主性。可是，早在亚里士多德那里就已出现了独立的政治学与伦理学，而政治与道德又如何可能真正实现分离，甚至还成为马基雅维利的成就？

与此相关，关于马基雅维利的现代性，学术界已有各种讨论。其中最受人关注的也许莫过于他与基督教传统的关系，所谓“马基雅维利革命”主要就是对此而提出的。如果说学术界已经充分意识到了马基雅维利对基督教传统的颠覆，并有丰富

---

① 本章中马基雅维利原著的引文，《君主论》（简称 P）主要译自曼斯菲尔德英译本（*The Prince*, translated by Harvey C. Mansfield, University of Chicago Press, 1998, 2d ed）；《李维史论》（简称 D）主要译自曼斯菲尔德、塔科夫英译本（*Discourses on Livy*, translated by Harvey C. Mansfield and Nathan Tarcov, University of Chicago Press, 1996），同时参照薛军中译本（吉林出版集团，2011 年）；引用时随文注明卷次、章节以及曼斯菲尔德等人英译本的段落号。

论述；[①] 那么，他对西方古典道德—政治哲学的背离，却往往只有总体的论断，而缺乏比较细致的分析。当代马基雅维利诠释中最有影响的施特劳斯学派，最为关注马基雅维利的现代性问题，但施特劳斯在其名著《关于马基雅维利的思考》一书中关于马基雅维利对古典道德—政治哲学的背离虽然多有提及并有精辟点评却仍未见系统而详尽的阐释。

本章旨在从德性与政体（政制）两个方面分别考察他对西方古典道德—政治哲学的颠覆，从而试图部分地回答马基雅维利在何种意义上是西方现代政治思想的奠基人以及他与现代性关系等问题。不过，在此之前，有必要预先做两点说明：

首先，在所谓的“古今之变”中，对于马基雅维利而言，“古”既包括古希腊与古罗马（也就是我们所说的“古典”），也包括中世纪（就思想观念而言就是基督教传统）；我们也确实认为，只有在与西方古典传统和基督教传统的双重审视中才能看出马基雅维利的革命性意义。但既然学界对他与基督教传统的关系已有充分认知，我们这里不妨存而不论。

其次，当我们认为马基雅维利颠覆了西方古典的道德—政治哲学时，绝不意味着他与西方古典的思想传统就没有继承关系——因此，正如后面将要指出的，这种颠覆只能是部分的颠覆。同时，这也不意味着他的思想就已经完全摆脱了古典社会的背景；事实上，我们认为，马基雅维利的思想残存着浓厚的古代战争社会的考量，却又全然看不到经济这一现代社会最基本之要素的作用——因此，他思想中的非现代因素也是明显的，他的现代性是未完成的现代性。

第一节　从德性到德能

西方古典的道德—政治哲学有两个关键词，那就是“德性”与

① 参见刘玮《马基雅维利与现代性——施特劳斯、政治现实主义与基督教》，华东师范大学出版社 2012 年版。

“政体”（政制），而这里“政体”又以“德性”为先导或者说基础。文艺复兴时期的人文主义者在重新阐发古典政治文明时，正是从这两个方面入手和着力的；[①] 恰恰也是在这两个方面，马基雅维利与古典道德—政治哲学传统及其人文主义前辈分道扬镳。

一 virtù 释义

众所周知，在马基雅维利研究中，“virtù”（有些版本拼写为“virtú”）这一概念的翻译和诠释是最为棘手的难题之一。[②] 英语世界的译法五花八门，国内学术界也存在很大分歧，除了“德”“德性”“德行”“美德”这几个常见的译法外，还有“能力”“才气”“德行才干”“德能”等译法。[③] 之所以在翻译上就出现这样的分歧，主要是因为马基雅维利笔下的“virtù”虽然包含了传统的“德性”（希腊文“αρετη/aretē”，拉丁文“virtus”以及英文“virtue”）内涵，但又有根本性的差异，这种差异表现在很多方面。

首先，马基雅维利笔下的“virtù”的用法非常丰富和含混，其含义多种多样：既指（传统的）道德德性，也指政治德能、军事德能（以及政治兼军事德能）；既可指人、精灵、物体天然的力量或能力，也可指人在思想、文学、艺术等方面的才能。但可以确定的是，马基雅维利著作中最重要的“virtú”、他频繁地将之与“fortuna”（机运）对立起来或相联系的“virtú”，正是政治德能和军事

① 参见［美］韩金斯《马基雅维利与人文主义的德性政治》，《政治思想史》2013 年第 3 期；James Hankins，“Exclusivist Republicanism and the Non-Monarchical Republic”，*Political Theory*，Vol. 38，No. 4，2010，pp. 452 – 482。

② 参见 Harvey C. Mansfield，*Machiavelli's Virtue*，University of Chicago Press，1996。

③ “能力”是潘汉典先生在其《君主论》中译本（商务印书馆 1985 年版）中的译法（在个别与古典含义一致的地方，他又译为“美德”“德性”）；“才气”是周春生教授提出的译法，参见他的专著《马基雅维利思想研究》（上海三联书店 2008 年版）；“德行才干”是申彤先生在施特劳斯著《关于马基雅维利的思考》中译本（译林出版社 2003 年版）中的译法；“德能”是刘训练教授的译法，参见他翻译的《君主论》中译本。基于后面将会提到的原因，本章采用“德能”这一译法。

德能。[①] 也就是说，在马基雅维利这里，出现了德性的政治化。

其次，我们还可以说，在他这里还出现了德性的非道德化。关于马基雅维利的“德能”与古典“德性”之间的对照，施特劳斯有一段精微的评论：一方面，“他的‘德能’学说保留了（道德）德性与（道德）恶行之间通常所公认之对立的中肯性、真理性与现实性”，也就是说，他并没有否认德性（moral virtue）与恶行（moral vice）之间的根本区分；另一方面，在他的德能学说中，这种对立开始“从属于另外一种卓越与拙劣的对立”，他强调了道德德性与某些其他类型之卓越（excellence）的差异，其方式是“在‘善’（goodness，亦即道德德性）与‘德能’之间做出区分，或者拒绝以‘德能’来命名道德德性”，换言之，“在大部分情况下，他是以一种不同于道德德性的含义来使用‘德能’这个概念的”。[②]

最后，即使同样指道德德性，我们也会发现两者之间存在重大差异。比如，在古典德性论的德目中，正义往往被视为一种非常重要乃至最重要的政治价值；但是，在马基雅维利的思想中却很少看到正义的位置（在《君主论》第 15 章所列举的十一组德性与恶行中就没有正义及其反面）。[③] 在其他具体德目（比如仁慈、慷慨等）的论述中，两者之间也存在一些细致而重要的区别。

马基雅维利的思想与古典道德—政治哲学的对照不仅体现在这些相对表象的层面，事实上，他对西方古典德性论（包括其人文主义前辈的德性论）的最大颠覆是他在相关的论述中引入了某种我们可以称之为善与恶的辩证法（亦即在特定的条件下善与恶之间会发生转化）的机制。在马基雅维利看来，无所谓绝对的善（道德德性）、绝对的恶，一切皆在可与不可之间，一切都取决于最终的结

---

① 参见［英］普赖斯《马基雅维利的 Virtú 诸义》，《政治思想史》2011 年第 4 期。

② Leo Strauss, *Thoughts on Machiavelli*, University of Chicago Press, 1958, p. 242.

③ 在浩如烟海的马基雅维利研究文献中，只有极少数论著涉及正义问题，其中包括已经译成中文的意大利学者夸里昂尼的一篇文章《马基雅维利与正义的观念》（《政治思想史》2013 年第 3 期）。但是，他所处理的正义概念其实是一个非常狭窄的法律概念，仅仅反映了古典正义观的一个侧面或者局部。

果或效果。甚至在他那里，作为特定道德议题的宗教与法律也是如此。简单地说，在他看来，宗教无关乎虔诚，而只需要从政治上和军事上加以功能性考量；法律无关乎正义，而只需要考虑其实施与否的政治后果如何。当他在分析君主是否可以使用“恶劣手段”时，他从未认为君主可以任意作恶或者故意作恶，但他的理据已不再是客观的“伦理”，而是取决于难以捉摸的“机运”“必然性”和“审慎”，“审慎”构成了行为主体“德能”的主要指标。所有这一切都无异于否定了古典德性论关于善与恶有其客观标准和根本界限的基本前提，从而导致了他的德性论与古典德性论的彻底分离。[①] 后面，还将专门论述之。

二 审慎

这里，我们可以简单考察一下马基雅维利与古典思想家关于审慎的论述。[②] 古典道德—政治哲学当然也强调“审慎”这种德性，[③] 但在那里“审慎”应该是服务于一个更高的道德目标的。柏拉图在《墨涅克塞诺斯篇》中说：“背离了公正的知识不应该被称为智慧，而更应该被称为狡猾。”（Menexenus，246e）[④] 亚里士多德在《尼各马可伦理学》（VI. 12）中更是明确指出：“德性使得我们的目的

---

① 古典德性论也注意到了例外状态的问题，但那是为了应对特定的境遇，而马基雅维利则将其常态化。

② 关于马基雅维利的审慎议题，参见 Eugene Garver，*Machiavelli and the History of Prudence*，University of Wisconsin Press，1987；刘宇：《实践智慧的概念史研究》第4章第3节，重庆出版社2013年版；陈华文：《审慎与马基雅维利的现代感》，《社会科学战线》2013年第2期。

③ 在西方古典哲学尤其是亚里士多德伦理学中，φρόνησις（phronesis）是一个非常复杂的概念，拉丁文译为prudentia，英文多译为prudence或practical wisdom（区别于sophia即philosophic wisdom或theoretical wisdom，理论智慧）；目前国内学术界倾向于将这个概念翻译为“实践智慧”（如汪子嵩等著《希腊哲学史》）或者“明智”（如苗力田、廖申白的《尼各马可伦理学》译本）。参见刘宇《实践智慧的概念史研究》，导言。不过，既然这种译法主要适用于古典哲学，那么考虑到为了与马基雅维利著作中相关概念（prudenza/ prudenzia）的对位，我们姑且将其译为“审慎”。

④ 转引自［古罗马］西塞罗《论义务》，王焕生译，中国政法大学出版社1999年版，第63页。

正确，明智则使我们采取实现那个目的的正确的手段”（1144a5—10）。[①] 因此，只有服务于正确的、高尚的、善的目的，明智（审慎）才是一种德性，否则便只是一种能力、聪明，并容易蜕变为狡猾，“离开了明智就没有严格意义的善，离开了道德德性也不可能有明智”。[②] 类似地，西塞罗在《论义务》中强调：正义（iustitia）与审慎（prudentia）都能赢得人们的信任，但是，正义更有力量，因为“正义没有审慎，仍然具有足够的权威；然而，若审慎没有正义，对于赢得信任毫无作用”（II，9. 34）。[③]

相比之下，就像施特劳斯所指出的，在马基雅维利那里，“审慎（判断力），以及心灵、意志或性情的力量，是唯一获得普遍认可的德能，它真正具有一般性德性那些获得普遍认可的特征：它们本身就是有益的。尽管道德德性和恶行（例如，信仰和残酷）可以被妥善或恶劣地使用，但它们的使用必须为审慎所规范，而审慎是不可能被恶劣地或不审慎地使用的”；“善与恶之间的转化必须以审慎来引导，并靠德能加以维系”。[④] 也就是说，马基雅维利几乎取消了审慎、聪明与狡猾之间的根本区分。

如果说按照古典哲学传统，实践智慧（审慎）的实践性可以分为三个环节：确定目的、认识实现目的的手段以及在复杂的情境中行动；[⑤] 那么，马基雅维利的审慎事实上仅仅关注于后两者，即实现目的的手段是什么以及如何在复杂的情境中采取行动。简单地说，在马基雅维利那里，审慎被“去德性化”了：无论是作为希腊德性之目标的高尚优美，还是作为斯多亚

---

① ［古希腊］亚里士多德：《尼各马可伦理学》，廖申白译，商务印书馆 2003 年版，第 187 页。参见 1145a5—7“德性使我们确定目的，明智使我们选择实现目的的正确的手段”，第 190 页。

② ［古希腊］亚里士多德：《尼各马可伦理学》，第 190 页。

③ ［古罗马］西塞罗：《论义务》，第 187 页（此处王焕生先生将“prudentia”译为“见识”，引文做了改动）。

④ Leo Strauss，*Thoughts on Machiavelli*，p. 242.

⑤ 参见刘宇《实践智慧的概念史研究》，第 53、67 页。

德性之目标的灵魂安宁，还是作为基督教德性之目标的救赎，都被他加以否弃。[①]

第二节　从政治到国家

共和学派的维罗里在其研究中发现，意大利现代早期的政治话语经历了一场从“政治”到“国家”的转变：在13世纪的政治话语中，“政治”与共和国、公共利益以及正义、理性联系在一起；而“国家”往往与僭政、统治者的利益联系在一起。但是，到了16—17世纪，“国家”的用法提升，“政治”的用法降格，两者趋同直至出现逆转：“国家”开始中性化，“政治”开始污名化。[②] 他认为，在这个过程中，马基雅维利只是强调将公民哲学和治国术进行融合的必要性，“但是，他并没有将前者降格，使其等同于后者。他坚持两者的区别，将政治定位于更高的等级”。[③]

一　古典政治还是国家理性

与共和学派试图把马基雅维利定位于古典传统之中的总体倾向一致，维罗里夸大了马基雅维利对“共和政治”的继承与保留，不愿意承认马基雅维利事实上完成了他所谓的从“古典政治”到“国家理性”的转变。但实际上，马基雅维利比维罗里的定位要激进得多：他并置了“国家理性”（为了获得和保有个人权位意义上的“stato”可以不择手段）与“政治理性”（为了保卫共和国/祖国应当不择手段），而这就等于取消了“国家”与“政治”的传统

---

① 参见刘宇《实践智慧的概念史研究》，第206页；也参见施特劳斯的评论：“马基雅维利试图以一种审慎来替代良心或宗教，这种审慎往往与世俗利益的算计难分难辨：‘真实的道路’不在于服从上帝不变的法则，而在于依据时势采取行动。”（Leo Strauss, *Thoughts on Machiavelli*, p. 196）

② 参见［意］维罗里《从善的政治到国家理由》，郑红译，吉林人民出版社2011年版。

③ 同上书，第3章（引文见第175页）。

区分。[1]

抛开被维罗里视为治国术之代表的《君主论》不谈，即使是在被视为政治艺术之典范的《李维史论》中，我们也仍然可以看到马基雅维利对古典传统的背离。确实，从未出现于《君主论》之中的公共利益、共同善（common good/bene commune、common benefit/comune benefizio or beneficio）等概念频繁地出现于《李维史论》之中，但需要指出的是，这里的公共利益只是一种政治目标而非道德价值：古典学说给“想象的国家”所规定的终极目的是道德德性的实践，而马基雅维利赋予“现实中存在过的国家”的终极目的则是共同善、公共利益——免于外族支配和内部专制统治的自由，法治，每个公民之生命、财产和名誉的安全，财富和权利的扩张，以及荣耀或帝国。后者所要求的仅仅是“共和德性”（republican virtue），它不是真正的德性、道德意义上的德性，而只是实现共同善的一种必要手段；道德意义上的善、道德德性并不总是与共同善和谐一致。[2]

最后这一点我们可以将马基雅维利的观点与西塞罗的观点加以对照。西塞罗在《论义务》中赋予祖国以极高的价值，“有哪个高尚的人会犹豫为祖国而献身呢?”但是，“有些事情如此丑陋，有些事情如此可鄙，以至于智慧之人甚至为了拯救国家也不会去做”。基于这样的观点，西塞罗认为，罗穆卢斯在立国之初，杀死自己的弟弟瑞穆斯便是不可原谅的，是“被利益的表象所驱使”。[3] 相比之下，马基雅维利则断言：“只要能够很好地保卫祖国，应当不择手段，不计荣辱。……在决定祖国生死存亡的关头，根本不容考虑是正义的还是不正义的，是仁慈的还是残酷的，是值得称赞的还是

---

① 参见刘训练《马基雅维利的国家理性论》，《学海》2013 年第 3 期。

② 参见 Leo Strauss, *Thoughts on Machiavelli*, pp. 255 - 257。关于马基雅维利的“共同善”“公共利益”概念，参见 Waldemar Hanasz, “The Common Good in Machiavelli”, *History of Political Thought*, Vol. 31, 2010, pp. 57 - 85。

③ ［古罗马］西塞罗：《论义务》，第 57、153、283 页。

可耻的；相反，应该抛开其他所有的顾虑，把那个能够挽救祖国生命并维护其自由的策略遵循到底。”（D III 41）对于罗穆卢斯，他的评价是：“尽管就行为而言应该指控他，但就效果而言应该原谅他；并且如果效果是好的，就像罗穆卢斯的那样，就总是应该原谅他……对于其弟弟和同僚之死，他应该得到原谅，他所做的是为了共同的利益而非他个人的野心。”（D I 9.2）

由此，我们必然要回到关于马基雅维利到底是一位君主主义者还是一位共和主义者，他到底是支持君主国还是共和国这个传统的争论上来。

二 君主还是共和

众所周知，西方古典政体学说在政体分类问题上采用的是三分法，以及在此基础上的再划分而产生的六种政体：君主政体/僭主政体、贵族政体/寡头政体、民主政体/暴民政体。而无论是在《君主论》中还是在《李维史论》中，马基雅维利都采用了相对晚近在意大利尤其是佛罗伦萨的理论家中形成的政体二分法（君主国/共和国，王政/共和政体），而弃绝了古典的三分法。[①] 现代的政体二分法正是由于《君主论》的开篇第一句话而广为流传：“过去曾经和现在正在对人类行使统治权的一切国家、一切领地，不是共和国就是君主国。”（P I）[②]

如果说政体分类只是形式问题而相对不重要的话，那么，马基雅维利的另外两个实质性观点就显得非常关键了。首先，从根本上说，与亚里士多德相似，他也持有一种“政体相对论”，亦即没有抽象地或者一概而论地认为哪种政体更优良；但比亚里士多德更进一步的是，他针对特殊政治体是依据其具体的社会—经济—政治状

① 唯一例外的是《李维史论》第1卷第2章，但那里仅仅是对古典政体理论的复述。

② 正如韩金斯的文章（Hankins，“Exclusivist Republicanism and the Non-Monarchical Republic”）所指出的，“共和”的非君主制含义以及由此开辟的政体二分法，并非始于马基雅维利，而是始于在他之前大约不到一个世纪的人文主义前辈。

况来谈论其政体选择的，这一点特别体现在他关于意大利主要地区的政体选择的分析上（《李维史论》第1卷第55章）。[①] 就其祖国佛罗伦萨而言，虽然《君主论》曾经让人误以为他给小洛伦佐进言献策是为了巩固美第奇家族在佛罗伦萨的僭政，但上述篇章以及《论小洛伦佐去世后佛罗伦萨的政务》等文献明确地反映了他对佛罗伦萨政体选择的看法（他相信，佛罗伦萨只能建立共和国）及其立论基础（托斯卡纳地区缺少“领主”和“绅士”，存在很大的平等）。显然，在古典政治思想中作为一个道德—政治哲学问题的政体问题，[②] 到了马基雅维利这里却转化成为一个政治社会学问题。

其次，虽然二分法是《君主论》和《李维史论》的基本政体分类，但从他重在阐述政治生活的普遍原理——既适用于共和国也适用于君主国，二者可以等而视之——这一基本倾向和主要论旨以及他对“秩序”“制度”“生活方式”等与政体问题相关的一些概念的复杂使用来看，可以说，马基雅维利实际上暗里降低了政体分类——无论是三分法还是二分法——的重要性。判断一个国家的政制是否优良，不是看它属于哪种政体，而是要看它拥有哪些“秩序”和“制度”。[③] 如果说在古典的理论中，政体类型的选择至关重要，直接决定着政治体的兴衰成败，那么，到了马基雅维利这里，至少于一般原理而言，政体类型（以及与之相匹配的人的灵魂结构亦即德性）已经无足轻重。

这一点可以解释并解决那个关于他是赞成君主制还是共和制的传统争论。事实上，“最引人注目的是，马基雅维利在充当共和国

---

① 他的这种立论颇具历史唯物主义色彩，所以受到了马克思的关注，参见《克罗茨纳赫笔记》（历史—政治笔记）《李维史论》部分：第12—13条（参见《政治思想史》2014年第4期）。

② 按照施特劳斯的看法，“古典政治哲学追寻的是最好的政治秩序，或者最好的政制（regime），对于德性（或人们应当如何生活）之实践，这种政制最具指导性”（《现代性的三次浪潮》，［美］利奥·施特劳斯：《苏格拉底问题与现代性》，彭磊、丁耘等译，华夏出版社2008年版，第35页）。

③ 参见刘训练《马基雅维利的政体学说新探》，《第三届全国文艺复兴思想论坛会议论文集》，中国人民大学，2015年10月。

以及僭主们的导师以及赞助人时表现出的看似不食人间烟火的超然姿态。……马基雅维利的著作既有益于共和国也有益于僭主。这种益处之所以是共同的，乃是因为同样的忠告或行动法则或因果法则一视同仁地既有利于共和国也有利于僭主”。[①]

诚然，《李维史论》的有些章节表现出高涨的共和主义（甚或民主主义）热情，比如，第1卷第29章（人民与君主哪一个更加忘恩负义）、第1卷第58章（大众比君主更明智、更坚定）。但即使在这些章节中，他也强调了人民统治的条件性，也没有否定一人之治在某些情境中的优势或者必然性。更何况，他赞赏共和国并非基于道德的理由，而是因为共和国比君主国更善于调整自己以适应时势的变化，它包含了不同天性的人才能够满足不同时势的需求，它不受世袭制继承权的侵害，免于个人的绝对权力，生命更长久，更有利于共同善；但是，“共和国的道德优势在某种程度上只是共和结构的一个偶然性结果”。[②]

古典政体学说的其他一些重要方面也被马基雅维利所取消或遮蔽，其中最重要的是他对君主制与僭主制这一基本对立的处理。一方面，在《君主论》中，他回避了“君主”与“僭主”的传统区分，[③] 并且为“新君主”（其实就是僭主）出谋划策；另一方面，在《李维史论》中，他有明确的章节（第1卷第10章）激烈地批判僭政。而且，我们发现，他对僭主和僭政的批判与古典政治哲学的批判很不一样：马基雅维利的批评着眼于僭主在夺取权力之后，在如何维护权力的问题上，仍然像僭主被界定的那样实施暴政，使用武力，抛弃法律与道德；而在如何夺取权力的问题上，他已经不

---

① Leo Strauss, *Thoughts on Machiavelli*, pp. 282－283. 也可以参见卡西尔的评论：“他的政治技艺对不合法国家和合法国家都同样适合。政治智慧的太阳照耀着合法的君主，也照耀着篡位者和专制者；照耀着公正的统治者，也照耀着不公正的统治者。”（［德］卡西尔：《国家的神话》，范进等译，华夏出版社1999年版，第191—192页）

② 参见 Leo Strauss, *Thoughts on Machiavelli*, pp. 256－257。

③ 像纳比斯（P IX）、彼得鲁奇（P XX、XXII）这些在《君主论》中被称为君主的人，在《李维史论》又被称作僭主（D I 40，III 6）。

像古典观念以及中世纪的观念那样关注权力的合法性来源。①

比较马基雅维利的政体学说与古典政体学说，我们起码还可以发现这样一些差异：比如，除非是复述古典理论，否则他从未提过古典政体学说颇为看好的贵族制，也很少提到古典思想家激烈加以批判或意图改造的民主制；对于古典政体学说的另一重要理论成果即混合政体理论，其实也没有表面上看起来那样受到他的重视。

第三节　善恶辩证法

马基雅维利从现实的政治生活出发，深刻洞察到政治事件中主客分殊、政治情境的生成流变、政治行动的复杂多变，细致梳理了仁慈与残酷的对立统一、相互转化和运动发展，显示出其政治现实主义蕴含着丰富的辩证法思想。

一　善恶的对立统一

在《君主论》第15章中，马基雅维利列举了十一组德性与恶行：（1）慷慨大方与吝啬小气；（2）乐善好施与贪得无厌；(3）残酷无情与仁爱慈善；（4）背信弃义与笃守信义；（5）懦弱胆怯与勇猛强悍；（6）宽厚大度与傲慢自大；（7）淫荡好色与纯洁自持；（8）诚实可靠与奸猾狡诈；（9）严厉苛刻与平易近人；(10）稳健持重与轻率任性；（11）虔敬信神与毫无信仰。②

这十一组品性的对照，似与亚里士多德的德目表存在某种对应关系，但又有显著差异。③ 表面上看似乎是为后面的章节做规划，

---

① 在马基雅维利那里，对于社会的奠基来说，僭主和僭政可能还是必要的。参见［美］施特劳斯《关于马基雅维利的思考》，第407—408、437、469页。

② ［意］马基雅维利：《君主论·李维史论》，潘汉典、薛军译，吉林出版集团有限责任公司2010年版，第60页。

③ ［古希腊］亚里士多德：《尼可马可伦理学》，第333—337页。

但事实上却不然：他在该书第16章中，处理了第1—2组，在第17章中处理了第3组（其实本章也多少涉及了第6、9组），在第18章中处理了第4组，而后面的各组几乎是在第19章中做了压缩性处理。

我们知道，“仁慈”与“残酷”并不见于亚里士多德的德性表以及相关讨论。① 在古典著作中，最早探讨仁慈以及作为其反面的残酷问题的是塞涅卡写给其弟子罗马皇帝尼禄的《论仁慈》（*De clementia*）。按照塞涅卡的说法，仁慈是君主的美德，“在所有人之中，仁慈与国王或者君主最为相称”，而“野蛮而残酷无情的愤怒，与一位国王的身份不相适宜”。他还谈到，仁慈可以给一位君主带来“安全”和“荣誉”。其中较为引人注目的是，基于罗马帝国的特殊背景，塞涅卡不再像传统那样从法治以及臣民的意愿角度区分君主和僭主，指出“国王和僭主之间的巨大差异在于仁慈”，僭主的残酷发自内心，而国王即使杀戮那也是“在公共利益需要之时”。②

无论如何，自色诺芬的《居鲁士的教育》以降一直到马基雅维利同时代的伊拉斯谟（Erasmas）的《论基督教君主的教育》，倡导仁慈反对残酷都是西方“君主镜鉴”传统中的重要议题。

在《君主论》第17章开篇，马基雅维利似乎是按照第15章的规划，转向仁慈与残酷的探讨，并且像传统的观点那样提到“每一位君主都会希望被人认为是仁慈的而不是残酷的”，③ 然而他随即使用了一个极具马基雅维利式风格的短语（避免）“恶劣地使用仁慈”（usare male questa pietà），再对照他在《君主论》第8章中所区分的“恶劣地还是妥善地使用残酷”（crudeltà male usate o bene usate），显而易见，他意欲区分的是“恶劣地还是妥善地使用仁

① ［古希腊］亚里士多德：《尼可马可伦理学》，第366—371页。

② ［古罗马］塞涅卡：《塞涅卡道德和政治论文集》，袁瑜琤译，北京大学出版社2010年版，第184，187，196—198页。

③ ［意］马基雅维利：《君主论·李维史论》，第64页。

慈”。

众所周知，马基雅维利的政治思想具有现实主义的品性，这种品性与他从早期的外交和军事生涯中吸取的经验密不可分，这也决定了他对很多问题的论述不是抽象的，而是具体的。在他看来，善恶之间存在着一种“辩证法”，不存在脱离实践主客体、超越具体情境的绝对善恶。因此，我们需要仔细辨别作为善的“仁慈”和作为恶的“残酷”所发生的各种具体情况，不可一概而论。① 他说：“君主要赢得人民的好感有许多方法。这些方法根据各种情况而互不相同，我们不能够制作出一定之规，因此，现在就不谈了”；②“虽然，对于这一切事情要做出一个确定性的判断，除非掌握了某些采取过某种类似决定的国家的具体情况，否则是办不到的”；③“但是这种事情我们不能够概而言之，因为这件事情按照具体情况而异”。④

那么，按照马基雅维利，决定人们选择“仁慈”还是选择“残酷”的道德行为和政治行动，到底是怎样的具体情况呢？这里，至少有如下几个相互联系的维度：(1) 行为的施动者：君主与公民不一样，强大共和国与软弱共和国不一样；(2) 行为的受动者：对待公民与对待臣民不一样，对待大人物（少数人）与对待平民（多数人）不一样；(3) 行动的情境与时机：创建国家（秩序）与

① 当然，在这种善与恶的辩证法之外，还有些残酷的情形无所谓善恶，而属于“必然性”的范畴。“一位君主如果想要维护自己的地位，就必须学会做不良好的事情，并且依据必然性使用这一手或不使用这一手”（P XV. 1）；“如果没有那些恶行，就很难挽救自己的国家的话，那么他不应当顾虑那些恶行招致的名声”（P XV. 2）；“一位君主，尤其是一位新君主，不可能遵守所有那些被认为是良善之人应该做的事情；因为为了维持他的国家，他常常迫于必然性，不得不背信弃义、毫无仁慈、不讲人道、违反神道。……只要可能的话，还是不要背离良善之道；但如果为必然性所迫，就要懂得如何走上为非作恶之途”（P XVIII. 5）；一位新君主应当更新一切，他所采取的“这些方式非常残酷，它们对立于任何一种生活方式，不仅包括基督教的，而且也包括人类的……然而，对于不希望选择第一条良善之路的人来说，如果想要维护自己的地位，就必须走上这条为非作恶之途”（D I 26. 1）。

② ［意］马基雅维利：《君主论·李维史论》，第39页。

③ 同上书，第83页。

④ 同上书，第85页。

维护国家不一样，夺取政权与保有政权不一样，取决于自己意愿（主动实施）与取决于他人意愿（被动实施）的行动不一样；（4）行动的方式与资源：一次性行动与反复性行动不一样，使用自己钱财与使用他人钱财不一样，利用自己军队与利用他人军队不一样；（5）行动的结果：成败的结果和效果决定着行动本身及其手段的取舍与评判，而且爱戴与蔑视、畏惧与仇恨的心理后果也是需要考虑的重要因素。

在马基雅维利那里，当然是有善恶好坏之分的，但我们发现，这种善恶好坏已然不是古典意义上的伦理评判，而毋宁说是一种“价值无涉的”效果判断。这种变化绝佳地体现在他关于所谓“妥善地使用残酷”“恶劣地使用仁慈”这样极具其个人风格的表达上。在马基雅维利那里，“善与恶的辩证法”不仅体现在仁慈与残酷这组德性与恶行之中，亦体现在其他的德性与恶行之中。比如，在《君主论》第17章分析慷慨与吝啬时，他就指出，什么时候慷慨、对何人慷慨、慷慨谁的钱财决定了君主到底是节俭还是吝啬；《君主论》第18章关于笃守信义与背信弃义的讨论，其实也暗含了应该对谁守信、什么时候守信等问题的讨论。

二　善恶的辩证转化

《李维史论》中连续探讨仁慈与残酷的章节开始于“统治大众，仁慈与残酷、宽容与惩罚，哪个更有必要”这个问题的争论。[①]随后马基雅维利指出，这首先需要区分出你所要统治的对象是公民同胞还是臣民：对于前者，应该使用宽容和仁慈，比如，“罗马平民与贵族在罗马拥有相同的政治权力，暂时成为其君主的个人不能残酷而无情地对待他们”；对于后者，君主则应该使用惩罚和严酷，以免其臣民滋生傲慢（但也要有所节制，避免招致仇恨）。因此，在罗马，受军队（平民）爱戴的将领往往比令军队畏惧的将领取得

① ［意］马基雅维利：《君主论·李维史论》，第510页。

更大的成效，“残酷而粗暴”的阿皮乌斯之所以战败，“和善且宽厚”的昆克提乌斯之所以取胜，便是例证。

然而，仅隔数章，当马基雅维利转而比较曼利乌斯的“严酷”与瓦勒里乌斯的“和善”时，情况却发生了逆转。他们都是罗马杰出的军事统帅，在对付敌人方面，凭借相似的德能取得胜利赢得荣耀。但是，在对待士兵方面，他们的方式却极为不同，曼利乌斯统帅士兵用尽严酷，瓦勒里乌斯对待士兵却极尽宽厚。①

那么，对于马基雅维利而言，残酷和仁慈，哪一种行为处事方式更值得赞许和效仿呢？他首先对行为的施动者进行区分。对君主而言，瓦勒里乌斯的仁慈是有益的，曼利乌斯式的残酷是有害的；但对于担任军事统帅的共和国公民而言，仁慈这种通常的德性却有可能转变成一种恶行，导致军事统帅赢得士兵的私人友谊和效忠，从而可能为僭政铺平道路，给共和国带来危害，所以，瓦勒里乌斯的仁慈是有害的，曼利乌斯的残酷是有益的。② 概言之，从行为的施动者来考察的话，对君主而言，仁慈是德性，残酷是恶行；对公民（将领）而言，仁慈是恶行，残酷是德性。

我们看到，对于君主来说，仁慈不仅有益而且必要，所以，色诺芬为居鲁士塑造了众多仁慈的范例。但对于共和国来说，仁慈这种通常的德性却有可能转变成一种恶行，沦为对士兵的纵容、对民众的收买；相比而言，严酷（纪律严明、执法严格）甚至残酷这种通常的恶行却往往有利于维护共和国的公共利益，尽管有可能不利于其实施者。在上述例子中，瓦勒里乌斯的仁慈之所以没有给共和国造成危害，是因为当时罗马人民还没有腐败，他本人也没有长时间地连续掌权。

其次，对君主而言，仁慈并非总是德性，残酷也并非总是恶行。君主在行为处事中选择仁慈还是残酷，还与行为客体或对象密

---

① ［意］马基雅维利：《君主论·李维史论》，第 517 页。

② 同上书，第 519—521 页。

切相关。在阿皮乌斯和昆克提乌斯的例子中，马基雅维利指出，这首先要区分出君主——罗马的军事统帅在军队中暂时成为其士兵的君主——所要统治的对象是公民同胞还是臣民：对于前者，应该使用宽容和仁慈，比如，“罗马平民在罗马拥有与贵族同等的统治权，暂时成为其君主的个人不能残酷而粗暴地对待他们”；[①] 对于后者，君主则应该使用惩罚和严酷，以免其臣民滋生傲慢。在这方面，马基雅维利曾多次比较第二次布匿战争的主角汉尼拔与西庇阿。他指出，西庇阿在西班牙，统率的是其公民同胞，凭借宽厚和仁慈，获取了巨大的名声；而汉尼拔在意大利早期战场上，指挥的是一支由无数臣服的民族混合组成的庞杂军队，采用了残酷、暴力、抢劫以及背信弃义等非人的残酷，让其军队“保持团结一致、执行任何军事任务”，取得了与西庇阿在西班牙所取得的同样的效果。[②] 不过，马基雅维利也注意到，仁慈虽赢得爱戴，却可能招致蔑视；残酷虽带来畏惧，却可能引发仇恨。所以，君主在实行仁慈或残酷行为时必须考虑其限度，始终避免被人蔑视和惹人仇恨。[③]

在实施对象方面，君主选择仁慈的还是选择残酷的行为处事方式，还应当区分出受惠或受损的是少数人还是多数人。比如，切萨雷·博尔贾在罗马涅的行动是残酷的，但他的残酷针对的是罗马涅的各个僭主，“那些被废黜的统治者，只要他能够杀多少就已经杀多少了”，[④] 是对个别人的损害；另外，对大多数人民而言，由于他重建了那里的秩序，让人民“开始尝到他们幸福生活的甜头”。[⑤] 博尔贾的残酷，对少数僭主而言是一种恶行，对大多数人民而言实则是一种德性，比起那些由于过分仁慈而坐视动乱发生、凶杀或抢劫随之而起的人来说，博尔贾要仁慈得多。所以，君主不必顾虑残

① ［意］马基雅维利：《君主论·李维史论》，第510页。

② 同上书，第65—66页。

③ 同上书，第73页。

④ 同上书，第29页。

⑤ 同上书，第27页。

酷的恶名，从共同体利益的角度而言，君主的残酷有时反而是一种真正的德性。相比而言，有时候君主的仁慈也可能变成一种恶行。以西庇阿为例，由于他对军队和朋友“太过仁慈”，从而败坏了军纪，甚至导致军队的反叛；又由于他破坏了旧制和惯例，对共和国造成了潜在的威胁，最终导致罗马贵族统治集团对他的猜疑和排斥。在马基雅维利看来，被人爱戴是建立在他人的意志之上，被人畏惧则是基于君主的意志，因此，对君主而言，“被人畏惧比受人爱戴是安全得多的”，[①] 在某些时候，残酷比仁慈可靠得多。

最后，政治与道德行为的施动者和受动者当然不是善恶辩证法的唯一变量，政治行动的情境、时机以及方式等也是需要考虑的重要因素。

在《君主论》第 19 章评述罗马诸帝时，马基雅维利重点论述了塞维鲁的“德能”，其品性残酷而狡诈，“既是一头非常凶猛的狮子又是一只非常狡猾的狐狸”。[②] 当然，他也谈到了与塞维鲁相反的皇帝，他们“全都过着温和谦逊的生活，都是正义的热爱者、残酷的敌人，既宽厚大度又和蔼可亲”，但除马尔库斯外都落得悲惨的下场。[③] 在对比他们的行为处事方式之后，马基雅维利特别指出，新君主“应当从塞维鲁的行动中吸取那些建立他的国家所必需的部分，并从马尔库斯的行动中吸取那些适合保存一个已经建立且稳固的国家并使之荣耀显赫的部分”。[④]

马基雅维利在这里指出了创建国家与维护国家之不同，这个区分很重要，它规定了政治行为的情境。我们稍加引申便可得出这样的看法，处理好仁慈与残酷的“妥善使用”与“恶劣使用”的善恶辩证法，必须要考量相关行动实施的情境：创建国家、奠定秩序、夺取政权、挽救危机时，更需要塞维鲁般的残酷；而治理国

---

① ［意］马基雅维利：《君主论·李维史论》，第 65 页。

② 同上书，第 79 页。

③ 同上书，第 77 页。

④ 同上书，第 82 页。

家、维持政权、统治人民时，则更需要马尔库斯般的仁慈。

这里还有时机恰当与否的问题。《佛罗伦萨史》第2卷记载了雅典公爵瓜尔蒂耶里在佛罗伦萨的暴政：在他获取统治权之后，“他先前标榜的严厉和仁慈变成了残酷无情和盛气凌人”；[①] 而当佛罗伦萨人揭竿而起时，他释放关押的政敌“希望通过某些仁慈的行为来获得人们的同情”，但是，马基雅维利指出，“这些事情做得太迟了，并且已经不合时宜了，因为这些都是外力强迫之举”，[②] 因此，在实施仁慈、慷慨等行为时要把握主动权，无论是君主还是共和国，如果“认为当危险发生时那一刻能够以恩惠来赢得人心，他就是自欺欺人”，因此，他不应当推迟到迫不得已时再施惠于人民。[③]

此外，行为的实施方式也可以决定善恶的转化。马基雅维利在区分“恶劣地使用残酷”与“妥善地使用残酷”时便明确指出：出于保护自己安全的必然性，一次性地使用残酷手段，可以称之为“妥善地使用残酷”，其后，除非为臣民谋取最大可能的好处，绝不继续使用；尽管一开始很少使用残酷手段，但其后与时俱增，而非“日渐消歇”，就是“恶劣地使用残酷”。切萨雷·博尔贾在罗马涅的重建上便在很大程度上遵循了上述法则：他的残酷仅限于最初的攻占征伐、对旧领主的背信追杀、利用雷米罗来严酷执法，一旦秩序稳定、人民露出不满，他便抛出雷米罗作为替罪羊，并设立一个人民法庭以恢复正常的法律秩序。[④]

综上所述，马基雅维利善恶辩证法的主要原则（原理）可以概述如下：在政治实践领域，善恶之间可以相互对立、相互转化，不存在脱离实践主客体、超越具体情境的绝对善恶，政治家

① ［美］韩金斯：《马基雅维利与人文主义的德性政治》，载《政治思想史》2013年第3期，第97页。

② 同上书，第101页。

③ ［意］马基雅维利：《君主论·李维史论》，第236页。

④ 同上书，第28页。

依据行为施动者、受动者、情境、时机、实施方式等具体因素，选择实施政治德性还是政治恶行，并根据行为的结果或效果来进行善恶评价。

三　善恶辩证法的德性效果论旨归

在马基雅维利的著作中，有一个命题多次出现，那就是：何以两种不同的行为方式取得相同的结果，以及，何以相同的行为方式却取得了不同的结果？上述关于仁慈与残酷之辩证法的很多论述都是在这个命题中展开的。马基雅维利的论证精巧而复杂，涉及行为处事方式、德能、天性、机运、时势等诸因素之间的微妙互动，这里无法详尽展开。但是，我们却可以发现，他的整个论证有一个基本前提，那就是所谓“多数人的视角”，“这种视角显然只看事情的结果而不是手段”。这是我们理解马基雅维利关于仁慈与残酷之论述的关键所在，也是他整个德性论的旨归。可以说，在马基雅维利的政治和道德观念中，目的和手段是相对不重要的，重要的是结果或者说效果。

博尔贾在罗马涅实施的整肃无疑是残酷的，但是考虑到那个地区之前的混乱状态，“充满了盗贼、纷争和各式各样横行霸道的事情”，那些小僭主们“与其说是统治他们的属民，倒不如说是掠夺属民，给他们制造种种事端，使他们分崩离析而不是团结一致”；[①] 而博尔贾的残酷“却给罗马涅带来了秩序，把它统一起来，并且恢复了和平与信仰”，所以，他是“妥善地使用残酷”，要好过佛罗伦萨人在皮斯托亚“恶劣地使用仁慈”。[②] 罗马“国父”罗穆卢斯杀死自己弟弟以及同僚的残酷之举也可以作如是观，“如果结果是好的，就像罗穆卢斯的结果那样，总是应该原谅他，因为应该受斥责的是那些使用暴力破坏的人，而不是那个

---

① ［意］马基雅维利：《君主论·李维史论》，第27页。

② 同上书，第64页。

使用暴力重整的人”。[①]

再来看一下仁慈的情形。马基雅维利征引过罗马著名统帅卡米卢斯宽厚仁慈的故事：他惩罚了那个出卖被他围攻之城市的显贵公民子弟的教师，而不是趁机强攻。马基雅维利更看重的是这个城市自愿投降的结果，所以他评论说：“一种仁慈且充满仁爱的行为比一种凶恶且暴虐的行为对人们的心灵产生的影响更大；并且，那些用武器、战争手段以及其他所有人类力量都无法攻破的地区和城市，常常靠一个宽厚、仁慈、正直或者慷慨大度的榜样而不攻自破。”[②] 还需要注意的是，这种仁慈是要区分对象的：当皮洛士和他的军队在入侵意大利时，罗马人会向他揭发想要毒死他的人，却不愿放过和原谅已经战败流亡的汉尼拔，直至除掉他。[③] 那是因为，在罗马人看来，汉尼拔是更穷凶极恶的敌人，与他的战争直接关乎罗马的存亡，而与皮洛士的战争则是一场争霸战争，进行得更从容。

马基雅维利也是这样来分析“西庇阿的自制”这个著名的故事的：“对新迦太基的征服给西庇阿·阿非利加努斯在西班牙获得的声誉不如他那个有操守的例子带给他的声誉大，他把那个年轻漂亮的未婚妻交还给了她的未婚夫。这个闻名遐迩的行为使整个西班牙都对他很友好。”[④] 不难看出，西庇阿的仁慈和自制的操守最终仍然是服务于他对西班牙的征服。

事实上，在马基雅维利那里，善恶辩证法不仅体现在仁慈与残酷这组德性与恶行之中，亦体现在其他的德性与恶行之中。比如，在《君主论》第 17 章分析慷慨与吝啬时，他就指出，何时慷慨、对何人慷慨、慷慨谁的钱财，决定了君主到底是节俭、吝啬还是慷慨；《君主论》第 18 章关于笃守信义与背信弃

① ［意］马基雅维利：《君主论·李维史论》，第 175 页。

② 同上书，第 512 页。

③ 同上书，第 516 页。

④ 同上书，第 513 页。

义的讨论，其实也暗含了应该对谁守信、什么时候守信等问题的讨论。

马基雅维利的“善恶辩证法”表明，无所谓绝对的善、绝对的恶，一切皆在可与不可之间，一切都取决于最终的结果。甚至在他那里，作为特定道德议题的宗教与法律也是如此。简单地说，在他看来，宗教无关乎虔诚，而只需要从政治和军事上加以功能性考量；法律无关乎正义，而只需要考虑其实施与否的政治后果。当他在分析君主是否可以使用“恶劣手段”时，他从未认为君主可以任意作恶或者故意作恶，反而是劝诫其尽量不要作恶，但他的理据已不再是客观的“伦理”，而是取决于难以捉摸的“机运”“必然性”和“审慎”。特别是构成其行为主体之“德性”主要指标的所谓“审慎”，已不再像亚里士多德所强调的，必须服务于道德德性，“德性使得我们的目的正确，明智则使我们采取实现那个目的的正确的手段”；[①] 相反，在马基雅维利这里，“审慎在于能够认识各种不利的性质，进而选择害处最少的作为最佳的途径”。[②] 也就是说，他所谓的“审慎”事实上混同了亚里士多德力图加以区分的“明智”（审慎）、聪明与狡猾。[③] 所有这一切都无异于颠覆了古典德性论关于善与恶有其客观标准和根本界限的基本前提，从而导致了他的德性论与古典德性论的彻底分离。

四　马基雅维利的善恶观评析

长期以来，对马基雅维利善恶观的诠释和评价呈现出百家争鸣的局面，概括起来大致有以下几种观点。

一种观点认为马基雅维利的善恶观是一种以目的证明手段正当的政治无道德论。长期以来，传统的政治—伦理观坚持国家权力的合法性来源于道德的正当性，因此，正义、节制、虔诚、仁

① ［古希腊］亚里士多德：《尼各马可伦理学》，第204页。

② ［意］马基雅维利：《君主论·李维史论》，第91页。

③ ［古希腊］亚里士多德：《尼各马可伦理学》，第205页。

慈等道德标准才是维持君主统治的真正基础。然而，在《君主论》中，马基雅维利公开教导君主如何通过欺骗、背叛和残忍的邪恶之道来获得和保有君权。哈佛大学历史系韩金斯认为，马基雅维利对善恶的看法，构成了对古典政治哲学的根本性挑战，也与任何德性政治相抵触。[①] 因此，启蒙哲人伏尔泰用道德至善主义批评他，法国胡格诺教徒金蒂利以无道德主义谴责他，普鲁士国王腓特烈二世以政治无道德论拒斥他。[②] 施特劳斯也指出，马基雅维利的所谓爱国是以抛弃道德的善为前提的，因此根本不值得去颂扬。从根本上讲，马基雅维利的心目中没有基督教所倡导的任何善的品德。[③]

诚然，在善恶观上，马基雅维利既反对古典传统中的个人道德善观念，也反对基督教传统中的那种绝对善观念，这两种善观念只在私人领域内有效，而与公共政治生活无关。在政治生活中，政治理性与个人道德德性大相径庭，因此，马基雅维利通过重新定义"virtù"的方式来宣告这种政治理性与传统道德观的分离。马基雅维利笔下的"virtù"既指（传统的）道德德性，也指政治德能、军事德能（以及政治兼军事德能）；既可指人、精灵、物体天然的力量或能力，也可指人在思想、文学、艺术等方面的才能，这种"任何成就有效政治权力的人类品质、能力"正是政治德能和军事德能。[④] 易言之，在马基雅维利这里，出现了德性的非道德化和德性的政治化、工具化。

还有一种观点认为，马基雅维利是一位非道德的、无感情色彩的、客观中立的科学家。萨拜因就指出："与其说他是不道德的，还不如说他是非道德的。马基雅维利实际上是把政治从其他考虑因

---

① ［美］韩金斯：《马基雅维利与人文主义的德性政治》，第 91 页。

② L. De Jensen ed., *Machiavelli: Cynic, Patriot, or Political Scientist*, Boston: Heath and Company, 1960, pp. 5 – 8.

③ ［美］利奥·施特劳斯：《关于马基雅维里的思考》，申彤译，译林出版社 2003 年版，第 302，267—274 页。

④ ［美］普赖斯：《马基雅维利的 Virtú 诸义》，《政治思想史》2011 年第 4 期。

素中剥离出来，并把政治写成似乎它就是目的本身。”[①] 意大利著名的文献史学家拉索断言，“马基雅维利的兴趣点并不在君主制或共和制，也不在于自由或权威，而仅仅是政治的技巧；他想成为并且一直都是政府艺术的科学家。自由或权威、共和国或君主制是马基雅维利思想的主题和形式。[②] 赫尔德更是明确宣称马基雅维利所进行的是一项客观的研究，克罗齐的著名论断是马基雅维利的“政治超越了善与恶”。[③] 卡西尔则把马基雅维利对政治行为的观察描述为像实验室中化学家那样以冷静超然的态度得出了结论。[④]

这种观点表面上看具有一定的合理性。马基雅维利本人确实宣称过，他要按照事物真实的样子而不是事物应当的样子来描述事物。尽管马基雅维利试图在“政治知识”与“政治道德”、“是”与“应当”之间作出区分，但正如马丁利所指出的那样，这种努力却并不总是成功，比如马基雅维利在《李维史论》中的这个判断“共和国总是比君主国更加公正、智慧、可信”，就充满了感情色彩。说《君主论》是一部严肃地论述政府问题的科学著作，或者是为僭主服务的科学手册，不仅与马基雅维利的生平、作品的信息严重不合，也与那个时代的历史相互矛盾。[⑤]

因此，无论是把马基雅维利看作“专制者的邪恶导师”，还是授予他“政治科学家”的头衔，都是许多共和主义—爱国主义学派的信徒们无法接受的事实，他们都把马基雅维利看作一个忠诚于佛罗伦萨共和国、具有美德的共和主义者形象。在阿伦特看来，马基雅维利在政治思想史领域的独特地位，既与现实主义没有多大关

---

① ［美］萨拜因：《政治学说史》（下卷），邓正来译，上海人民出版社 2008 年版，第 12 页。

② ［意］巴龙：《马基雅维利：共和主义的公民与〈君主论〉的作者》，《政治思想史》2013 年第 2 期。

③ Benedetto Croce，*Politics and Morals*，London：George Allen & Unwin，1946，p. 45.

④ ［德］卡西尔：《国家的神话》，范进等译，华夏出版社 1999 年版，第 175 页。

⑤ ［美］马丁利：《马基雅维利的〈君主论〉：政治科学还是政治讽刺剧?》，《政治思想史》2015 年第 1 期。

系，也不是因为他是政治科学之父，而是因为他重新发现和重新阐释了“奠基”这一核心政治行动。“奠基”是确立公共—政治领域和使政治成为可能的伟大业绩，“为了这一最高‘目的’，所有‘手段’主要是暴力手段都是合法的”。[①] 对于创建新政体和改造腐化政体来说，政治上的暴力是一种必要的恶，就像“造一张桌子就必须砍树，煎一个鸡蛋就必须打碎鸡蛋”一样，“制造”一个统一的意大利这种政治奠基行动也必须要使用暴力。[②] 在当时，只有权力和冷酷的“国家理性”才能够将意大利从外国占领中解放出来，这在《君主论》的最后一段，即强烈渴望通过“新君主”实现民族解放，得到了集中表达。站在历史的视角，这本小册子并不是要为所有的历史时期设定规则，而只是为病入膏肓的肌体开出一剂猛药。[③] 从这个意义上讲，马基雅维利的道德并不是私人的道德，而是政治（公共）的道德；不是思想的道德，而是行动的道德；站在国家理性的角度，他非但不是教唆君主的恶魔，反而是意大利复兴运动的圣徒。

由此可见，要想正确地理解和评价马基雅维利的善恶辩证法，必须将其置于他所处的历史场景当中。在马基雅维利的伦理观念中，不存在普遍的德性，只有具体的德性；不存在总体的、适用于所有人的德性，只有君主的德性、贵族的德性、将领的德性、民众的德性；不存在超越时空的德性，只有此时、此地的德性。然而，尽管善恶辩证法表明了道德相对性的事实，却并不意味着道德的具体性中没有普遍性的道德要求，差异性中不存在共同性的道德准则，不确定性中不体现确定性的道德价值。一旦把善恶辩证法蕴含的道德相对性绝对化，就不能正确理解善恶辩证法的精髓和要义，反而会滑入道德相对主义的泥潭，就会得出马基雅维利的政治无道德论者或政治非道德论者的结论。马基雅维利在其著作中审时度

---

① Hannah Arendt, *Between Past and Future*, New York: Viking Press, 1968, p. 139.

② Ibid., pp. 137 – 139.

③ ［意］巴龙：《马基雅维利：共和主义的公民与〈君主论〉的作者》，第73页。

势，仔细观察和辨别时、势、运等诸种影响善恶的特殊因素，娴熟运用善恶辩证法来教导政治人物如何妥善地选择而非恶劣地选择道德行为和政治行为。然而，他可能并没有意识到他的善恶辩证法所内在隐含的道德相对主义危险，从而也就不可能想到去处理由此引申出的一个普遍性的现代伦理学难题，亦即如何在保持美德伦理特殊主义诉求之有效性的同时，防止道德相对主义。这个“现代性”道德观念的最大难题是马基雅维利的善恶辩证法所无法解决的，但我们却可以通过重新审视马基雅维利的善恶辩证法来确定之，并通过当代的政治与道德体验来尝试着提出我们的解决之道。

第四节 马基雅维利的现代性及其缺憾

本章的引言提到，在所谓的“古今之变”中，马基雅维利的现代性体现在哪里？对此，学术界是有很大争议的：马克思主义经典作家从他摆脱神学世界观的束缚和开启权力政治观这两个方面高度赞赏了其现代意义；[①] 共和学派倾向于总体上将他仍然定位于古典共和主义传统之中，但并不否认他对基督教的拒绝；施特劳斯学派则认为，“马基雅维利革命”既是针对古典道德—政治哲学的也是针对基督教思想传统的；还有的学者则把他的贡献锚定在为政治学的研究提供了科学的研究方法上。[②]

一 有争议的现代性

从中世纪基督教占绝对统治地位的背景以及他所处的欧洲民族

---

① 马基雅维利等政治思想家已经开始“用人的眼光来观察国家了，他们都是从理性和经验中而不是从神学中引出国家的自然规律”（马克思：《第179号“科论日报”社论》，《马克思恩格斯全集》第1卷，人民出版社1956年版，第128页）；“从近代马基雅弗利、霍布斯、斯宾诺莎、博丹，以及近代的其他许多思想家谈起，权力都是作为法的基础的，由此，政治的理论观念摆脱了道德，所剩下的是独立地研究政治的主张，其他没有别的了”（［德］马克思、恩格斯：《德意志意识形态》，《马克思恩格斯全集》第3卷，人民出版社1960年版，第368页）。

② 卡西尔评价说：“正如伽利略的动力学变为我们现代自然科学的基础，马基雅维利也为政治科学开辟了一条新路。”（《国家的神话》，第162页）

国家要求挣脱教廷的控制而独立成长的政治环境来衡量马基雅维利的革命性是容易理解的，也是没有什么争议的。作为人文主义者，他有了非基督教的历史视野和思想资源；作为佛罗伦萨的政治家，他对教廷的腐败与邪恶有着切身的体认；作为一个在信仰上玩世不恭的人，他对宗教持有一种功能主义的观点。

不过，将马基雅维利视为政治科学家，从科学方法论的角度来看待他的现代性；这一点如今越来越受到质疑。应该肯定他的经验主义方法，但他的经验主义是一种常识经验主义，他的历史主义也是粗糙的，都不应过高评价。就像维罗里指出的："不论我们赋予'科学的'这个词以何种含义，把马基雅维利解说成政治科学的创建者之一都是错误的"；"如果'科学的'指的是一种以实验、证明和归纳为基础的伽利略式的研究方法，那么这一模型对于马基雅维利的思维风格来说也是全然陌生的"。因此，马基雅维利的政治学并不是现代意义上的"科学"，而是与神学力量相对意义上的"科学"。①

我们认为，更应该从历史唯物主义的立场和观点出发，从他所处的时代特征来理解和评判马基雅维利在古今之变中的地位、贡献与不足。在当时中世纪的政治秩序开始瓦解的基本背景下，马基雅维利敏锐地感受到了当时欧洲民族国家的兴起，处于绝对王权之下的法兰西和西班牙的强大及其给政治上四分五裂的意大利带来的压力，以及神圣罗马帝国和罗马教廷给意大利统一造成的掣肘。无论他在《李维史论》和《战争的技艺》中提出的一揽子政治—军事方案如何不切实际，但凭着他对建构现代民族国家这一时代最强劲命题的深刻感受，他就堪称"完全意识到这种新兴政治结构（指现代世俗国家——引者注）的真正意义的第一位思想家"。②

---

① 参见 Maurizio Viroli, *Machiavelli*, Oxford University Press, 1998, p. 1 - 2。

② ［德］卡西尔：《国家的神话》，第166页。

二　马基雅维利的局限

同时，马基雅维利也不可能走出时代的局限。既然在他那个时代，西方现代社会尚未形成、定型，那么，他的思想没有表现为一种成熟的现代性也就在情理之中了。上文围绕德性与政体（政制）展开的论述表明，一方面，马基雅维利以其敏锐的时代感和巨大的理论勇气，高度自觉地呈现了他对古典道德—政治哲学（以及中世纪的世界观与政治观）的背离；另一方面，他又不可能完全摆脱旧的道德—政治话语，一种全新的世界观、道德观与政治观尚在形成之中，有待后世的思想家进一步拓展和创新。在此“破旧立新”之际，马基雅维利完成的主要工作与其说是“立新”，不如说是“破旧”；他更多地属于一个过渡人物，而非全新人物。①

马基雅维利在德性、审慎等议题上展现的深刻转变，与他所处的西方转型时代有着直接而密切的关联。随着古代社会与中世纪社会的完结、古典的自然世界观和基督教的神学世界观的衰落，道德与政治问题不再居于一种整全式的世界观与秩序观的指导之下，对于个人来说，道德规范与政治运行不再是确定的，一切都处于新旧秩序更替与新旧观念交错之中。在话语体系上，马基雅维利还不能完全摆脱德性（德能）与命运（机运）的关系所塑造的古典框架。② 更重要的是，马基雅维利以审慎作为落脚点或者说制高点的“德能”，在机运、机会、时势与必然性这些变动不居的客观因素面前，能够发挥作用的空间是极为有限的；审慎根本无法满足人们对确定性的需求，因为只有少数人才具备审慎的德能，并且往往是自然的赐予。③ 因此，“马基雅维利关注的是对情境的审慎认识，以及

---

① 事实上，马基雅维利与基督教传统的关系，在很大程度上也只是重在破而非立；对于自然法传统，他也只是视而不见、避而不谈，而不是像后来的古典自然法学派那样对其加以改造——作为西方现代政治思想之典范的社会契约论正是以此为逻辑起点的。

② 关于马基雅维利思想中的前现代宇宙论与人类学，参见帕雷尔《马基雅维利与现代性问题》，载刘小枫、陈少明主编《马基雅维利的喜剧》，华夏出版社 2006 年版。

③ 参见［美］利奥·施特劳斯《关于马基雅维里的思考》，第 391—393 页。

对于原则的妥当使用。这仍然属于从西塞罗到柏克的古典政治学的传统，依据的是对情况的把握，而不同于现代道德或现代政治对原则、法律的强调。马基雅维利认为审慎是属于少数人的德性，同样不同于霍布斯民主化了的人人都平等拥有的理性”。[①] 这是马基雅维利与成熟的现代政治意识之间的差距。

在政体、政制问题上，马基雅维利也表现出了很大的过渡性：一方面，他否弃了古代政体学说中最基本的一些要素（比如，政体分类的三分法、政体与德性的自然对应关系），甚至从其思想的整体来看，他还暗地里降低了政体问题在现代政治中的重要性——这是他对古典政治哲学的最大突破；另一方面，他仍然不得不重新处理或者利用僭主政体、混合政体等传统议题——相比之下，马基雅维利之后的那些思想家比如博丹、霍布斯则以更明确的态度、更决绝的姿态对此加以拒斥。[②]

马基雅维利在政制建构问题上最重大的缺陷在于，他对政治生活的理解在很大程度上是以军事和外交为原型的，这一点注定了其现代性的不充分。在古代希腊和罗马，（对外）战争几乎占据了政治生活的主要议程，从而构成了古典思想家们政治思考的基本背景，但他们在理论上关注的主要还是“内乱”“内战”及其纠治问题；而到了马基雅维利这里，军事问题与外交问题则变得极为突出。[③] 之所以如此，一方面这是他所处之时代特征、区域情境和个人从政经历的反映——在西方早期现代社会，战争仍然是国际关系

---

① 参见陈华文《审慎与马基雅维利的现代感》，第 210 页；也参见刘宇《实践智慧的概念史研究》，第 211 页。

② 参见韩潮《博丹对混合政体学说的批评》，《政治思想史》2014 年第 4 期；陈涛《国家与政体——霍布斯论政体》，《政治思想史》2015 年第 3 期。

③ 军事问题自不待言：曼斯菲尔德在《君主论》导言中说，马基雅维利“推荐给君主阅读的不是关于想象的共和国与君主国的书或者关于法律的论著，而是战争的历史”（《君主论》中译本，第 36 页）；就外交问题而言，曼斯菲尔德对比说：“柏拉图的《理想国》和亚里士多德的《政治学》对外交事务只有简单扼要的讨论，而马基雅维利的《论李维》却有一半篇幅讨论外交事务，在《君主论》中，这种讨论的篇幅至少也不相上下”（［美］曼斯菲尔德：《驯化君主》，冯克利译，译林出版社 2005 年版，第 156 页）。

的重要主题，意大利成为较早完成民族国家统一的西班牙和法兰西的外交博弈对象和争霸战场，而他本人也有着丰富的外交与军事经验；另一方面则是因为作为其政治思想主要灵感来源的罗马共和国具有典型的古代战争社会的特点——不难发现，马基雅维利所推崇的作为政治生活动力机制的贵族与平民的斗争，亦即能够为传统宪政秩序所容纳的阶级斗争，在很大程度上便依赖于罗马始终面临着激烈的外部战争这一紧张局势。① 当然，这也部分地由其理论建构所决定和需要。比如，伍德就指出，在马基雅维利那里，战争作为一种“必然性”状态，在防止一个民族或国家陷于惰怠而催生“德能”方面具有不可替代的作用。②

如果说战争问题在马基雅维利的思想中仍然居于比较核心地位的话，那么，最能反映现代社会作为商业社会之特征的经济问题则在他那里没有受到丝毫的关注；③ 同样，作为现代政治所首先要处理的公民内部之间的合作关系，在他的思想中也不如战争与外交所塑造的敌我关系那样突出和被强调。凡此种种，我们不得不说，马基雅维利的现代性只是一种未完成的现代性。

---

① 古史学家指出，在罗马共和国最后的三百年里，罗马军队不在外作战的时间可能不超过十余年；在共和国最后的两个世纪里，任何一年中平均都有百分之十三的成年男子在打仗，有的年份甚至高达百分之三十五。参见［英］芬利《古代世界的政治》，晏绍祥、黄洋译，商务印书馆2013年版，第24页。

② Neal Wood, “Machiavelli's Concept of Virtù Reconsidered”, *Political Studies*, Vol. 15, 1967, pp. 166 – 172.

③ 施特劳斯学派的曼斯菲尔德多次强调马基雅维利所论述之国家的攫取性特征以及他关于人类获取之欲望是自然的这一断言（参见《君主论》导言），他虽未明言，但很容易让人联想到麦克弗森关于霍布斯“占有式个人主义”的著名命题，从而推论出此点似乎可以预示马基雅维利的资本主义现代性。不过，这一推演过于迂回曲折。

第四章

自由与帝国

国家、政体、政府、社会、公民构成政治哲学研究的主要论域和基本要素，其中，国家与公民被视为政治哲学的关键性两极，对国家与公民及两者之间的权力与权利关系互动的研究，不仅构成政治哲学的主线，而且也被视为现代政治的难题。本书并不奢求对这一难题展开某种形式的完备性哲学阐释，而是借助撒路斯提乌斯和马基雅维利两位最重要的思想家及其经典作品的个案分析，基于古罗马帝国兴衰嬗变的历史语境，集中阐释和论证公民自由与帝国兴衰的内在逻辑，以其揭示这一逻辑演变所蕴藏的复杂而重大的政治意味，为理解和建构现代政治强国、探究政治帝国自身的建构性力量，提供一种新的可能的理论路径。

第一节　自由与帝国的逻辑

撒路斯提乌斯（公元前86—前35年）在《喀提林阴谋》中谈到，罗马人实行“建立在法律之上的”王政，后来为了“防止人们因拥有不受限制的权利而变得横傲起来”，王政逐渐转变成选举执政官的统治体制。从那时开始，每个人“更加注意维护自己的人身尊严”“更加注意随时发挥自己的才能”，人们满脑子是对光荣的渴望，结果“罗马这个自由国家一旦争得了自由，便在很短的时期内，变得令人难以置信地强大和繁荣”。[①] 但是，当罗马变得强大，征服对手，建立一个伟大帝国后，“命运却开始变得残酷起来”，贪欲和野心如瘟疫一般流行开来，使得原本公正诚实的政府，变得残暴而又令人无法忍受。[②] 撒路斯提乌斯把罗马共和国的衰退定位于苏拉的专制统治时期。从苏拉通过武力取得国家的统治权开始，追逐个人利益取代了保护共同体的利益，远征疆土的军队被奢侈、贪婪和浪费所腐化，所有先前确保罗马扩展疆域和建立伟业的美德遭到蔑视、嘲笑，并被抛弃。[③] 最终生活在苏拉专制统治下的人们，再度失去了他们从摆脱国王统治后所获得的自由，帝国也开始步入动摇和衰落的黄昏。

撒路斯提乌斯关于罗马共和国兴衰历史轨迹的经典描述和分析，被后世学者广泛提及和引用。如果我们用A表示自由，用B表示共和国的强大，用C表示帝国，那么，撒路斯提乌斯的这段话可以简述为：由于A的出现导致B，由于B导致C，C最终会导致non-A，即A→B→C→non-A的逻辑演进。在本书中，我将之称为共和主义自由与帝国的逻辑。

一　自由与共和国的强大

从A到B的论证很简单。在政治论文《论君主政治》中，阿奎那（1225—1274）赞同撒路斯提乌斯的观点，即，共和主义的自由导致一个自由国家的伟大。他是这样论证的：人们在君主统治下往往不大容易对公共福利发生兴趣……但如果不是一个人掌握公共利益，他们着手处理共同的事情时就觉得这好像是他们自己的事情……经验已经证明，一个每年更换其行政官吏的城市所作出的成绩，有时超过君主政体下的三四个城市；而一个国王强逼其臣民履

① ［古罗马］撒路斯提乌斯：《喀提林阴谋·朱古达战争》，王以铸、崔妙因译，商务印书馆1996年版，第113页。

② 同上书，第116页。

③ 同上书，第117—118页。

行的一些小事，比公民社会硬性要求的重得多的负担更难以忍受。罗马共和国在这方面提供了一个很好的榜样。[①] 莱奥纳尔多·布鲁尼（1369—1444）[②] 在对共和政治生活的赞扬中，也表达了共和国的自由与国家强大之间的关联。在《演讲集》中，他论述共和国的特殊优点是“每一个人都有同样的希望出人头地并靠自己的力量做一番事业”，而“一旦自由的人民有了出名和谋取权利的本领”，就能“焕发他们的才华”，最终造就一个强大而有效率的国家。布鲁尼同时代的重要的人文主义者波焦·布拉乔利尼（1380—1459）[③] 在1438年给菲利波·玛丽亚·维斯孔蒂[④]的信中谈到，“享有自由”，全体公民“同心同德共举大业”意味着佛罗伦萨人民已异乎寻常地“发愤图强”，以“培养各种美德”，正是这个原因，在“意大利众多著名的和宏伟的城市中”，没有一个城市“能在人才、博大精深的研究、公民的谨慎、良好的习俗或美德方面”超过佛罗伦萨。[⑤] 马基雅维利（1469—1527）也指出，“缺少自由的城邦，向来不可能扩张其地盘和财富”。雅典人在摆脱皮西斯特

---

① ［意］阿奎那：《阿奎那政治著作选》，马清槐译，商务印书馆2009年版，第54页。

② 莱奥纳尔多·布鲁尼（Leonardo Bruni），15世纪著名的人文主义者、历史学家和政治家。深受当时佛罗伦萨行政长官科鲁西奥·萨卢塔蒂（Coluccio Salutati，1331—1406）的影响和喜爱，他不仅翻译了大量的古典书籍，如普鲁塔克的作品，而且创作了大量作品，最著名的包括《新西塞罗传》（*Cicero Novus*）和十二卷本《佛罗伦萨人民史》（*Historiarum Florentini Populi*）等。参见孙锦泉《论布鲁尼的人文主义史学》，《四川大学学报》（哲学社会科学版）2007年第5期，第62—68页。

③ 波焦·布拉乔利尼（Poggio Bracciolini），意大利文艺复兴时期人文主义者，政治家。他曾发现了大量拉丁文手稿。在其大部分生活中，他与佛罗伦萨最具智识、最有影响力的人，如科鲁西奥·萨卢塔蒂（Coluccio Salutati，1331—1406）、莱奥纳尔多·布鲁尼、尼科洛·尼科利（Niccolo Niccoli，1364—1437）等人保持着密切的联系。布拉乔利尼留下了很多哲学与政治学的对话录，如《论贪婪》（*De avaritia*），《反对伪善者》（*Contra hypocritas*），《逸闻妙语录》（*Facetiae*），《佛罗伦萨史》（*Historia Florentina*），《书信集》（*Epistolae*），等等。http：//en. wikipedia. org/wiki/Gian_ Francesco_ Poggio_ Bracciolini.

④ 维斯孔蒂家族是米兰公国的名门望族，菲利波·玛丽亚·维斯孔蒂是米兰的维斯孔蒂家族最后一位公爵，后来米兰的雇佣兵队长弗朗切斯科·斯福尔扎娶了他的私生女比昂卡，以血统的名义要求米兰承认其地位，于1450年夺取米兰的统治权，自行宣布为公爵。

⑤ ［英］斯金纳：《近代政治思想的基础》（上），奚瑞森、亚方译，商务印书馆2002年版，第133—134页。

拉图斯的专制统治后，在100年里取得了丰功伟业；罗马人在摆脱国王以后，取得了辉煌成就，[①] 究其原因在于，成就城邦之丰功伟业者，不是个人的利益，而是共同的利益。只有在共和国，人们才会看重、施行、增进公共利益。只要把城邦的公共利益置于一切之上，那么城邦就会变得强大，并最终建立丰功伟业，取得辉煌成就。由此观之，自由导致共和国的繁荣，并最终使共和国名垂千古，此乃关于伟大帝国的结论。古典共和主义者在论证从A因导致B果的过程中，有这样几个关键的要素。

首先，自由提升公共利益。在君主制下，所有人都是君主的奴隶，所有人都为君主一人的私利干活，哪怕获得一点利益，那也是君主的赏赐，况且这种赏赐随时有可能被君主收回。因此，君主和民众的利益彼此冲突，民众缺乏主动性，国家必然“停滞不前，实力和财富不再增长”。[②] 然而，在共和国中，个人从被奴役状态中解放出来，获得公民身份，享有自由和平等。共和国成为人民的国家，你贡献一份力量，就能获得一份收益。并且这份收益是安全的，人们无须担心自己的祖业被侵夺，能够借自己的德性成为共和国的主人，那些“在暴君专制的城市里属于一家一姓的事情，在这里是全体人民们所勤奋研究的问题”，[③] 人们以巨大的公共热情，投身于共和国的公益事业，使得公共利益迅速增长，最终罗马在短期内实现了财富和人口的增长，并迅速扩张和强大。

其次，自由激发公民美德。在君主制下，主导社会基本关系结构的是支配与依附关系，这“一方面造成了［民众］奴性的精神状态，一方面又导致了［君主］狂妄的自大”，[④] 民众由于依附而导致恐惧，由于恐惧导致勇气匮乏，使得他们要么对支配者逢迎拍

---

① ［意］马基雅维利：《论李维》，冯克利译，上海人民出版社2005年版，第213页。

② 同上。

③ ［瑞士］布克哈特：《意大利文艺复兴时期的文化》，何新译，商务印书馆2002年版，第72—73页。

④ ［意］维罗里：《共和主义的复兴及其局限》，载应奇、刘训练编《公民共和主义》，第150页。

马；要么萎靡不振、逆来顺受，整个社会充满了腐败气息。然而，共和国建立后，国家开放了公共的政治空间，获得自由的公民有权筹划和实施“人民的事业”，在公民大会上，获得了平等的公民们用讨论和辩论的方式解决问题，公民在这里历练了公正、公开、审慎的政治美德。相反，那些依靠阴谋和谎言的人，不可能成为国家的统治者，因为在公共的政治空间里，阴谋和谎言必定会被揭穿。公民通过自由投票选举统治者，只有最富德性的人才能被当选。于是，在国家的公共生活中，勇敢、正义、坚韧、节制等公民美德就会得到张扬和效仿。结果，“公民在自由政府的体制下，每个人都将为光荣而奋斗”，由此得出的结论是，这样的国家“特别适合获取成就”。①

最后，自由培育爱国主义。在君主制下，民众没有爱国意识，因为君主是国家的唯一主宰，爱国就是爱君主，民众对君主的热爱是基于恐惧和免于伤害的考虑，而非自发自觉。故而，在君主制原则下不可能发展出一种一以贯之的爱国主义。相比而言，在共和国里，个人自由的获得与保持，以共和国的自由为前提，如果共和国陷入奴役状况，个人自由便无从谈起。“公民热爱共和国，能够做出美德行为，因为他们认识到共和国是其自由、安全和繁荣的基础；他们热爱国家和法律，因为他们感到共和国是他们自己的事业，因为他们意识到生活在共和国是他们自己的利益，当他们履行其义务时，不是如孟德斯鸠所言要牺牲其利益，而是在确保其利益之安全。”② 正是基于这样一种国家共同体利益与公民个体利益相互一致的理性考虑，共和国的公民才生发出对国家的忠诚和热爱。

---

① ［英］斯金纳：《自由主义之前的自由》，李宏图译，上海三联书店 2003 年版，第 42—43 页。

② Maurizio Viroli, *For Love of Country: An Essay on Patriotism and Nationalism*, Oxford: Clarendon Press, 1995, p. 73.

二　从共和国到帝国

由于公民享有自由后，极大地提升了公共利益、激发了公民美德、培育了爱国主义，共和国就变得繁荣和强大。当一个强大的共和国在具备一定的政治、经济、军事甚至文化上的实力后，便具备了走向帝国的条件。所谓帝国，是一个中性的政治哲学概念，一般指某一特殊历史时期在某个特定的国际范围甚至整个国际社会具有支配性或宰制性力量的主导型强国。在成就帝国的各种方式中，毫无疑问，征服是最便利的选择。通过征服，共和国能够迅速扩大主权、提升权力和富裕，快速增强其国际影响力和支配力，从而使得整个国家受益。马基雅维利相信，如果政府致力于达成公民能自由、幸福、安全地生活在共和国的目标，那么，征服就是一件非常有利的事。正是基于这样的信念，他对国家扩张的方案进行辩护。

在辩护之前，马基雅维利首先对扩张与非扩张的共和国作了类型学分析，区分了“守成共和国”与“扩张共和国”，并指出它们各自的命运和后果。近世初期的日耳曼人曾经一度遵循守成的制度，收敛自己的野心，禁止扩张，采取防御姿态，制定良好的内部法律。在马基雅维利看来，这似乎是成功的，但日耳曼地区采取守成的制度维持共和国的安宁有其独特条件，其他地方不具备这种条件，故不能采取这种共和国类型。[①] 更进一步，如果从“守成共和国”的历史发展态势来看，可能出现以下三种情况：第一，“守成共和国”是一个强大的国家，尽管不扩张、不称霸，但对于周边国家会形成一种政治上的潜在威胁，周边国家必定会采取行动以打破和减消这种威胁隐患。第二，随着商业逐渐繁荣、艺术日趋精细，在“守成共和国”中有意愿成为士兵的公民数量会不断减少和萎缩，最终，共和国的力量和权力就开始衰落，一旦共和国遭到入侵，自然会走向毁灭。第三，“守成共和国”最终无法抵制扩张的

---

① ［意］马基雅维利：《论李维》，第263—264页。

诱惑，但是由于长期的防御政策使得国家没有做好扩张的准备，将会不可避免地陷入衰败。

在对“守成共和国”的防御性特征、独特的风俗和文化心理条件及其消极后果的分析上，马基雅维利进一步阐述了他所赞许，甚至热衷的帝国式扩张模式。在他看来，帝国的扩张模式有三种：联盟、不平等结盟和征服。古代托斯卡纳人、亚该亚人、埃托利亚人或瑞士人采取联盟的方式，他们选择和若干共和国结为同盟，但彼此之间权力和地位不分高下；罗马人采取不平等结盟的方式，与其他共和国结为盟友，但除了罗马，其他共和国都没有发号施令的身份、帝国的地位和名号；斯巴达人和雅典人采取的方式是直接征服。马基雅维利认为，三种方式中罗马人的方式最为成功，因为它最终能够成就霸业，堪为帝国楷模，一个城市应遵从罗马模式，内在秩序井然，能够宰制外部环境。平民的反抗可能会动摇它，它的寿命也可能有限，但是它将取得辉煌，并主导时代潮流。托斯卡纳人的方式次之，虽不足以成大事，但却可以持国守业。斯巴达人和雅典人的方式最无效，他们因无法维持其获取的领土而终致覆灭。[①]

对托斯卡纳人的扩张方式，马基雅维利着墨不多。对斯巴达人、雅典人和威尼斯人的方式，他展开了猛烈的批评。他认为，若某一城市为了保持内在的和谐、安宁和稳定，而效仿威尼斯人战时不征用平民和斯巴达人不向外人开放人口的做法，前提条件是它没有扩张必要和抵制扩张的诱惑。历史教训在于，斯巴达虽然保持800年稳定，但底比斯人叛乱暴露了其意欲占领希腊所有城邦的野心；尽管威尼斯为了捍卫城邦—国家共同体的自由，拒绝了扩张的诱惑，但在1509年的阿纳迪洛之战（Battle of Agnadello）中随着其领土的丧失，一夜之间也失去其自由。因此，威尼斯和斯巴达式所展示的自由之象与和平之景只是暂时的，这种安全并非一劳永逸，随着共和国之必然扩张，一切终会失去。正因如此，马基雅维利断

① ［意］马基雅维利：《论李维》，第219—221页。

然指出："既然人们无法保持事务之间的平衡，也无法恰当地保持中庸之道，那么在为共和国创立制度时，必须看重更加荣耀的方面，在设立制度时假定，必然之势肯定引导它进行扩张，如此方可保住它将要获得的东西。"①

那么，堪称楷模的罗马人的扩张模式是如何展开的呢？"武装平民"和"承认外部人口为公民"是罗马成就霸业的两大扩张手段。马基雅维利热情洋溢地谈到，罗马人增加城市的居民数量，广交盟友而不是让人称臣，派遣殖民者到占领地，用战利品建设城市，用战斗而不是围困去征服敌人，维持公产丰盈和人民贫困，保持军队纪律。除了武装平民，还要接受外来者，"筹划将城市建成大帝国的人，应当倾其全力使人口众多；人口不众，不足以成就城市的大业。"因此，扩大帝国的正确方式是增加人口，其方式有两种："一是仁爱，二是武力。仁爱是指为打算来此居住的外邦人，保持道路的安全畅通，使人人都能自愿来此定居。武力是指通过摧毁周围的城市，使其居民到你的城市来定居。"②

从国家理性的角度来看，马基雅维利采取军事扩张来拓展疆域和增加人口，建立一个富裕的、强盛的帝国，在某种条件下是能够得到辩护的。但是，罗马人通过扩张实际上对其他政权实施支配，这种帝国统治的逻辑也面临着自身的政治正当性和合法性的压力。那么，面对罗马帝国因任意专断而遭受指责时，我们该如何证明帝国的正当性呢？这里，我们有必要在对帝国和帝国主义进行区分的前提下，为罗马帝国提供一种理论辩护。

首先，帝国以世界和平为志业，而帝国主义则以霸权争夺为志业。维吉尔在《埃涅阿斯纪》中塑造了罗马帝国的理想："罗马人，你记住，你应当用你的权威统治万国，这将是你的专长，你应当确立和平的秩序，对臣服的人要宽大，对傲慢的人，通过战争征

---

① ［意］马基雅维利：《论李维》，第 64 页。

② 同上书，第 217 页。

服他们。"[①] 在但丁看来，"世界和平是头等大事"，罗马为了改变外邦总是争闹不休，万民总是"谋算虚妄之事"，于是既依仗武功也凭借公理创造了"所向无敌、称雄世界的业绩"，为了让人类生活在和平之中，"造就普天下的幸福"，罗马建立了一个一统天下的世界政体，即帝国。[②] 在这样一个帝国中，罗马就像是一个裁判，确保弱小国家之间的竞争不会以战争的手段展开，从而实现和平的帝国秩序。与帝国在世界中不容易受到其他势力的挑战相比，帝国主义国家对世界和平持有深刻的怀疑，为了防止可能出现被其他国家支配的假想命运，帝国主义国家会在多级体系中努力争夺霸权地位。因此，帝国主义存在着好战竞争的特点。[③] 尽管，帝国秩序在其建立的过程中无法避免使用武力的情形，但是，由于其目标是以世界和平为志业，从而能获得道德的正当性。

其次，帝国以文明传播为使命，而帝国主义则以维护自身的超级利益为目的。跨过奥古斯都门槛，[④] 罗马帝国以在其统治区域内传播文明为己任，试图把帝国中心流行的"谦恕、勇敢、虔诚和公正"的高贵品德推广到帝国边缘那些反复无常、纷争无序的蛮夷之地。在这种历史使命感的召唤下，帝国的精英阶层常常把自身的利益，尤其是直接的物质利益搁置在一边，而愿意承担帝国施加于他们身上的约束和义务，这种帝国精英阶层为了帝国的长期存续而牺牲自身短期物质利益的行为逻辑，使帝国统治获得某种存在的意义和理由。罗马帝国成为世界历史的加速者，它给世界带来了文明，推动了社会向前发展。而帝国主义则完全没有这样的使命感，它既没有天下和平的善良意愿，也没有仁爱世界的道义担当，驱使它扩张的动力只不过是并不高尚的物质利益和它眼前的一己目的。

---

① ［古罗马］维吉尔：《埃涅阿斯纪》，杨周翰译，人民文学出版社 1984 年版，第 163 页。

② ［意］但丁：《论世界帝国》，朱虹译，商务印书馆 2007 年版，第 6、26 页。

③ ［德］明克勒：《帝国统治世界的逻辑》，阎振江、孟翰译，中央编译出版社 2008 年版，第 39 页。

④ 罗马帝国从扩张阶段到文明传播阶段始于奥古斯都，学界把这一分界线称为"奥古斯都门槛"。

最后，帝国以共同繁荣为目标，而帝国主义却以两极对峙为结果。实现共同繁荣是帝国证明其自身合法性的有力论据。于是，对贫困、野蛮、不幸的边缘地区而言，帝国秩序向四周扩张便成了一种善举。罗马帝国承认外来人口为公民，和帝国中心的公民具有同等的身份，实际上赋予了任何一位帝国居民都享有公共利益的均等机会和权益。罗马帝国所实施的筑路工程，尽管也有加快作战兵团调动以及军队物资供给的军事战略考虑，但长远来看，呈放射状从罗马向四面八方辐射延展的道路，促进了境内经济交流，并最终使得边缘地区受益。[①] 罗马帝国还对边缘地区直接投资，使边缘地区接近帝国中心的经济和文明水平。[②] 罗马人对居住在帝国边缘的群体和少数族裔的厚待，遵循的是帝国扩展的逻辑，而非帝国主义宰制的逻辑。帝国主义的本性是剥削性的，它只会奴役和剥削弱小国家，除了中饱私囊，根本没有任何同情心和仁慈感。

无论罗马进行帝国扩张的策略多么正确，但最终成就帝国的根本原因还是靠德性，而非运气。在《论李维》第2卷第1章，马基雅维利就指出，罗马人的德行体现在两个方面：一是罗马人从来不同时发动两场战争，这种处置方式混杂着德行、精明和运气；二是罗马人在攻城略地和守护疆土时总是寻找帝国的支持者和同盟者，就帝国的获得而言，德行的作用远大于他们的运气。那么，罗马共和国成就帝国伟业究竟有何种德行，使得它能够取得从来没有哪个共和国所能取得的巨大政治成就呢？

第一，罗马的建城者和立法者的德行，使得罗马能够维持其强盛刚健的帝国品格。首先，从罗马城的选址上看，足以彰显创业者的杰出德行。创业者选择在膏腴之乡而非贫瘠之地建立城市，该地

---

① 到罗马帝国后期皇帝戴克里先统治时期，罗马正规道路共达372条，全长8.5万公里，成为世界上最长最持久的纪念物，为罗马政治上加强统治、军事上对外扩张、经济上促进发展做出了贡献，不仅加速了被征服地区的罗马化，而且展示了罗马精神，传播了罗马文明。参见冯定雄《罗马道路与罗马社会》，中国社会科学出版社2012年版。

② ［德］明克勒：《帝国统治世界的逻辑》，第99—103页。

物产之丰，海陆之便最有利于扩张，最终成就帝国威名。[①] 其次，精明的立法者制定了不少良法，从而有益于自由的生活方式，创建了一个完美共和国。与利库尔戈斯一开始就为斯巴达制定了使之存续800年的共和制度相比，尽管罗慕路斯在建城之初只建立了执政官和元老院这两者制度，但后来由于机缘运气，平民对贵族的反抗促成护民官制度的建立。这三种统治形态各得其所，维持了共和国的国体稳固，为共和国的帝国扩张提供了有效的制度保障。[②] 最后，共和国的缔造者罗慕路斯“出于公益，而非出于野心”的德行，对旧制度进行彻底改造，建立新共和国。虽然他以非常手段建构共和国，大权独揽，先杀死自己的兄弟，后处死了共享王权的塔提乌斯，被后世封上“嗜杀”的恶名，但是，罗慕路斯此举“意欲增进共同福祉而非一己私利，不计个人存废而为大家的祖国着想”，最终创立了自由文明的生活。[③]

第二，气质各异的军事将领的非凡军事“德行”和“品质”，成就了罗马的帝国伟业。首先，共和国既有谨小慎微、适时拖延战争的法比乌斯，也有骁勇善战、迅猛大胆、适时赢得战争的西庇阿，他们能用自己独特的方式与时代协调一致，因势利导，取得战争的胜利[④]；既有统领士兵毫不留情、命令严酷、意志坚定、雷厉风行的曼利乌斯，也有对待士兵仁至义尽、仁慈处事、从不伤害他人的瓦勒里乌斯，他们都生活在罗马，有着同样杰出的德行，赢得了同样卓越的胜利和荣耀。[⑤] 其次，共和国拥有一支彪悍与德行并存的军队，在那里，德行成为制度，并加之以适当的方式、适时运用彪悍的气概，结果这种彪悍勇猛和德行使得罗马人能够战胜法兰克人，进而雄霸天下。[⑥] 最后，归根结底，无论是军事将领的德行

---

① ［意］马基雅维利：《论李维》，第47页。

② 同上书，第52页。

③ 同上书，第71—72页。

④ 同上书，第345—346页。

⑤ 同上书，第379—381页。

⑥ 同上书，第418页。

还是军队的德行，都是源自于共和国的德行，因为与君主国相比，共和国“有形形色色的公民和性情，”当共和国时局变化时，这些公民能够比君主更好地顺应时局，改弦易辙，采取不同的方式做事，故而共和国有着更强盛的活力、更长久的好运。①

第三，罗马的公民把爱国主义作为最高德行，在国家面临危机时，会不惜一切代价，保卫祖国。当执政官和罗马军队被萨谟奈人包围时，他们对罗马人提出十分羞辱的条件，罗马总督路西乌斯却认为，要不计荣辱、不择手段地保卫祖国。罗马公民在国家面临危机时，不会考虑其手段是残暴还是仁慈、是荣耀还是耻辱，只要能拯救生命，维护自由，就会把所有顾虑抛开。② 由此可知，罗马人认为，目的可以证成手段的正当性，尽管采取的手段可能是“恶行”，然而只要符合国家利益，最终将导致“善果”。因此，国家的共和福祉就是善的根本理由。执政官法比乌斯出于对祖国的热爱，“把私仇放在一边，为共和国的利益计”，任命独裁官科尔索，让他去帮助在攻打萨谟奈人时受伤的执政官马西乌斯。③ 成就罗马帝国的一个不可忽视的方面是，罗马拥有无数把爱国主义当作国家和公民的最高德行的优秀公民。

三　从帝国到自由的丧失

从前面关于帝国与帝国主义的分辨中，人们既能认识到两者之间的原则性差别，也能洞察到两者之间界限消弭的危险，这就是从帝国滑向帝国主义的危险。腐败和无约束的政治野心是帝国滑向帝国主义的直接原因。在分析罗马的鼎盛和衰落时，马基雅维利遵循了撒路斯提乌斯的权威分析。他不仅强调自由对于建立强大而繁荣的共和国的奠基作用，而且也发现了共和国由于扩张和壮大所衍生的腐化终必导致的自由丧失，并最终导致共和帝国的灭亡。马基雅

① ［意］马基雅维利：《论李维》，第345—346页。

② 同上书，第429页。

③ 同上书，第438页。

维利确信，强大的共和国不可避免地走向扩张，帝国之梦是共和国不可逃脱的宿命，尽管这必然导致自由的丧失。在这里，没有中间道路可走，只能在自由与帝国扩张之间抉择。马基雅维利钟爱罗马扩张模式的主要原因不是安全而是荣耀。那些致力于帝国伟业的国家，将为后世留下生动的历史画面、真正的荣誉形象，以及值得尊敬的永久记忆。在马基雅维利眼中，帝国的伟大是比帝国的稳定更高的善。

尽管扩张模式成就了罗马帝国的千秋伟业，但是马基雅维利意识到“扩张”这剂猛药的副作用也很明显，“若想做到人多势众，兵戈随身，足以创立伟大的帝国，那么你也会使他们获得一种品质，那是你无法按一己之方式加以治理”，共和国由此陷入纷扰嘈杂的境况之中。①“武装平民”和“承认外部人口为公民”固然为罗马的帝国扩张提供了紧急有效的兵源和武力，但由于缺乏足够有力的制度规制，武装起来的平民与仓促赢得公民身份的外部人口之间，各种矛盾冲突未能得到足够有效的调理和约束，特别是“扩张”心理所产生的对共和国政治美德和公民品质的腐蚀，迅速导致共和国政治伦理的下滑和社会团结的瓦解，最终导致罗马帝国内部的骚乱。而且，随着帝国的扩张离中心越远，就越需要无限期地延长军队将领的任期。这带来了两大弊端，一是“有统领军队经验的人越来越少，结果政治威望和政治权威被少数人所垄断”；二是“一个公民长期担任军队统帅，他会把军队争取到自己一边，使其成为他的朋党”。正是这一原因，给马略、苏拉和凯撒推翻宪政以可乘之机，结果，独裁主义者上台之日，便成了共和国丧失自由的厄运来临之时，于是，帝国便不可避免地陷入奴役状态。②

孟德斯鸠曾指出发动战争的理由仅“当一个民族看到继续保持和平将使另一个民族有可能来消灭自己，这时进行攻击就是防止自

① ［意］马基雅维利：《论李维》，第63页。

② 同上书，第387页。

己灭亡的唯一方法”。[①] 在此，国家被看作一个有机体，国家的生命和人的生命一样，为了生存有自卫的权利。但是，战争的权力必须严格限定在出于必要、出于自保、出于害怕被人毁灭的恐惧等，也就是说“出于严格的正义”，而非以“荣耀、尊严、功利等武断的原则为基础”。[②]

在孟德斯鸠看来，发动战争至少有三个谬误。谬误一：征服者有杀人的权利。孟德斯鸠认为，在完成征服以后，征服者就不再有杀人的权利，因为他已不处于当时那种需要自卫和自保的情况了。[③] 谬误二：征服者有权利毁灭社会，因此，征服者也有权利毁灭该社会的人。孟德斯鸠对此进行驳斥，认为这是由错误原则得出的错误结论。如果说社会可以灭亡，并不能说组成该社会的人也应该灭亡。社会是人的结合，而不是人；公民可以灭亡，而人仍然存在。[④] 谬误三：征服者有杀人的权利，因此，征服者有奴役的权利。在孟德斯鸠看来，征服是一种“取得，取得的精神就包含着保存和使用的精神，而不是破坏的精神”。[⑤] 既然征服的目的是保存，那么，只有当有必要保存征服成果时，才能有奴役的权利。但奴役不是征服的目的，只是达到保存的一种暂时性手段。永久性的奴役是违背事理的，在经过一定时间后，征服国与被征服国在习惯、婚姻、法律、交往和精神上达到某种程度的一致而完全联合起来时，奴役便应停止。[⑥]

然而，征服或殖民统治可以据此予以正当化，即，如果在一个国家里，腐化已经产生、法律已经停止执行、政府变成了压迫者，比如，富人通过诡计和技巧等不知不觉的手段进行掠夺，穷人饱受压迫和接受不公正待遇却无处申诉，那么，征服者以暴力对待该国

---

① ［法］孟德斯鸠：《论法的精神》（上），张雁深译，商务印书馆 2005 年版，第 163 页。

② 同上书，第 164 页。

③ 同上书，第 165 页。

④ 同上。

⑤ 同上书，第 164 页。

⑥ 同上书，第 166 页。

的暴政，改造该国的处境，就是合法的。

殖民统治有可能是宽宥的，也有可能是残酷的。殖民统治的宽宥往往体现在：征服者没有以前合法君主的要求多，人们所受的压迫反而减轻；甚至有的征服者以简朴著称，有可能把在合法君主统治时期被剥夺的东西还给人们；征服者可以把一个国家置于更英明的人的统治之下。殖民统治的残酷体现在：不是传播慈悲的宗教，而是鼓吹狂热的迷信；不是把奴隶解放成自由人，而是把自由人变成奴隶；不是废除野蛮的恶习，而是实施种族屠杀和全体灭绝。由此可见，殖民统治所带来的好处是微不足道、无关痛痒的，而其隐含的残酷性却令人耸人听闻、不寒而栗。正是因为殖民统治可能带来的好处和弊端之间的严重不对称性，孟德斯鸠小心翼翼地给出了关于“征服的权利”的定义：“征服的权利是一种必要的、合法的而又是不幸的权利，这种权利老是留给征服者一笔巨债，要他清偿对人性所加的损害。”①

共和国进行征服，发动战争，在何种情况下是能得到辩护，在何种情况下是不能得到辩护的呢？是否要对其发动战争进行限制？如果征服不可避免，要如何做才能最大限度地弥补过错呢？孟德斯鸠认为，在像瑞士那样实行联邦政制的国家，一个成员邦对另一个成员邦实施征服，是不道德的。如果一个民主共和国征服了一座城市，在母国实施民主政治，而在被征服城市实施专制统治，也是不道德的。正确的做法是，仿效罗马人，让被征服的人民享有民主，享有主权，享有特殊权益。如果一个民主共和国征服了一个民族，把这个民族仅仅当作臣属来治理，则是错误的。因为，由母国派出到被征服国实施统治的官吏，可能会因为享有过大的权力，从而危害母国的自由。②

在《马基雅维利与共和政治观》一文中，维罗里指出：“马基

① ［法］孟德斯鸠：《论法的精神》（上），第168页。

② 同上书，第169页。

雅维利推荐罗马模式，实质是在追求丰功伟绩的过程中，牺牲了政治生活（vivere politico）的本质。他准确地意识到，长远地看，追求伟大将导致城市自由的丧失。罗马的历史本身就提供了最好的例证。”[①] 从根本上讲，帝国的扩张逻辑与共和政体的制衡机制格格不入。国家一旦走上帝国扩张之路，往往对其恋恋不舍，因为它是财富和国家尊严的源泉。然则，公民自由却因此而面临威胁。尽管不乏像布鲁图和西塞罗那样的“共和国卫士”，以牺牲生命为代价来捍卫共和国，但却无法阻挡帝国逻辑的自我否定的演进趋势，最终导致政体之共和性质的彻底改变。作为罗马帝国扩张政策之不可避免的副产品——黩武主义，通过摧毁立宪政体、腐蚀公民美德、消解爱国主义，最终导致公民自由的丧失。

首先，帝国的扩张逻辑摧毁了保障自由的立宪政体。罗马自建立共和国以来，经过几个世纪的持续发展，基本上确立了权力制衡、立宪政体、固定任期制、共同执政等共和政治制度，这些制度的存在保障了人民的自由。在马基雅维利看来，罗马贵族与平民之间的不和，造就了罗马的强大。在基本上由贵族组成的元老院里，存在一系列的制衡制度，使得没有哪一个人能够拥有专断的意志力量，而护民官制度则保障了平民的生命财产。[②] 罗马复杂的政治系统使得贵族与平民之间的阶级斗争虽错综复杂却能基本维持均衡。然而，帝国的扩张使得军队成为罗马政治结构中一股日益膨胀却又缺乏有效制衡的新势力，军事首领们因在战场上取得显赫功绩而变得不可征服，从而为平民派将军的崛起铺平了道路。公元前43年7月末，屋大维军团的一名百人队长突然出现在元老院。他要求把空缺的执政官职位给他的将军。元老院拒绝了。百人队长把斗篷撩到一边，手按剑柄，警告说，“如果你们不让他做执政官，那么它

---

① Maurizio Viroli, “Machiavelli and the Republican Idea of Politics”, in Gisela Bock, Quentin Skinner, Maurizio Viroli eds., *Machiavelli and Republicanism*, Cambridge University Press, 1990, p. 158.

② ［意］马基雅维利：《论李维》，第56—57页。

（指他手中之剑——引者注）会。”于是，屋大维成了罗马执政官。[①] 后来，屋大维用帝国独裁制取代了共和制度，改变了罗马的政体，元老院名存实亡，绝大部分元老由他一人选定，元老再也没有言论自由，对皇帝的提案做出表决也纯粹流于程式。虽然罗马军队仍然举着元老院和罗马人民的旗帜，可是，被尊称为奥古斯都的屋大维的命令却高于一切。[②] 随着共和立宪政体的消亡，再也没有任何制度来保障人民的自由了。

其次，帝国的扩张逻辑腐蚀了具有实践自由之活力的公民美德。罗马共和国时期的公民，无论在家里还是在战场上，都十分注重培养美德：在家里，生活简朴，对朋友真心诚意；在战场上，公民之间不会争吵或不和，他们比的是谁更勇敢、谁能成就更多功业，而非财富的占有和权力的炫耀。他们通过和平时期的公正与战争时期的勇敢，来省察自身、监督国家，实践自由。[③] 然而，随着帝国的扩张，野心和贪欲蔓延开来。苏拉为了赢得军队的忠诚，竟然允许士兵过骄奢淫逸的生活，放松纪律的约束。罗马人民的军队学会了谈情说爱、饮酒作乐，在温柔乡一般的、可以纵欲的国土上过着无所事事的日子，最终士兵的军事美德——如，勇敢、忠诚、爱国、不怕牺牲等——无可奈何地委靡下来了。[④] 马基雅维利也引用李维的话，说明罗马人占领卡普阿之后的道德败坏，“卡普阿这个最不利于严肃军纪的享乐窝，让士兵们乐不思蜀”，接着又引用尤维纳利斯的《讽刺诗》来描述这种德性腐败：“纸醉金迷之风盛行于他们的家乡，为被征服的世界报了仇。”[⑤] 除了在战场上，在国家内部也弥漫着腐化之风。国家的伟大给个人带来了巨大的财富，

---

① ［美］霍兰：《卢比孔河：罗马共和国的胜利与悲剧》，杨军译，上海远东出版社 2006 年版，第 217 页。

② ［美］约翰逊：《帝国的警钟：美国共和制的衰亡》，周洁译，生活·读书·新知三联书店 2009 年版，第 70—71 页。

③ ［古罗马］撒路斯提乌斯：《喀提林阴谋·朱古达战争》，第 115 页。

④ 同上书，第 117 页。

⑤ ［意］马基雅维利：《论李维》，第 264—265 页。

罗马人手中那种无限增长的财富引起了一种空前的奢华和浪费。最初由于自己的财富而堕落下去的人，后来却由于自己的贫穷而堕落了。那些拥有超出自己所需的豪富者，很难做一个好公民；而挥霍掉巨大财产却又对过去豪富日子念念不忘的赤贫者，则什么坏事都做得出来。① 于是，共和国的堕落终于导致帝国世界的腐烂。

最后，帝国的扩张逻辑消解了捍卫自由的爱国主义。在共和国发展的中期，罗马军团由征募来的小地主组成，这是名副其实的公民所组成的军队。并且，罗马规定，只有拥有特定数量财产的人才有资格服兵役。也就是说，从国家得益较多者也必须承担起相应的保卫自由共和国的责任。这些根系土地之人，作战最勇敢、最顽强，几个世纪以来所向披靡。而且，按照传统，战争之后，军队立即遣散，士兵重回农庄。② 因此，对这些人而言，为共和国自由而战是公民应尽的神圣义务，在他们内心深处，始终保持着对土地、对国家的热爱，而非对军队、对首领的依附。然而，随着帝国势力越来越大，扩张地域越来越广，使得常备军队成为必需，随着马略改革军队，废除以前的义务兵制度，而代之以职业化军队制度，军人成为一种职业。"在公元前 1 世纪末，意大利的农民几乎完全消失了，新贵和骑士由于内战大都死掉或是破产了，代替他们的是一些新的社会集团：新的富豪、流氓无产者、军事殖民者，他们和旧的共和国毫无关系。相反地，他们的存在都和军事帝国和共和国末期的那些胜利的统帅有密切的联系。"③ 从此，土地不再是成为军人的必要条件，大量无产无业者获得了一项新的职业选择，而长达 20 年以上的兵役合同，使得指挥官作为部下的赞助人得到了士兵的效忠。就这样，一种新型的附庸式军队建立起来了。士兵不再是共和国的自由卫士，而是野心勃勃之人问鼎权力顶峰的专制工具，最终，爱自由、爱共和国的信条被渐渐瓦解，取而代之的是甘愿被奴

---

① ［法］孟德斯鸠：《罗马盛衰原因论》，婉玲译，商务印书馆 2009 年版，第 60 页。

② ［美］约翰逊：《帝国的警钟：美国共和制的衰亡》，第 64—66 页。

③ ［俄］科瓦略夫：《古代罗马史》，王以铸译，上海书店出版社 2007 年版，第 565 页。

役、盲目追随指挥官的自我主义的生存准则。

第二节 自由与帝国逻辑的现代演绎

撒路斯提乌斯和马基雅维利通过古罗马共和国的兴衰揭示了自由与帝国的逻辑进路：如果不支持一种自由的生活方式，共和国永远都不能获得伟大，然而，随着共和国的强盛和壮大，以及不可避免地走向扩张主义的军事帝国道路，最终又将导致共和国和公民自由的丧失。现在的问题是，从自由到共和国的伟大，再到共和国的帝国之路，最终到自由的丧失，这一逻辑是否具有历史必然性？这一逻辑是否是历史演进的唯一进路？如果不是，如何改变这种逻辑？共和主义的目标是探究以何种形式、方法、机制来确保一个强大而稳定的共和国，既寻求和保证自由，也鼓励追求和彰显伟大，还能有效规避滑向帝国扩张的恶果。因此，无数共和主义者都在寻求如何确保共和国不走向自由的反面。也就是说，在 A→B→C→non-A 的逻辑进程中，如何使得共和国不走向 non-A 的结果，从而保证共和国能够成为一个强大而又文明的共和国。

按照撒路斯提乌斯和马基雅维利的推断，罗马的灭亡归咎于帝国的扩张。罗马共和国走上强大之路是通过军事扩张而迅速强大起来的。帝国的伟大所带来的无限荣耀遮蔽了过度扩张所带来的奴役性后果。

一 孟德斯鸠、戴维南特和麦迪逊

在《论法的精神》中，孟德斯鸠（1689—1755）对此作出了独特的分析论证。他指出，君主们开始意识到，现代社会的发展使得贸易发生了新变化，商业带来了新繁荣，原来马基雅维利所尊崇的、依靠强大军事力量尤其是步兵所开创的帝国繁荣的伟大事业，是可以通过商业扩张来完成的。于是，人们开始医治马基雅维利主义，开始抛弃马基雅维利“所谓政治上的妙计”。[①] 供职于政府部门的马基雅维利长期生活在贸易发达的佛罗伦萨，他本人也亲历了美第奇家族通过富有而获得统治权的历史时刻，他经常拿来与佛罗伦萨对比的威尼斯也是通过贸易建立起来的。但是，在国家事务中，他几乎把大部分关注点集中于各种形式的军事原则的论述，而丝毫没有考虑到贸易这种重要的国家事务形式。和马基雅维利一样，尊崇古典的共和主义者往往把军事扩张当作共和国主要的国家理性，商业被视为“贱人的职业”“狡诈的人的职业”，长期处于困苦、沮丧和边缘的地位。为了阻止商业，叙拉古（Lycurgus）制定的法律甚至禁止货币交易。然而，马基雅维利大概没有预测到，一个多世纪后的现代世界，逐渐从共和主义习俗的古老世界跨入商业社会，商业或贸易一跃成为世界新的宰制性力量和更为显要而有效的国家理性。在欧洲国家，佛罗伦萨、威尼斯、荷兰共和国的早期近代化经验中所展示的商业的伟大力量，从17世纪开始逐渐在英国共和主义传统中展开。对这一时期的英国共和主义者而言，他们接受了现代国家理性的一个主要信条，即贸易提供了战争的经济支持，而战争是通向伟大的途径。英国共和主义与古罗马共和主义的重大区别在于，商业开始成为共和国的主要政治原则。

查尔斯·戴维南特（1656—1714）在其所出版的5卷本关于政治和商业的著作中，表达了对外贸易作为国家政治权力之源泉的观点。尽管“贸易总体上可能有害于人类，因为它带来了奢侈和贪婪”，[②] 但是戴维南特深刻地意识到，商业发展已成为不可阻挡的发展态势，对于像法国、西班牙、意大利、荷兰这样沉溺于其中的现代欧洲国家而言，贸易是一种“必要的恶”。现在，商业成为稳定和伟大的唯一保证。既然斯巴达的模式不再可行，罗马的军

---

① ［法］孟德斯鸠：《论法的精神》（下册），第65页。

② Charles Davenant, *The Political and Commercial Works of Charles Davenant*, LL. D. ed. Charles Whitworth, 5 Vols, London, 1771. I, 30.

事扩张模式又导致自由之丧失，于是，威尼斯式的商业共和国模式就成为替代性选择方案。未来要以贸易之名，而非以军事之名，来进行扩张事业，实现共和国的伟大。“除非我们增加船只和培养航海员，否则我们永远不可能获得安全”。[①] 不需要罗马的大量常备军，不需要扩张的军事命令，不需要通过强有力的将军控制平民政府，新的帝国将凭借航海员，在国际权力政治的竞技场中保持领先和稳定。海洋帝国就这样在不威胁自由的情况下，也能创造伟大。大卫·休谟（1711—1776）在《论商业》一文中发现，古代国家的兵力比现代国家强大的原因是没有商业和奢华生活。但是，随着人类事务的发展，这种情形已经表现出完全相悖的趋势，即一个国家的强大及其子民的幸福，与商业密不可分，个人在从事商业获得财富的同时，也从社会公共权力中获得了更多的安全感，社会亦因个人的赋予和商业的扩展相应地变得强大起来。[②] 由是观之，从这个时候开始，共和国的伟大，已经不只是从军事势力上来看待和衡量，而是从另一个重要维度，即经济实力上来衡量了。这是对撒路斯提乌斯和马基雅维利关于自由导致伟大之政治哲学理念的一个重大修订。

既然商业现代化与帝国扩张之间的相关性已经无可争议，让我们再次回到马基雅维利借以论述自由与帝国之关系的古罗马语境。麦迪逊认为，“罗马的自由证明是其军事胜利的最后牺牲品，而欧洲的自由……是其军事建制的牺牲品。因此，常备军是危险的……其后果可能是致命的”。要减少那种不利于共和国自由的危险，必须实行宪法治国，“宪法所巩固和保卫的联邦本身，消除了可能造成危险的军事建制的种种借口”。[③] 1776 年，13 个美洲殖民地反抗英国统治而宣布独立。1776 年及 1777 年，大陆议会曾两度授权给

---

① Charles Davenant, *The Political and Commercial Works of Charles Davenant*, II, 275.

② ［英］休谟：《论政治与经济》，张正萍译，浙江大学出版社 2011 年版，第 130—137 页。

③ ［美］汉密尔顿、杰伊、麦迪逊：《联邦党人文集》，程逢如等译，商务印书馆 2010 年版，第 208 页。

华盛顿率领独立革命军的最高权力，独立战争结束后，许多人曾支持一种赞成永久军事独裁制的政治运动，这种运动醉心于专制政体，祈求对社会动乱以残暴制服，而不相信民众理性及公开讨论可以作为治理政事的法门。然而，华盛顿却选择了建立宪政政府，这种政府区别于恺撒大帝、拿破仑和希特勒等集权专政不负责任的政府，它尝试建立一个由计划、提议、讨论和公民投票的政府。[①] 美国独立革命的结果是建立一个文人主治的共和宪政而非军人独裁的专制政府，而这正是对马基雅维利自由与帝国逻辑进路的新阐释和新的截然不同而又被现代两百多年的历史证明了的更为优越的替代性方案。

在解决马基雅维利关于共和国的派系之争的难题时，麦迪逊同意，民主常常是混乱的和派系的。他相信，既然“党争的原因不能排除，只有用控制其结果的方法才能求得解决”。纯粹的民主政体（直接民主）所蕴含的动乱、争论，不仅不能制止派别斗争，反而常常由于暴亡而夭折。但是，代议制政体却比直接民主能够更好地保护，而不是威胁共和国的稳定。麦迪逊提出，同民主政府相比，共和政府能管理更多民众和更辽阔的国土。社会越小，结党营私就越便利，危害就越大；社会越大，结成党派采取一致行动的难度就越大，就越容易控制党争。因此，一个扩张的共和国，能够改善派系，帝国本身会保护自由。“在联邦的范围和适当结构里，共和政体能够医治共和政府最易发生的弊病”。[②] 在联邦党人那里，我们发现了一种改变自由与帝国逻辑进路的补救方案，即在坚持现代商业扩张对军事扩张替代的基础上，通过建立共和宪政，来保护大众自由，维持共和国的稳定，抵御扩张的共和国可能带来的无序、暴力、无政府或专政乃至暴政的危险，从而发展出一种把“守成的古典共和国的稳定”与“现代地域国家的扩张”结合起来的逻辑

① ［美］比尔德：《共和对话录》，杨日旭译，东方出版社 2008 年版，第 23—24 页。

② ［美］汉密尔顿、杰伊、麦迪逊：《联邦党人文集》，第 48—51 页。

进路。

然而，无论是罗马、英国，还是美国，其自由与帝国逻辑的本质都在于：在国内保持自由民主的宪政体制和在国外实行专制扩张的帝国体制之间的对峙紧张。在国内，政治领袖们要对元老院、国会负责，受到各种选举体制的制约。然而，在国外，帝国的将领却对行省、殖民地或附属国行使绝对权力。帝国要想取得成功，最终要把国内的共和制度或民主制度转化为专制制度，罗马共和国由屋大维实现了这个转化，最终丧失了自由；英国为了保留自由，最终在殖民地风起云涌的反抗中摒弃了帝国及其军备，使近代英国在丧失帝国之伟大的同时，也逃过了自由丧失的劫数。美国在共和国建立之初，制宪会议的制定者在吸取罗马和英国经验的基础上，建立了以文人主治的立宪政府来抵制海外军事扩张的诱惑。然而，随着历史的发展，从其当今在世界各国的表现来看，美国亦无法抵制共和国走向帝国的永恒诱惑。然而，无论其现在经济军事势力多么强大，无论其“文明使者”的形象多么光辉，如果超级帝国不放弃扩张的野心，不摒弃宰制世界的妄想，不超越单边主义和帝国主义的冷战思维，那么，它最终也难逃自由与帝国的逻辑宿命。

二 自由与帝国之间和之外

泛古罗马帝国自兴到衰的历史演变，以及从古罗马帝国到近现代英美帝国的交替演变中，我们不难洞察到多种复杂的、或明或暗的政治逻辑演绎脉络，其中，国家内部公民自由/权利的创造力与帝国外部政治/军事的扩张性之间所展现的自 A→B→C→non-A 的政治逻辑，以及该政治逻辑演变所蕴含的诸多具有一般政治哲学意义的国家或国际政治含义，尤其值得反思，甚或有助于我们获取某些具有普遍意义的结论。依据本书前述的论说分析，兹归结概述以下几点。

其一，就国家政治而论，全体公民自由（权利）的充分而理性的运用是创造国家繁荣和强大的根本政治资源和动力。这一点不仅为古罗马帝国成长强大的历史经验所证实，也在近现代英美帝国的形成发展中获得充分体现。另外，如果说政治专制和政治腐败是罗马帝国由强盛走向衰败的政治祸根，那么，它恰恰反证了公民自由（权利）的创造性力量之于国家强大的根本意义。因此，与之相关的一个直接推论便是，政治腐败和政治专制不仅是公民自由（权利）的敌人，也是国家政治文明和国家繁荣强大的敌人，因而是绝对的政治之恶。

其二，帝国的逻辑具有某种和资本逻辑相似的本性，即无限扩张的本性。国家的繁荣和强大是每一个健全国家的理性要求或合理目标。如果我们把“帝国”界定为特定历史和社会条件下具有国际区域性，乃至世界性宰制力量或国际影响的强大国家，那么，从强国走向帝国便是一种合乎政治逻辑的演进。问题的关键在于，这一政治逻辑的演进是否有一定限度？若有，限度何在？又如何普遍有效地确立这一限度并确保该限度不被突破？本书认为，强国与帝国之间是有严格界限的，一个由政治理性或社会公共理性所支配的强国并不必然承诺（commit）帝国的宿命，更不会滑向帝国主义的毁灭性灾难性后果。“帝国”可以在中性的意义上使用，在此意义上它类似于“强国”。但帝国的逻辑却是理性化强国逻辑的反面，作为阻止帝国逻辑演进之关键条件的国家政治理性即是民主社会的公共理性，亦即以保护国家全体人民之基本自由（权利）为目的的政治理由，它既是公共的，也是根本的，任何对这一政治理由（理性）的冒犯或僭越都是违反人民根本利益的政治腐败。因此，帝国的逻辑及其所趋向的帝国主义不仅是国际政治生活中的恶，也是国家政治生活中的恶。然而，问题的复杂性在于，人们常常容易认清和确认这种恶的国际政治面目，却不易认清和断定其国家政治的面向，在许多时候和情形下，一些国民甚至有可能囿于狭隘的民族主义而把帝国的逻辑，甚至是帝国主义视为政治上理所当然或伦理上意所应然的政治之善，或者说，是所谓政治之“必要的恶”。屋大维手下的百人队长之所以敢于持剑逼宫，至少部分原因正在于此。

其三，帝国的逻辑扩张在国家政治生活中是对公民自由（权利）的威胁，在国际政治生活中是对世界和平的威胁。历史的教训告诉我们，帝国的逻辑既不是自由的逻辑，也不是人类和平的逻辑。因此，在从自由向繁荣强大、进而从强大向帝国的逻辑演进中，必须以强有力的政治约束阻断从强国滑向帝国和帝国主义的逻辑扩张，以始终确保公民的自由（权利）不受任何政治腐败和政治专制的侵害，同时维护人类世界的和平与秩序。同样，历史的经验证明，这种维持强国发展逻辑的政治目标是有可能的，尽管同样也是有严格条件或前提的。在两千多年的中国传统政治文明进步历史中，中华民族作为一个统一而强大的文明古国，在绝大多数时间里都处于世界文明的前列，然而却极少充当帝国扩张的角色，因之被广泛誉为爱好和平的“礼仪之邦”。诚然，在现代社会语境中，国家的强大和帝国的逻辑都具有不同的内涵和理解：当现代人类世界已然将社会达尔文主义作为一种普遍的政治信条和行动准则时，强国和帝国之间的界限便变得越来越模糊不清，以致颠倒，因为现代社会所信奉的“丛林规则”正是社会达尔文主义和政治帝国主义的核心原理。

其四，必须承认并确认，国家的强大是每一个国家公民所欲求的政治理想，因为每一个国家公民都期望并乐于分享国家强大所带来的光荣与尊严。这意味着，每一个国家公民都不仅拥有其平等的自由权利，也必须承担相应的对国家这一政治共同体的政治义务即公民义务。在此意义上，国家利益同时也是每一个公民的利益，这是爱国主义作为一种政治美德的主要依据。然而，帝国扩张给每一个公民所带来的却不是荣耀和尊严，而只能是羞耻、灾难和痛苦，现代德意志帝国、日本帝国等都可作为显证。是故，理性地反思和批判本书所论证的从 A→B→C→non-A 的逻辑，既是现代政治哲学的主题，也是每一个作为“政治动物”的国家公民所应当具备的基本政治理性，用约翰·罗尔斯的话说，它属于公民所必须具备的两种基本能力，即“善观念”和“正义感”的能力。

第五章

公民友爱与政治秩序

作为古典社会和现代社会的分水岭，法国大革命把“自由、平等、博爱”作为其思想旗帜，这标志着现代民主社会核心价值目标的形成。然而，对于“自由、平等、博爱”，前两者都受到了广泛关注和讨论，但后者却长期被现代思想家所忽略。本章通过集中阐释古典公共友爱及其向现代私密友爱演变的历史轨迹，以及公民友爱具有何种政治意蕴和价值的理论纷争，阐明并论证共和主义公民友爱理论是现代社会增进社会团结、提升社会交往的一种重要公共伦理资源。

第一节　友爱及公民友爱

首先，我们必须要考察的几个问题是，什么是友爱？友爱究竟只是纯粹个人之间的事情，还是也可以存在于并不相识的公民之间？友爱的存在样态是分散的，还是聚合的？

一　亚里士多德

在古希腊，φιλία 一词具有丰富且重要的含义。它意指两个人之间的友爱关系，这既包括基于血缘的亲缘关系、基于朋友的伙伴关系、基于招待的主客关系，也包括基于青睐的性爱关系。它的使用范围极其广泛，既可以用于同性，也可以用于异性；既可以用于一般关系，也可以用于亲密关系；既可以用于家庭内，也可以用于家庭外；既可以用于商业关系，也可以用于政治关系。在英文中一般用 friendship，中文则用“友爱”或“友谊”来翻译 φιλία，但无论是英文还是中文的翻译都不能表达希腊词 φιλία 所具有的丰富含义。①

按照亚里士多德的分类学，友爱的划分有两个维度。一是按照友爱双方的角色和社会身份来划分，可以划分为私人（个人）友爱和公共（政治）友爱，如相互爱慕的人，父母和子女之间的友爱属于前者，而自由、平等、独立的公民，具有政治身份的人们，党派成员，以及政治家之间的友爱则属于后者。二是按照友爱过程中交换的质量来划分，可以分为有用的友爱、快乐的友爱和美德的友爱。公民友爱（πολιτική φιλία）应归类为一种“有用的友爱”（NE IX. 6 1167b 2—4），包括互惠互利、互相信任、彼此善待。

尽管公民友爱只是有用的友爱中的一种，却是希腊城邦中公民所践行的一种最重要的友爱。亚里士多德指出，若没有友爱（φιλίας），则不成为社会（κοινωνίας）；如果政体（πολιτικηs）是具有友爱和社会这两个因素，就能运转良好，这样的政体就是最好的政体（Pol. XI. 11 1295b 23—30）。一个社会，如果富裕的人统治贫穷的人，作为一种阶级现象，富人的蔑视和穷人的嫉妒就会导致仇恨，因此，友爱这样一种情感，必然预示着只有在大量中产阶级掌权的情况下，才可能普遍地存在（Pol. XI. 11 1295b 23—30）。另外，政治的，或曰公共的，在今天看来褒贬参半，从公民具有自由意志，自觉承担公民义务，投入公共生活来看，希腊城邦政治具有开创性意义；而从公民是由免于日常生计的、既非奴隶也非女人的男性所组成这一角度来看，友爱的政治似乎可以替换为男性政治。

---

① 廖申白：《友爱在希腊生活中的意义》，《河北学刊》2000 年第 2 期。

城邦，是一个组织良好的政体，不只是生活在同一地区的居民团体的自然存在，或是为了“便利物品交换以促进经济的往来”而存在，甚至也不是为了“寻求互助以防御一切侵害”而存在，其应该为优良的生活（living well）而存在。对于公民个体而言，积极参与共同体的所有方面，立身立国以营善德，就是最优良的生活（Pol. VII. 1 1323b 40—41）。推而言之，道德美德和智识美德的实践生活，最好是采取“公共的”形式，这样的生活不仅于城邦有益，也预示着在城邦的共同生活中，公民之间必然会结成一定的关系。在优良政体中，这种关系就是公民友爱（civic friendship，ἡπολιτική φιλία）。公民友爱绝不是一种无基础的微小变量，它对于公民幸福和城邦的幸福具有重要的意义。同样，城邦要通过各种政治和社会制度，既要致力于提供丰腴的物质产品，也要为公民实践其高尚的、优良的品质和性格提供完全的、最大限度的发展。

公民友爱在《政治学》（*Politica*）中出现过两次，即在卷 V 第 9 章的 1309b 9 使用的是（philia to politeia，φιλία τῇ πολιτεία），对政体的热爱，国内译本翻译成“忠诚，效忠”；同样的用法出现在卷 II 第 8 章的 1268a 24 中，即“效忠于政体”。在《尼各马可伦理学》（*Ethica Nicomachea*）中出现过四次，即卷 VIII 第 12 章的 1161b 13、卷 IX 第 1 章的 1163b 34、卷 IX 第 6 章的 1167b 2—4、卷 IX 第 10 章的 1171a 17。在《尼各马可伦理学》中，亚里士多德明确指出，公民友爱（πολιτική φιλία）应归类为一种“有用的友爱”（advantage/utility friendship，κατά τό χρήσιμον）（NE IX. 6 1167b 2—4）。不过，在其他地方，亚里士多德并未对此加以如此明白清晰的表达。同样的情况，暗含在卷 IX 第 9 章，这章主要是讨论公民友爱，尽管不是冠以公民友爱，而是冠以别的名字，他强调了公民共同体的重要性，在这个共同体中，友爱是合适的，其形成和维持是由于那些属于共同体的人的共同的利益。在《尼各马可伦理学》卷 IX 第 9—12 章中，亚里士多德用了很大的篇幅来讨论这种公民友爱，尽管公民友爱只是有用的友爱中的一种，但却是其中最重要的一种友爱，他绝不是把公民友谊视为无基础、独立利益的一种微小变量。在《尼各马可伦理学》中公民友爱的优先性，以及亚里士多德赋予它的重要性是显而易见的，因为《尼各马可伦理学》卷 IX 第 9—12 章的内容概述了亚里士多德《政治学》所阐述的政治理论的中心思想。相应地，我们可以断定亚里士多德在《政治学》中自己的证明，即公民友爱扮演了一个至关重要的角色。

在《政治学》卷 III 第 9 章，亚里士多德明确地指出，城邦不仅不为生活而存在，也不是为了“便利物品交换以促进经济的往来”而存在，或是为了“寻求互助以防御一切侵害”而存在。因此，一个城邦不只是生活在同一地区的居民团体，也不是便利交换的经济团体，或者是防止互相损害的军事团体。以上条件只是城邦存在的必要条件，而非充分条件。既然城邦不采取经济模式和军事模式的话，应该采取何种模式呢？显然，应该是政治的模式。

那么，这个意欲组织良好并保持良好政治秩序的城邦，究竟应该以什么为目标呢？当亚里士多德说，城邦应该为优良的生活（living well ）而存在，而不仅仅是为了生活，或共同生活。毫无疑问，家庭和部族生活在城邦出现之前就已经存在，是一种前政治生活方式。人们的共同生活限于，在第九章的后半部分，通过对公民同胞之间的特定联系的本质和源泉的分析，亚里士多德暗示了对这个问题的回答。亚里士多德相信，城邦应该为优良的生活而存在，其目的是“促进善德”。从构成上来看，“城邦是若干生活良好（living well）的家庭或部族为追求自足而且至善的生活（a complete and self-sufficient life），结合而构成的”（Pol. III. 9 1280b 33—3）。城邦中的“优良生活”与公民个体的“优良生活”存在差异，其目标在于家庭和部落构成的“优良生活”。个体公民仅仅是以这种或那种方式来受到影响。

那么，一个共同体的优良生活是否就意味着其个体成员也能过上优良生活呢？在所有政体类型中，组织良好的政体形式，尤其是君主制和贵族制，通过各种政治和社会制度，城邦既要致力于提供丰腴的物质产品，也要为公民实践其高尚的、优良的品质和性格提供完全的、最大限度的发展。[①]

没有这两个条件，城邦自身也不能获得“优良生活”。当然，在任何一个城邦，无论它取得多大的成功，由于每个公民自然能力的先天局限性，许多公民，甚至是大多数的公民并不能获得最大限度的完善。因此，在最低程度上，在最好的、最成功的城邦中，一种优良生活被提供给具有示范性影响的个体，这部分人的数量注定不会太多，而其他人则由于其自然局限性，只能过他们所能设法过上的一种大致优良的生活。

不过，基于以上分析，我们可以更进一步。按照亚里士多德的理论，当公民友爱激发共同体的生活时，这意味着，即使那些天赋不高的人，也能分享天赋很高的人的生活。以这种方式，无论是通过公民个体直接的自我活动，还是通过参与到城邦生活（城邦生活主要是由公民的活动所构成），所有的公民都将过上一种积极的、

---

① 在《政治学》和《尼各马可伦理学》中，亚里士多德并没有详细讨论一个组织良好和运行良好的城邦如何鼓励个体的道德提升。也许，我们首先想到的是，为了保证公民的恰当行为，应该诉诸法律，如果在法律的引导下，公民总是去做正确的行为，那么，最终将有助于道德美德的获得。在《尼各马可伦理学》中，亚里士多德谈到了法律对保持共同体幸福以及公民行为的公正的积极作用，“法律还要求我们做出勇敢者的行为，如不擅离岗位、不逃跑、不丢弃武器，做出节制者的行为，如不通奸、不羞辱他人，以及做出温和者的行为，如不殴打、不谩骂。在其他的德性与恶方面，法律也同样要求一些行为，禁止一些行为”（《尼各马可伦理学》，V.1 1129b 20—25，第129—130页）。然而，同等重要的事实是，在一个充满着公民友谊的城邦中，成熟的公民彼此关心对方的道德品质，并相互激励，每个人通过恰当行为，来表达和展示其优良品质和高尚道德风貌，这种相互激励、相互教育正是城邦中公民生活的核心组成部分。无论法律是要求还是禁止他们做什么事情，他们都会做出恰当的行为，在某种意义上，公民友谊所具有的道德教育功能独立于法律。

完善的、自足的生活。[①]

每个家庭或部族的自足和至善，促成了全城邦的自足和至善，也即人类真正的美满幸福。尤为重要的是，他明确指出，在由家庭和部族所组成的城邦的社会生活，诸如婚姻关系、氏族祠坛、宗教仪式、社会文化活动中，友爱起着重要作用。[②] 在这里，亚里士多德给友爱下了一个定义，即在与他人共享生活中所作出的审慎决定。

城邦是一个共同体，在这里，公民之间所结成的友爱，不仅是基于共同的经济利益，而且尤为重要的是真心地出于为他人好的善意。政府致力于提升公民的共同善，基于特殊的公民友爱的特征，形成政治联系，这种友爱的特质是形成政治纽带。

为了明白公民友爱是什么，我们必须首先弄清楚这一事实：虽然亚里士多德在《尼各马可伦理学》和《欧谟台伦理学》中把公

---

① 在《政治学》第 VII 卷第 4 章亚里士多德对理想城邦进行了讨论，不过在此之前的导论中，即第 1—3 章，他讨论了人类最崇高生活的性质、城邦幸福和个人幸福是相同还是相异、获得幸福是应该入世还是应该出世的问题。亚里士多德设想了理想的、完美的城邦，如人民的数量和品质，人民所居住的土地、自然资源等。在第 1 章，亚里士多德说，“我们可希望最优良的生活应当寓于各邦在现实情况下所可达到的最优良的政体中”（《政治学》，VII. 1 1323a 17—19，第 339 页）。在随后的第 2 章，他又说，“关于优良的政体，有一点是大家明白的：这必须是一个能使人人［无论其为专事沉思或重于实践的人］尽其所能而得以过着幸福生活的政治组织”（VII. 2 1324a 23—25，第 344 页）。当他提出“城邦幸福和个人幸福究属相同还是相异”（VII. 2 1324a 5—7，第 343 页）的问题时，他的意图是什么？他并非要关心幸福对于城邦和个人的意义问题，而是关心城邦的幸福和参与其中的公民的幸福的一致性问题。关于城邦幸福与公民幸福关系的讨论在亚里士多德的公民友谊理论中具有重要的意义。亚里士多德首先提出“公共社会团体（城邦）所乐愿的生活是否相同于各个私人所乐愿的生活方式”这一问题，即一个人最愿意选择的生活方式是过共同体的生活，还是过私人的生活，共同体的生活与私人生活是否为相同的生活，他给出了肯定的回答，他说，“立身立国以营善德的生活，这才是最优良的生活”（VII. 1 1323b 40—41，第 343 页）；“大家都认为两者［城邦幸福和个人幸福］相同”（VII. 2 1324a 5—8，第 343 页）；“就个人而言为最优良的生活方式，即把全邦作为一个集体，对全邦所有的人民而言也一定是最优良的生活方式”（VII. 3 1325b 30—32，第 352 页）。也就是说，对于每个人而言，道德德性和理智德性的实践生活，最好是采取“公共的”形式，那么这样的生活对于城邦而言也是最好的生活，这也预示着在城邦的共同生活中，公民之间必然会结成一定的关系，而在优良政体中，这种关系就是公民友爱。

② ［古希腊］亚里士多德：《政治学》，第 140 页。

民友爱视为一种“有用的友爱”形式，但是，只有基于互利的公民友爱，才是真正的友爱。

在《政治学》卷 III 第 9 章中，亚里士多德强调，在纯粹的商业往来中所形成的关系，并不会对商业交往对象的道德品质操心，然而，在城邦中，公民友爱若要配得“友爱”之名，就得要包括互惠互利、互相信任、彼此善待。在《尼各马可伦理学》中，公民友爱的特征是，存在一群人，作为标志性和可接受的规范，一种相互的善意、相互信任。

基于以上对公民友爱的分析，我们能了解亚里士多德的全部含义，即人是天生的政治动物。这首先意味着，人具有共同生活于合作共同体中的自然能力和倾向，在其中，每个人既从他人的事业中也从自己的事业中获益。另外，由于人们能够相互理解、相互沟通，所以能够致力于双方的长期善，以及作为一个整体的共同善，因此，人类有组成共同体的自然能力和倾向，在此共同体中，所有人都被组织起来追求共同善——一种共同的善，而不是每个人可以从总量中分配到一部分利益的善，但是，在一种强烈的意义上，这种善的获得必须是在联合的生活中才能获得，而单个人却不能自己获得。这种善不可能获得，除非基于所有人的存在，感觉到所有人存在，并且在公民友爱的纽带下彼此联系。

二　西塞罗

在《论友爱》一文中，西塞罗这样写道：“自然让友爱作美德的助手，而不是恶习的同谋；为的是因为美德不可能单独地达到它所向往的最高境界［至善］，从而让它与友爱相联系、相结合，以求达到它。凡是人们中间存在着、存在过或者将会存在这样的共同关系，那就应该认为他们拥有达到自然最优秀、最幸福的同伴。”①

---

① ［古罗马］西塞罗：《论友爱》（De Amicitia，83），见《西塞罗文集（政治学卷）》，王焕生译，中央编译出版社 2009 年版，第 311 页。

西塞罗把友爱描写得如此美好，以至于友爱成为政治的竞争者。在古典意义上，政治被视为“自然的至善”，亚里士多德对政治生活的系统阐述，成为最具有支配性的理解古典政治的方式，不过，在其实践哲学中，他也给予友爱以至关重要的地位。在《论共和国》和《论友爱》这两部著作中，西塞罗也表达了他理解友爱的方式，以及友爱与政治之间的关系，尤其是，从政治的角度看，两者之间的关系究竟如何？

在公元前1世纪50年代后半期所写作的《论共和国》，[①] 主要呈现了西塞罗的宏观政治学，在这部著作中，他主要讨论了最好的国家体制问题、国家的道德基础即自然正义问题，以及最优秀的国家管理者问题。随后，西塞罗写出了《论共和国》的姊妹篇《论法律》。从广义上来讲，《论法律》也是其宏观政治学的重要组成部分。这两部政治哲学著作，一方面体现了西塞罗的政治哲学思想与古希腊哲学家的国家理论之间有着深刻的渊源关系，尤其是柏拉图的思想。西塞罗写作《论共和国》与《论法律》就是基于对柏拉图《王制》和《法律篇》的模仿，而且他本人也多处承认在政治上遵循柏拉图的基本原则。[②] 另一方面也体现了西塞罗对柏拉图或古希腊政治哲学的超越，或者说在关注重点上存在一些转变。由于西塞罗有着丰富的政治实践经验，而且罗马政治实践较希腊时期有了丰富的发展，所以，在《论共和国》中，西塞罗把重点从探讨

---

① 《论共和国》的写作似乎开始于公元前54年，大约2—3年完成。

② 以下引文可以表明西塞罗受柏拉图的影响，“我将努力做到：遵循柏拉图考察过的那些原则，不是根据国家的一般轮廓和形象，而是以一个幅员辽阔的国家为例，像用权杖那样触及每一种公共的善和恶的根源”（De Re Publica 1：52，《西塞罗文集（政治学卷）》，第75页）。“我想你既然撰写过关于最好的国家政体的著作，那么显然你也可以继续这方面的工作，撰写关于法律的著作。我知道，著名的柏拉图就是这样做的，你对此人很钦佩，把他置于所有其他人之上，非常崇敬他。”（De Legibus 1：15，《西塞罗文集（政治学卷）》，第157页）“不过像最为博学的人、哲学家中最为伟大的柏拉图那样，他首先撰写了论国家的著作，然后又另外撰写了论法律的著作，我想我也应该这样做，在宣读法律本身之前，首先得对那法律赞扬几句。”（De Legibus 2：14，《西塞罗文集（政治学卷）》，第187页）

最好的政府形式转移到最好的政治行为主体上,[①] 也就是说，从探讨国家制度的宏观问题转移到探讨政治家典范、政治家的教育和政治家培养诸如此类的相关问题上来。[②] 在第五、六卷，西塞罗集中谈论优秀的国家管理者问题，不过这两卷残损太严重，以至于我们无法明确友爱在教育和培养政治家方面究竟具有何种作用。

公元前44年，即《论共和国》写作之后的大约10年左右，西塞罗写作《论友爱》。西塞罗从积极参与社会政治生活的角度出发，谈论了人们之间友爱的实质。他强调友爱的基础是美德，友爱的核心是真诚，人们追求友爱出于人的天性，交友不是因为利益，而是要求真诚，利益是交友的自然结果。《论友爱》具有非常重要的地位，这似乎可以作为西塞罗完成其政治理论著作的重要一步。尽管在《论共和国》中，尤其是在残损严重的第五、六卷，友爱可能不是西塞罗所讨论的中心议题，但是，友爱在这两部政治哲学著作中却无处不在。而且这两部著作还存在紧密的联系。

莱利乌斯（Gaius Laelius）和斯基皮奥（Publius Scipio Aemilianus Africanus the Younger）是这两部著作的核心人物。《论友爱》讲述了莱利乌斯和斯基皮奥两位杰出的政治领袖之间的友爱。同样，这两个人也是《论共和国》中的核心人物和主要的对话者，在那里，也清晰地表明了他们之间的友爱。同样，在某种意义上,[③] 他们也是《论友爱》中的主要讲述者。

《论共和国》关于最有政体的讨论，发生在公元前129年，在斯基皮奥去世之前；《论友爱》发生在斯基皮奥去世的几天后。在西塞罗对公元前129年的描述中，《论共和国》最后一卷写到了斯基皮奥之梦。在对政治问题进行讨论的最后和顶峰，斯基皮奥对莱

---

① Walter Nicgorski，"Cicero's Focus：From the Best Regime to the Model Statesman"，*Political Theory*，Vol. 19，No. 2，1991，pp. 230 – 251.

② 西塞罗在第五、六卷中集中谈论优秀的国家管理者问题，不过这两卷残损太严重，我们只能从中对西塞罗的观点进行联想和推测。

③ 这时，斯基皮奥已经过世，这次谈话是发生在他被谋杀的几天后，斯基皮奥的"在场"主要是指莱利乌斯转述他的话，来表达斯基皮奥对友爱的看法和观点。

利乌斯及其他朋友讲到了他所做的一个梦，他描述了他从地球上升到天国的情形，以及接受祖父阿非利加努斯［老斯基皮奥］和其父亲鲍鲁斯的指导，如何通向永恒幸福，以及在其余生中如何走向幸福。尽管天国的幸福是永恒幸福，尽管在世间所获得的荣耀微不足道，但是斯基皮奥的父亲却教导他对他所居住的政治共同体的义务，“因此，普布利乌斯［斯基皮奥］，你以及所有虔诚的人应该让自己的灵魂驻留在肉体的牢狱里，没有赋予你们灵魂者的命令，便不应该离开人的生命，以免似乎我们是在躲避神明赋予人的使命”。[①]

在《论友爱》开始，西塞罗就明白地表示了写作的意图，可以称之为莱利乌斯“对友爱的普遍赞誉”（generalized encomium of friendship）。[②] 斯基皮奥是在达到最为荣耀的人生顶峰时去世的，莱利乌斯说：“他是从最尊荣的地位跃升到神界，而不是下降到冥界。”[③] 这意味着，他并不赞同苏格拉底学院派对真理探寻的怀疑主义。在当时，学院派的观点在人类历史经验中还是比较新颖的，即认为灵魂随着肉体的消亡而消亡，肉体的死亡就意味着全部的毁灭。在指出学院派关于死后生命样态和伊壁鸠鲁学院之间的对立性之后，莱利乌斯提到了灵魂不死的问题，以及死后得到惩罚还是奖赏的问题，用阿波罗神谕中的那个人。在《论友爱》中，一共提到苏格拉底三次，虽然没有直接指名道姓，但却是与他相联系的神谕。莱利乌斯认为，苏格拉底的观点正是斯基皮奥的观点，而且他提供了一些证据，证明斯基皮奥之梦是斯基皮奥对政治共同体的讨论。

西塞罗这样描述莱利乌斯和斯基皮奥的友爱：“当我回想起我们的友爱时，我的心里仍然感到快乐，觉得我的一生是幸福的，因为我的一生是与斯基皮奥同时度过的，我和他一起处理国家事务和私人事务，我和他住在一座房子里，我和他同时从军，我们的志

---

① De Re Publica 6：15，《西塞罗文集（政治学卷）》，第138页。

② Lorraine Pangle, *Aristotle and the Philosophy of Friendship*, Cambridge: Cambridge University Press, 2003, p. 106.

③ De Amicitia 12，《西塞罗文集（政治学卷）》，第286页。

向、爱好和观点完全一致——这正是友爱的全部实质。”① 并且，西塞罗这样谈到友爱的重要性：“要把友爱看得比人生的一切其他事情都重要，因为友爱最符合人的天性，于人也最相宜，无论他是处于顺境或是处于逆境时。”②

此外，在莱利乌斯对正义的辩护中，我们可以看到正义和友爱之间的关系。“法尼乌斯，如果你最近曾经在斯基皮奥的乡间别墅聆听谈论国家问题，你更会这样说了。莱利乌斯反驳菲卢斯的严谨辩词，是一个多么出色的正义维护者啊！”由正义之人来维护正义，由正义之人来维护友爱、谈论友爱。③（25，第292页）

无论是关于不朽的斯基皮奥之梦，还是莱利乌斯对正义的辩护，都论述真正友爱的本质，以及论述最好政体形式中的地位和作用，在此，西塞罗试图表达正义和灵魂不朽能够加强友爱和政治之间的联系。

最终，西塞罗给出了友爱的定义：即友爱乃为对于神道的和人间的各种事务的意见一致（agreement，consensio），彼此充满情谊（good will，benevolentia）和友爱（affection，caritate），而且在他看来，除了智慧（wisdom，sapientia），友爱大概是永生的神明赋予凡人的最好的东西了。④ 在《论共和国》中，西塞罗对于共和国（res

---

① *De Amicitia* 15，《西塞罗文集（政治学卷）》，第287页。

② *De Amicitia* 17，《西塞罗文集（政治学卷）》，第288页。

③ *De Amicitia* 25，《西塞罗文集（政治学卷）》，第292页。

④ *De Amicitia* 20，《西塞罗文集（政治学卷）》，第289页。友爱（amicitia）这个字源自“爱”（amor），而爱是导致人们彼此友善的最首要的因素。（De Amicitia，26，《西塞罗文集（政治学卷）》，第292页）在友谊的定义中，西塞罗用的是caritas而不是amor。在Oxford Latin Dictionary中，amor尽管并不总是但也常常被用来表达性爱和激情。在《论友爱》中，西塞罗似乎并不打算在caritas和amor之间做出区分，它们之间常常可以用来互换。不过值得注意的是，罗慕路斯掌权后，建立了王政议事会，利用元老们的威望和智慧进行统治，caritas被用来描述人们对元老们的态度。（De Re Publica 1.14）在《论义务》的著名段落（*De Officiis* 2.24）中，西塞罗写到，保障财富和权力的方法是友爱而不是恐惧（through caritas rather than fear）。参见Walter Nicgorski，“Cicero's Distinctive Voice on Friendship：*De Amicitia* and *De Re Publica*，”in John von Heyking & Richard Avramenko eds.，*Friendship & Politics*：*Essays in Political Thought*，Notre Dame，Indiana：University of Notre Dame Press，2008，pp. 109 – 110.

publica）或政治共同体的定义，“国家乃是人民的事业，但人民不是人们某种随意聚合的集合体，而是许多人基于权力的一致和利益的共同而结合起来的集合体（juris consensu et utilitate communione sociatus）”。[①] 在这里，我们能看到，意见一致是关于友爱和共和国之定义的核心要素，显然，友爱较之共和国中所需要的意见一致，要更强烈、更深入。

关于友爱定义这个句子的第二个部分是莱利乌斯观察到友爱是神明赋予凡人除了智慧之外的最好的东西。从这一表达中我们至少可以推断出三个重要的方面：第一，智慧是上帝赋予人类的最好的礼物，而哲学是爱智慧之学，因此，哲学也是上帝赐予人类的最好的礼物。[②] 第二，莱利乌斯的这个判断表明了在人类诸多种善中友爱所占据的重要地位，在莱利乌斯对友爱赞美的论断中居于统领地位。在人类事务中，除了哲学和智慧（不单是处理人类事务），友爱具有第一重要的地位。“若有人从生活中排除友爱，那就像从宇宙中除掉太阳，因为在神明赋予人类为我们所拥有的事物中，没有什么比友爱更美好、更令人愉快的了。”[③] 第三，西塞罗并未消除友爱和哲学之间的关系，如果一个人不拥有反思友爱和人类生活境况的智慧，如何可能寻找、判断和评价友爱呢？因此，在评价甚至评估友爱时，智慧、判断和审慎是一种重要的人类能力。赞扬友爱并不意味着要消除哲学和智慧的影响。友爱面临许多命中注定的威胁，要避免这一切不仅要靠智慧，而且要靠幸运。[④] “应该选择那些忠实可靠、坚定不移、始终如一的人为友，这种人非常稀少；如果

---

① *De Re Publica*, 1：39,《西塞罗文集（政治学卷）》，第29页。

② 在以下文本中，西塞罗表达了这一看法，“哲学是不朽的神明赠给人类生活的最丰富、最旺盛、最卓越的礼物”（*De Legibus* 1：58）。“智慧是一切德性之首……德性之首的那种智慧，它是关于神界和人间事物的知识，这里包括天神和凡人的关系和人们之间的社会联系”（*De Officiis* 1：153）。“有什么比智慧更令人渴望，更美好，更有益于人，更适合于人”（*De Officiis* 2：5）。

③ *De Amicitia* 47,《西塞罗文集（政治学卷）》，第300页。

④ *De Amicitia* 35,《西塞罗文集（政治学卷）》，第295页。

没有考验，判断是很困难的，而考验需要在友爱中进行。因此友爱先于判断。”[①] 因此之故，审慎之人应“在考验过朋友的品性之后驾驭友爱的方向”，[②] 如果一个人在顺利时不蔑视朋友，在朋友不幸时不弃之不顾，那么，在以上两种情况下都能对友爱保持忠信可靠、始终如一、坚定不移，这样的人是难得之人，是近乎神性之人，是值得交往的朋友。[③]

友爱不是“由于我们软弱和贫乏”，如果是这样，那么就把友爱看得太低贱、太不高尚了，事实上并非最贫穷的人最需要友爱，而是愈充满自信、愈富有美德和智慧、在任何事情上无须求助他人可以自我满足的人，最爱寻求友爱和维护友爱，因此，友爱不是由于软弱和贫乏。[④] 友爱的初始动机也不是由于“利益”，尽管友爱会产生许多巨大的好处。事实上，如果友爱由利益促成，那么当利益改变之后，友爱也会消失。[⑤]“为了功利而建立友爱的人是把友爱中最感亲切的纽带抛弃了”。朋友的友爱本身，比从朋友那里得到好处，更令人高兴、更令人愉快。不是友爱随利益而生，而是利益随友爱而生。[⑥]

友爱的产生是由于本身固有的原因。友爱（amicitia）这个字源自“爱”（amor），而爱是导致人们彼此友善的最首要的因素。[⑦] 友爱的产生主要是由于人的天性，而不是为了满足需要；主要是由于心灵的趋向加之某种爱的情感，而不是考虑到它会带来多大好处。[⑧] 西塞罗对友爱起源的探讨与他关于人类社会的总体理解相联系。在《论共和国》中，他指出，许多人联合的首要原因主要不在

---

① *De Amicitia* 62，《西塞罗文集（政治学卷）》，第 305 页。

② *De Amicitia* 63，《西塞罗文集（政治学卷）》，第 305 页。

③ *De Amicitia* 64，《西塞罗文集（政治学卷）》，第 305 页。

④ *De Amicitia* 29—30，《西塞罗文集（政治学卷）》，第 294 页。

⑤ *De Amicitia* 32，《西塞罗文集（政治学卷）》，第 294—295 页。

⑥ *De Amicitia* 51，《西塞罗文集（政治学卷）》，第 301 页。

⑦ *De Amicitia* 26，《西塞罗文集（政治学卷）》，第 292 页。

⑧ *De Amicitia* 27，《西塞罗文集（政治学卷）》，第 292—293 页。

于人的软弱性，而在于人的某种天生的聚合性。人类不好单一和孤独，天性本身不仅召唤人们，而且迫使人们这样做……散居而游荡的人们因意见协和一致而形成聚合体。① 在《论义务》中，西塞罗强调，“有一点是确定无疑的，而且是第一的、最为重要的，那就是应该拥有热爱我们，并且敬佩我们的事业的朋友们的真诚的友爱。……高尚的人们和普通的人们之间没有太大的差别，而且无论是前者或后者，都需要建立友爱”。② 高尚之人会顺应自然这一使人美好的最好向导，来处理人类关系。自然，首先让我们结成家庭、部族，然后国家，在这些共同体中，自然创造出友爱，让我们彼此之间紧密联系，以维持共同体聚而不散。不过，莱利乌斯也评论，即使人们之间没有善意，即使人们之间所结成的友爱没有达到真正的友爱的水平，这种关系也会持续存在。与这一观点相一致，西塞罗在《论义务》中表明，友爱是最令人满意的人类关系，但是最重要的人类义务是那些与他所植根于其中的家庭和政治共同体相联系的义务。

那么，在哪里寻找友爱？“友爱只存在于高尚的人们之间。”高尚的人，即是指智慧之人。③“凡行为和生活忠实、正直、公平、宽宏，拜托一切激情、欲念、狂妄，性格无比坚定之人。”自然本身让人们与常相接近的人之间产生友爱，不过这种友爱不是很稳固。亲属关系源自于血缘，友爱却源自于情谊，无论有没有情谊，亲属关系都存在，而如果没有情谊，真正意义上的友爱就不可能存在。“德性本身产生并巩固友爱，没有德性，友爱便不可能存在。”④

美德，世间最可爱的是美德，最令人崇敬的也是美德，如果能在某人身上发现正直和美德的光辉，那么我们就会产生一种敬

---

① *De Re Publica* 1：40，《西塞罗文集（政治学卷）》，第 29 页。

② *De Officiis* 2：30，《西塞罗文集（政治学卷）》，第 402 页。

③ *De Amicitia* 18，《西塞罗文集（政治学卷）》，第 288 页。

④ *De Amicitia* 19—20，《西塞罗文集（政治学卷）》，第 289 页。

爱之情。[①] 敬仰之情和亲切情谊是由自然产生的。当一个人表现出高尚的品性的时候，人们都希望与具有此德的人结交，密切关系，为的是通过与自己敬仰的人的结交而享受他的人品，同样地爱，同等地或者更多地奉献，而不希图对方为此作报答，还要在他们之间进行这种高尚的竞赛。[②] 德性产生友爱，如果德性的某种征兆发出闪光，相似的心灵向这种德性靠近、聚集，就必然产生友爱之情。"任何东西都不及导致友爱的志同道合更能把其他东西吸引和聚合到自己周围"，"心灵高尚的人们喜爱高尚之人，并且把有如亲情和天性而相近的人团结到自己周围，因为人的天性最好追求和得到与自己相似的东西。"[③] 这就说明了友爱所形成的团结，力量最大也最持久。

不过，友爱常常会由于追求不相一致或由于对国事的看法不一而破裂。此外，人们也会由于习性的改变而抛弃友爱。有时，由于功名竞争，由于爱情冲突，由于利益相悖，而导致友爱破裂，因为两个人不可能同时得到同一件东西。"对于普通人来说，友爱的最大祸害是贪财，对于显贵人士来说，友爱的最大祸害则是竞争功名和荣誉，它往往使至交成为死敌。"不过，友爱中最重大的破裂是由于下述情况：A 和 B 是朋友，当 A 要求 B 做不义之事时，如果 B 拒绝，那么，无论 B 做得如何正确，A 仍然会指责 B 背信弃义，违背了愿意为朋友做任何事情的准则，彼此埋怨日积月累，不仅破坏了亲密关系，甚至会产生永久仇恨。[④]

因此，友爱中的爱是有限度的，它并非意味着无条件地服从朋友，满足朋友的一切要求，为朋友做任何事。友爱的产生是由于对一个人的美德的推崇，那么当他背弃了美德，友爱也就很难维持了。"不能要求朋友做什么违背忠诚、违背信誓、违背国家的事"。

---

① *De Amicitia* 27，《西塞罗文集（政治学卷）》，第 292—293 页。

② *De Amicitia* 32，《西塞罗文集（政治学卷）》，第 294 页。

③ *De Amicitia* 50，《西塞罗文集（政治学卷）》，第 301 页。

④ *De Amicitia* 33—35，《西塞罗文集（政治学卷）》，第 295 页。

友爱中有一条不可违背的规则：不要求他人做不名誉的事情，也不应他人之请求做不名誉的事情。[①] 如果有人不慎偶然结交了对国家犯了重大罪行的朋友，那么就不要用原本的友爱来严格约束自己，要果断地背弃这种朋友。邪恶之徒之间类似的志同道合，不仅不能以友爱为借口，而且应受到一切惩处，追随那些甚至对祖国发动战争的朋友，是不可允许的。[②] 故，友爱公认的基本原则是：我们应该请求朋友做高尚的事情，我们也应该为朋友做高尚的事情。[③] 西塞罗还对友爱进行限定："朋友不仅要品行端正，而且彼此在一切事情、主张、愿望方面都毫无例外地一致，并且即使偶然地由于命运安排，需要对朋友的不完全合理的愿望——事情涉及朋友的生命或名誉——给予帮助，我们可以做些让步，但要以不至于遭来巨大的耻辱为限，因为允许给予友爱一定的宽容。不能不顾惜名誉，不应该视民众的情感与事业的进行无足轻重，虽然用献媚和随声附和以博取民众好感是可鄙的。美德能引起亲切的情感，因此不应鄙视它。"[④]

友爱给我们带来巨大的好处，并优于其他一切事物。首先，没有基于朋友的彼此情谊，就没有值得过的生活；其次，其他事物只有单一目的，友爱则包含多种好处；最后，如果从事物的本性中排除掉友爱纽带，那么任何家庭、任何城邦便不可能存在，甚至农业也不能继续。友爱意味着和睦，如果没有友爱，而是充斥着不和、冲突、仇恨、分裂，那么家庭和国家都会被彻底颠覆。[⑤]

如果有这样的人，自己拥有无比的财富，生活在富裕之中，却不爱任何人，自己也不为他人所爱。这无疑是暴君的生活，其中没

---

① *De Amicitia* 40，《西塞罗文集（政治学卷）》，第 297 页。

② *De Amicitia* 42—43，《西塞罗文集（政治学卷）》，第 298—299 页。

③ *De Amicitia* 44，《西塞罗文集（政治学卷）》，第 299 页。

④ *De Amicitia* 61，《西塞罗文集（政治学卷）》，第 304 页。

⑤ *De Amicitia* 22—23，《西塞罗文集（政治学卷）》，第 290—291 页。

有任何信任、任何友爱、任何情谊的可靠依赖，有的只是猜忌和忧虑，而没有友爱的任何位置。①

第二节　二元对立中的公民友爱

一　友爱：私人的还是公共的

从希腊人对 φιλία 一词的广泛运用，我们可以看到，友爱，兼具私人和公共的两种表现形态，二者并不排斥，甚至同一个人在不同的角色中可以共享这两种类型的友爱。按照亚里士多德的分类学，可以从两个维度对友爱进行划分。一是按照友爱双方角色和社会身份来划分的私人（个人）友爱和公共（政治）友爱。相互爱慕的人、父母和子女之间的友爱属于前者，而自由、平等、独立的公民、具有政治身份的人们、党派成员以及政治家之间的友爱则属于后者。二是按照友爱过程中交换的质量来划分的有用的友爱、快乐的友爱和美德的友爱。②

尽管友爱兼具私人与公共双重特性，但是在古希腊人那里，却十分强调友爱所具有的公共（政治）意义。在政治哲学史上，把友爱作为一个重要的政治学术语加以探讨，始于亚里士多德关于“人类在本性上是一个政治动物”的政治隐喻。③人作为政治动物，首先意味着人具有共同生活于合作共同体中的倾向和能力。在公共的政治生活中，人与人之间必然会结成一定的关系，使他们能够相互理解、相互沟通，进而能够致力于双方的长远之善，以及作为一个整体的共同善。在一种强意义上，共同善只能在联合的生活中才能获得，单靠个人在孤独的生活中不可能获得。约翰·库珀谈到，除非基于所有人的存在，感觉到所有人存在，并且在公民友爱的纽带

① *De Amicitia* 52，《西塞罗文集（政治学卷）》，第302页。

② ［古希腊］亚里士多德：《尼各马可伦理学》，第232—233页。

③ ［古希腊］亚里士多德：《政治学》，第7页。

下彼此联系，否则不可能获得这种善。①

在共同生活中所结成的这种公共友爱至关重要，是“使城邦联系起来的纽带”。友爱是自由公民基于自愿选择而结成的一种伦理关系，它区别于家庭和部族所结成的那种无法选择的纽带关联。当公民对他们之间的共同利益有了共同认识，并选择同样的行为实现其共同意见时，就形成公民团结。② 公民团结产生于共同意见和共同认识，但不止于此，比如人们关于某个知识性问题如天体的共同认识，或是人们在思考共同的问题，就不是团结。团结意味着公民之间因事而聚，这个事是关系到双方乃至所有人的目的的大事情，因此公民要聚起来做成这件事。西塞罗说：“国家乃是人民的事业，但人民不是人们某种随意聚合的集合体，而是许多人基于权力的一致和利益的共同而结合起来的集合体。”③ 友爱的本质是对“各种事务的意见一致”。④ 正是在这个意义上，团结就是政治的友爱，它让我们彼此之间紧密联系，以维持共同体聚而不散。

友爱不仅是城邦联系的纽带，而且是优良城邦得以形成的前提。城邦，作为一个组织良好的政体，它不仅仅是生活在同一地区的居民团体的自然存在，也不仅仅是为了“便利物品交换以促进经济的往来”而存在，甚至也不是为了“寻求互助以防御一切侵害”而存在，而应该为优良的生活而存在。亚里士多德相信，城邦应该为优良的生活而存在，其目的是“促进善德”。从构成上来看，“城邦是若干生活良好的家庭或部族为追求自足而且至善的生活，结合而构成的”。⑤ 就公民个体而言，积极参与共同体的所有方面，立身立国以营善德，就是最优良的生活。⑥ 优良城邦中的“自足而

---

① J. M. Cooper, “Political Animals and Civic Friendship”, in Kapur and Badhwar eds., *Friendship: A Philosophical Reader*, Ithaca: Cornell University Press, 1993, p. 317.

② ［古希腊］亚里士多德：《尼各马可伦理学》，272 页。

③ ［古罗马］西塞罗：《西塞罗文集（政治学卷）》，第 29 页。

④ 同上书，第 289 页。

⑤ ［古希腊］亚里士多德：《政治学》，第 140 页。

⑥ 同上书，第 343 页。

且至善的生活”是“友爱的结果”。而且，我们还可以看到，在最优良政体君主制、贵族制和共和制中友爱最多，而在变态政体僭主制、寡头制和民主制中友爱最少。由是观之，公民友爱绝不是一种无基础的微小变量，它对于公民幸福和城邦的幸福具有重要的意义。

尽管古典时期，政治思想家更看重友爱的政治维度，而现代时期，则更强调友爱的私人维度。这一历史转向发生于希腊城邦解体和罗马帝国军事独裁建立的交替时期。当时，国家的权力逐渐掌握在皇帝、大臣和军事将领的手中，自由的公民被排除在政治生活之外，人们丧失了政治参与的兴趣和热情。亚里士多德用 φιλία τή πολιτεία——即爱其政体或效忠于城邦——来理解公民友爱，[①] 表明了城邦的公共生活曾经居于公民生活的中心，然而，当公民在国家中的地位、作用和价值相对降低时，当个人和国家的关系开始疏离时，个人就开始从公共生活中抽身而去，进入温馨甜蜜的私人生活领域，在朋友的亲密关系中寻求安全，并把友爱作为智慧和幸福人生哲学的核心要义。至此，友爱的目的已经从建立优良城邦转变为寻求自身安全，友爱逐渐褪去了公共生活中的光辉，偏安于私人生活的宁静。

在中世纪，随着基督教神学的广泛流传，友爱的价值根基源于人与上帝内在关联的爱之秩序，遵循着先爱主然后爱人的教义友爱逻辑。奥古斯丁区分了两个不同国度的两种不同友爱模式，上帝之城是集权威、荣耀、喜悦与永恒的圣地，上帝之城的创建者用爱激励着人们成为他的公民；属地之城的公民不热爱万神之神的上帝，在那里充满了不虔诚、骄傲与自利。[②] 作为上帝之城的成员，爱者沐浴主恩，并在与他人分享主恩的同时传递友爱。友爱的目的不是政治共同体的团结和稳定，而是维护教会团体的团结；不是通过个

---

① ［古希腊］亚里士多德：《政治学》，第 272 页。

② ［古罗马］奥古斯丁：《上帝之城》（上），王晓朝译，人民出版社 2006 年版，第 443—444 页。

人的丰功伟业来寻找友爱的公民同伴，而是通过对分享天父之爱的恩宠来结成兄弟情谊；不是通过德性来辨别友爱，而是通过爱邻人和爱敌人来践行爱的诫命。在基督教四海一家的博爱情怀中，友爱成为一种神启经验。这种以个人对上帝的内心体验和事功积累为导向的友爱观，不仅导致友爱与公共领域、政治领域的分离，而且导致友爱与地上世界的分离；这种致力于最高善和永生幸福的友爱，在丧失其政治向度的同时，也丧失了现世向度。

进入近代后，蒙田第一次表达了浪漫的友爱观。在《论友爱》（De l'Amitié）中，蒙田写了他和拉博埃西（Étienne de La Boétie，1530—1563）之间的友爱，“颇为少见，在人类的历史上也罕有”。“我们真正地失去了自我，我们不再拥有属于自己的东西，已不分你我了。”[①] 这种完美无缺的友爱只存在于蒙田和拉博埃西之间。他说，各种各样的友爱，通常由欲望、利益、公众或私人的需要建立和维系；因此，越是掺杂着其他的动机、目的和利益的友爱，就越难有美好和真诚的东西，就越无友谊可言。[②] 自古以来，友爱有四种：血缘的、社交的、礼仪的和男情女爱的，但这四种友爱，无论是其中的哪一种，或者几种的混合，都不是蒙田所理解的“完善的友爱”。比如，血缘关系中，父子友爱、兄弟友爱是法律和义务强加给我们的友爱，我们自愿的选择和自由很少，而自由选择是真正的挚爱和友爱的基础。又如男女爱情，尽管是出于自由选择，但是它忽冷忽热、变化多端，让我们处于紧张之中，而友谊却是一种普通的温热，平稳宁静、持久不变。[③]

利益和恩惠养育普通的友爱，然而，崇高的友爱却不需要它们来维系，因为，彼此的意志已经完全交融。这种友爱之中，没有“利益、义务、感激、祈求”等。蒙田所说的友爱是“稀少的”“完美”“不可分的”。他说，“一个灵魂占据两个躯体”，心灵相通

---

① ［法］蒙田：《论友谊》，《蒙田随笔》，陕西人民出版社2005年版，第196页。

② 同上书，第190页。

③ 同上书，第192页。

的机遇相连接的频繁交往与亲密无间，使得这种朋友必然稀少，在今天的人们之中，很难看到这种友爱，这种友爱是一种封闭的、自我产生的系统。这种友爱“心灵相互交融，不分彼此，甚至连相交的连接点都找不到”，[①] 彼此心心相印，相互倾慕，以至于感情都进入了对方的心底。因此，我知道他的灵魂就像知道自己的一样，而且对他的信赖甚至超过对自己的信赖。[②] 朋友的数目不可能太多，完美的友爱是不可分开的：每个人都把自己的全部给予了对方，以至于他再也没有别的东西可以分给他人，他没有更多的灵魂和意志来全部献给他的朋友。普通的友爱是可以分享的，但是，统领和控制着我们灵魂的友爱是不可以和别人分享的。[③]

这种完美无缺的友爱，没有掺杂“利益、义务、感激、祈求”，无须欲望、利益、公众或私人的需要来建立和维系，是一种封闭的、自我产生的系统。蒙田的友爱观，表达了一种心理学领域的情感状态，即在人们的日常生活交往中所形成的一种难以言说的柔性感受和心理体验。这种现代的、浪漫的、至高无上的、完美的友爱观，用一句话来表达就是，“独一无二的高尚友爱会解除所有的职责，免除所有的义务”。[④] 从某种意义上讲，蒙田这种友爱观是反公共性的：从亚里士多德以来，古代的公民友爱构筑了城邦联系的纽带，是把公民团结于共同体的基石，而从蒙田开始，古代公民友爱观渐渐出现裂痕，现代的、浪漫的、至高无上的、完美的友爱开始产生，那种把友爱视为城邦联系之纽带和公民团结之基石的亚里士多德时代的遗产已经被遗忘在历史的故纸堆里。

二　公民友爱：消极的还是积极的

由上可以看到，在政治生活实践中，随着古希腊城邦的解体、

---

① ［法］蒙田：《论友谊》，载《蒙田随笔》，第 196 页。

② 同上书，第 198 页。

③ 同上书，第 202 页。

④ 同上书，第 196、202 页。

古罗马帝国的建立，友爱与政治的这种密切关系逐渐开始出现裂痕，而随后在基督教的洗礼和法国大革命的冲击下，友爱便成为私人领域纯粹的个人情感体验，与作为公共领域的政治之间出现不可逾越的鸿沟。在政治思想领域中，对于公民友爱理论具有何种政治后果的探讨，也存在相互对立的两种解释路径。

新自由主义者关注个体自由的实现，试图通过制度建设维护社会的公平和正义，依靠制度安排来实现分配正义，保证社会弱势的权益和社会的稳定和谐。他们依靠制度的设计和规范来推进现代民主政治发展，而对于作为民主政治深层基础的公民友爱观念和实践缺乏反思。罗尔斯曾强调，“如果没有友爱，我们就会忽视民主权利所表达的价值”，但是，他认为，“与自由和平等相比较，友爱观念在民主社会中占有较少的位置。人们并不单独把它视为一个政治概念，它本身也不界定任何民主权利，只是传达着一些心理态度和行为模式”。[①] 也就是说，罗尔斯并没有从政治的意义上来看待友爱，友爱只不过具有一种心理学和行为学意义上的重要性，对于现代政治秩序的建构和社会正义秩序的实现并无帮助。

在一个容易被忽视但是却并非不重要的地方，现代共和主义者菲利普·佩迪特是这样阐释友爱的，“我们都知道友爱是人类生活中一种具有很大价值的善，但我们几乎没有人认为国家应该负担起增进友爱的职责。……尽管友爱是一种我们所有人都会追求和珍惜的善，但我们很可能会认为，我们大多数人可以非常有效地由自己来追求它，而国家不可能做得更好。……自由也是一种我们大多数人都追求和珍惜的善；但与友爱不同的是，它需要满足两个重要的条件，一个是否定性的，一个是肯定性的。首先，它不是一种个人通过私人的、分散的手段就可以完满追求的价值；其次，它是一种国家可以相当有效地加以追求的价值”。[②] 在把友爱和自由进行比较之

① John Rawls, *A Theory of Justice*, Cambridge, Mass.: The Belknap Press of Harvard University Press, 1999, p. 90.

② ［澳］佩迪特：《共和主义》，第122页。

后，佩迪特转入对无支配的自由的进一步阐述，而在《共和主义》余下部分再也没有提到任何关于友爱的话题。从佩迪特关于友爱与自由的比较中，可以推论出他关于友爱的两个基本观点：第一，友爱是一种个人通过私人的、分散的手段就可以完满追求的价值；第二，国家既不应该负担增进友爱的职责，也不可能很好地增进友爱。

尽管罗尔斯和佩迪特都温和地表达了对友爱的友好态度，但在其政治哲学中，友爱只占有微不足道的地位，这并非例外，相反，更多的自由主义者表达了对友爱的排斥和不信任。在他们看来，友爱在道德上和政治上的影响是消极的。友爱表达了一种特殊主义的关系，它意味着政治中的派系或敌意，这最容易可能导致政治中的腐败，如对公共资源的利用，以及政治决策的制定等。因此，友爱应该私人化，要使得它对政治和公共生活的影响最小化，政治生活不应该基于友爱，而是应该基于法和正义，因为后者以普遍适用的价值和原则、公正实施的规则，以及彼此和平相处的机制为特征。同样，政治生活中的竞争和敌意，也不应该被允许破坏亲密的、长久存在的个人友爱。① 概言之，这种政治理论认为，一方面，友爱会腐蚀以法和正义为基础的政治生活；另一方面，政治也会腐蚀个体之间的私人友爱。因此，应尽量减少友爱与政治的相关性，友爱不要介入政治，同样，政治也不要远离友爱。

不过，与新自由主义和工具共和主义相比，古典共和主义者更加强调和捍卫亚里士多德的“公民友爱”的积极维度。汉娜·阿伦特批判现代人把友爱仅仅看作是私人伦理领域现象，已经很难理解“友爱与政治的相关性”。她认为私人友爱观念呈现的是“个体与世界的疏离”，而希腊人的友爱之道体现的却是投身于世界的政治伦理品性。“友爱的本质在于言谈”，这种言谈与个体的私密性交谈

---

① H. Hutter, *Politics as Friendship: The Origins of Classical Notions of Politics in the Theory and Practice of Friendship*, Wateloo ON: Wilfred Laurier University Press, 1978, pp. 115ff.

不同，它发生在公共政治领域，关注共同世界，是“政治的要求和对世界的防护”。[①] 在阿伦特看来，友爱意味着在一个共同生活的共同体中，作为平等的参与者有他人的陪伴。[②] 友爱自始至终都应该被视为一种公共类似物。实际上，友爱公民的公共活动，其特征是自发的、讨论、演讲、共同协商、说服、合作、平等。友爱和尊敬不同，当“一个人对另一个人从远处予以关注，世界的空间就把我们彼此联系起来”。[③] 而且，作为一种公共领域模型的公民友爱观，它意味着朋友共同致力于共同体的事业，提供给城邦和其他公民关于政治的深刻洞见。

以消极方式来看待公民友爱价值的理论，还遭到来自社群主义的猛烈抨击，以桑德尔为代表的社群主义者认为，自由主义者忽视“我们所具有的各种联系”，强调“自我之独立性”，并意欲摆脱对城邦和国家、对党派或事业的任何忠诚，主张在公共生活中正义的首要性。这种“无牵挂的自我”切断了公民与共同体之间的纽带，这样的自我既没有“品格”，也没有“自我认识的能力”，更不能建构“进入他人之善”的友爱。结果，以正义为核心的自由主义政治哲学，不仅失去了政治的动人品性，而且失去了政治最激动人心的丰富可能性。人与人之间存在一种更深刻的共同性，即一种基于自我理解和自我认识的可共同分享的共同性，一种我们无法独自了解的善，一种“扩展了的爱”。[④] 没有友爱，我们就会被淹没在陌生的环境中，当陷入政治危机之时，其导致的结果不仅是失望，而且是混乱。除非我们重新审视公民友爱对于共同体的古典价值，否则既不能解决摆在人类面前的亟待解决的现实难题，也无法推动当代民主政治理论和实践的发展。

---

① ［美］阿伦特：《黑暗时代的人们》，王凌云译，江苏教育出版社2006年版，第21—22页。

② H. Arendt，“Philosophy and Politics”，*Social Research*，57，1990，pp. 83 – 84.

③ H. Arendt，*The Human Condition*，Chicago：the university of Chicago press，1958，p. 243.

④ ［美］桑德尔：《自由主义与正义的局限》，万俊人等译，译林出版社2001年版，第216—220页。

第三节　政治秩序中的公民友爱

以上分析了看待公民友爱的消极态度和积极态度，自由主义者基于权利和公正原则反对友爱在政治中的运用，古典共和主义者基于共处和共善强调友爱对于政治的重要性。本书相信，政治活动的任务之一是培育友爱，“恰当的政治行为或政治操作最终创造（产生、制造等）了最高可能的友爱”。[①] 而真正本源的友爱反过来又能消除隔阂和敌意，形成一种有序的政治运作与和谐的社会状态。“原子化”个体之间的漠视和疏远，现代社会场域中所形成的孤独和恐惧，带给人一种生存的威胁，因此，生活在社会之中的人们总是渴望亲密关系。友爱与政治之间的联系应该是一种更深的、概念上的联系。

一　公民友爱与正义

在现当代，对于政治秩序的构成性因素，霍布斯认为恐惧和自利；洛克认为安全、财产和自由；休谟在批评古典共和国所表现出的地方性的、军事性的友爱基础上，认为人们之间安全的联系方式是商业；罗尔斯认为是一种可分享的正义观，以及对于作为公平的正义的习惯性实践。黑格尔承认爱和友爱在古典城邦中起到非常重要的作用，却否认可以成为疆域辽阔的现代国家的基础。在《法哲学原理》中，他谈到，爱是一种感觉，是具有自然形式的伦理。在国家中，不存在爱这种感觉，人们所意识到的统一是法律，其内涵必须是理性的、确定的并为我们所熟知的。[②] 尽管黑格尔的话不无道理，但是本书认为，这一主导性的现代性观念并非可靠，作为现代正义国家的一个基本因素，友爱的地位必须重新得到承认和

---

① ［法］德里达：《〈友爱的政治学〉及其他》（上），胡继华译，吉林大学出版社 2010 年版，第 19 页。

② ［德］黑格尔：《法哲学原理》，范扬、张企泰译，商务印书馆 2009 年版，第 199 页。

重视。

第一，公民友爱所具有的道德教育功能独立于正义（法律）。自由主义者强调正义是社会的首要美德，为了保证公民的恰当行为，应该诉诸法律。在法律的引导下，公民总是去做正确的行为，最终这将有助于道德美德的获得。在《尼各马可伦理学》中，亚里士多德谈到了法律对保持共同体幸福以及公民行为公正的积极作用，“法律还要求我们做出勇敢者的行为，如不擅离岗位、不逃跑、不丢弃武器，做出节制者的行为，如不通奸、不羞辱他人，以及做出温和者的行为，如不殴打、不谩骂。在其他的德性与恶方面，法律也同样要求一些行为，禁止一些行为”。[①] 然而，同等重要的事实是，在一个充满着公民友爱的城邦中，成熟的公民彼此关心对方的道德品质，并相互激励，每个人通过恰当行为，来表达和展示其优良品质和高尚道德风貌，这种相互激励、相互教育正是城邦中公民生活的核心组成部分。无论法律有何种规定或要求，他们都会做出恰当的行为。

第二，公民友爱是真正正义的必要条件。尤其是在当代，我们面临着贫富差距拉大、群体性暴力事件增加、民族分裂以及民族关系紧张等一系列问题。要解决这些政治冲突，就必须调动一切有利于建立一个公平的联合社会的资源，在这些资源中，公民友爱是核心资源。在敌意的环境中，公民不可能履行正义，因为公民不能在实践中认同和接受正义，而且通过武力所实现的正义缺乏稳定性。一个不是由公民友爱所激发的社会不可能是一个真正正义的社会。[②]

第三，公民友爱是建立正义秩序的基础。一个社会要形成公平、正义的政治秩序，既不可能靠偏爱某个派别来解决，也不可能仅仅通过法律裁决来实现。为幸福、荣誉和优良生活而存在政治共同体，不是为了生活，不是商业组织，不是军事共同体，它基于人

---

① ［古希腊］亚里士多德：《尼各马可伦理学》，第129—130页。

② S. A. Schwarzenbach, “On Civic Friendship”, *Ethics*, Vol. 107, No. 1, 1996, p. 106.

与人之间的友爱。基于功利和享乐的层面所建立的友爱是短暂的，民众之间的肤浅利益不仅相互冲突，而且有悖于共同利益，这样的共同体必不正义且不长久。共同体的正义和稳定依赖于好人之间持久的友爱情感，即德性的友爱。有美德的人，不仅“期待和去做对朋友好的事情”，而且自爱；不仅与他人和谐相处，而且与自己灵魂中的理智相协调。人通过理智实现灵魂的内在秩序，通过友爱实现社会的外在秩序，最终，正义秩序是建立在理智和友爱的基础之上。①

正是在此意义上，亚里士多德把友爱视为区分正义政体和不正义政体的一个核心标准：在最好的政体中，友爱最多；在最坏的政体中，友爱最少。② 甚至，友爱比公正更重要。如果有友爱，便不会需要公正；但是如果仅有公正，就还需要友爱。③ 只有加强友爱，才能缔结城邦的团结。因此，以友爱纽带来维系城邦团结，要优先于、高于公正。

二　公民友爱与信任

市场秩序是现代社会秩序得以形成的重要场域。市场基于理性的计算而非强制，通过订立契约和履行契约，总体上能带来商业的协调；然而，它也是一个“无社会责任感和存在环境损害的地方”，它既不能保护个人，也不能联合个人，进而不能给民众提供一种表达公共利益的平台，以及锻炼民众或进行公共道德参与的能力。④ 即使存在契约的约束和规范，为了利益，商业竞争者仍然可能背信弃义，破坏交往纽带，导致市场乃至社会的无序发展。因此，在自由民主国家和商业社会都需要某种特殊形式的友爱，来重建人们之

---

① ［美］沃格林：《秩序与历史（卷三）》，刘曙辉译，译林出版社2014年版，第364页。

② ［古希腊］亚里士多德：《尼各马可伦理学》，第250页。

③ 同上书，第229页。

④ M. Walzer, “Toward a Theory of Social Assignments”, in W. Knowlton and R. Zechhauser, eds., *American Society*: *Public and Private Responsibilities*, Cambridge: Harper and Row, Ballinger, 1996, pp. 82 – 90.

间的信任纽带，保证人们履行契约，进而保障市场和社会的有序发展。

在开放的、以市场为基础的社会中，那些持有文明、友善和平等态度、乐意进行社会交往的人更容易获得丰厚的回报。休谟曾指出，尽管在商业活动中，人们自私的交往在社会中占据主导地位，可是“也并不完全取消更为慷慨和高尚的友爱和互助交往”。[①] 自私的交往是一种计较利害的交往，逐一己之私利是人之本性，如任由其本性自然发展，则会陷入“无序的竞争状态”，这既不可能形成社会，更不可能产生社会合作。因此，在商业社会中，为了保证双方获得公正的利益，需要缔结契约和信守承诺。友爱，则是一种不计较利害的交往形式，其核心是对于所爱之人的理解、信任和不计回报。友爱既是推动人类从无序走向有序的重要力量，也是社会契约得以履行和承诺、得以遵守的坚实支撑。正是在这个意义上，洛克强调“自利不可能是自然法的基础，信任是社会的纽带”。[②] 休谟进一步指出，存在三条基本的自然法则，即稳定财物占有的法则、根据同意转移所有物的法则和履行许诺的法则。人类社会要想保有和平、安全与秩序，需要严格遵守这些法则，进而在人们之间建立起友爱关系和良好的交往关系。[③]

共和主义公民友爱的重要内容包括互相信任，彼此善待，而这种信任正是商业共和国得以维系的根本。这种信任超越了亲缘地缘关系，表现为一种鼓励对陌生人的宽容和接受在内的人际信任。公民友爱这种人与人之间温暖的存在关系，能够去除吉登斯所说的“存在性焦虑、忧虑”和“孤独感”，是构成人类“本体性安全感的基础”[④]；公民友爱所形成的自我信任、信任他人、为人所信的信用交互网络，能够对抗未来社会由于偶然性和不确定性所带来的风

---

① ［英］休谟：《人性论》（下册），关文运译，商务印书馆2013年版，第558页。

② J. Locke, *The Essays on Law of Nature*, Oxford: Clarendon Press, 1954, pp. 212－214.

③ ［英］休谟：《人性论》（下册），第562页。

④ ［英］吉登斯：《现代性的后果》，田禾译，译林出版社2011年版，第80、87页。

险；公民友爱使得我们远离谨小慎微、瞻前顾后的行动路线，它提升了人类交往行为的能动性、自主性和创造性。因此，公民友爱，是对与我们共处于公共领域中的人抱有信心，相信和信赖他们在社会交往中履行承诺，并能对个体行为的一致性、连贯性和稳定性抱有期待，是一种共生共在的存在范型。现代契约论者把社会信任问题交给制度去解决，以为建立在抽象的“原子式的个人”的历史前提与“个体利益最大化”的基础之上的制度性安排和承诺能够解决全部社会诚信问题，结果往往事与愿违。信任问题不可能完全由制度这种冷冰冰的、“稀薄的”理论来解决，它还必须与特殊的“厚重的”道德阐释相伴随，或借助于更为“厚重的”公共道德伦理资源。[①]

三　公民友爱与爱国主义

在前现代的文明史中，国家认同和与之相联的爱国主义并不存在什么问题，但是，在过去的三个多世纪中，爱国主义受到了来自全球化和原子主义的双重挑战。一方面，“全球化重构了民族，带来了民族分化”，[②] 民族认同的高涨削弱了国家认同；另一方面，原子主义的思考方式强调个人权利优先于服从，人的社会性存在优先于政治性存在，[③] 这种“原子主义偏见”，从根本上否认国家对于个人的构成性意义。

面对民族主义的挑战，尽管自由主义者也强调社会团结是一种正当的关怀，自由主义社会也需要公民之间存在一种高度的互相关心。但是，他们并不认为友爱是使一个自由社会团结在一起的纽带。哈贝马斯强调一种忠诚于自由民主宪政的规范、价值以及程序

---

① M. Walzer, *Thick and Thin*: *Moral Argument at Home and Abroad*, Notre Dame: University of Notre Dame Press, 1994, pp. 2 – 5.

② ［英］吉登斯：《全球时代的民族国家》，郭忠华编，江苏人民出版社 2010 年版，第 11 页。

③ ［英］诺齐克：《无政府、国家与乌托邦》，何怀宏等译，中国社会科学出版社 1991 年版，第 41 页。

的“宪法爱国主义”[①]，豪克·布伦克赫斯特发展出一种植根于现代宪政民主核心的“人权的爱国主义”[②]，金里卡致力于发展一种共同的、无差别的公民权身份[③]，以泰勒为代表的社群主义者主张对民族或共同体绝对的、无条件的忠诚和热爱。[④] 然而，在共和爱国主义者维罗里看来，这些主张要么忽视其所扎根的政治文化与民族伦理文化，太过单薄；要么是一种对特定共同体的非理性的热爱，太过狂热。[⑤]

爱国主义作为一种特殊的公民友爱形式，来自他们共同分享和见证时代变迁中的许多重要的东西，如“法律、自由、公共论坛、公共广场、朋友和敌人、成败的记忆、希望和恐惧”等，这些“共同历史”把公民彼此联系在一起。[⑥] 然而，共和主义的爱国主义不是一种非理性情感，公民对国家的热爱，以不受支配、享有自由为前提，以尊重正义和理性原则为原则，以热爱一个公正对待其公民的国家为条件。“公民热爱共和国，行美德之举，乃源于他们意识到共和国是其自由、安全和繁荣的基础；他们热爱其国家和法律，只因其感到共和国是其自己的事业；他们履行义务，不是如孟德斯鸠所说的牺牲其利益，而是保障其利益之安全。”[⑦] 不过，爱国情感并非与生俱来。卢梭认为，它需要通过公民积极地参与共和国的公共生活加以培养。通过“参与性自治”，公民发自内心地将共和国当作他们的公共母亲，当共和国向他们施加政治义务时，公民就不

---

① ［德］哈贝马斯：《在事实与规范之间》，童世骏译，生活·读书·新知三联书店 2003 年版，第 664 页。

② H. Brunkhorst, *Solidarity: From Civic Friendship to a Global Legal Community*, trans. by Flynn, J., The MIT Press, 2005, p. 21.

③ ［加］金里卡：《多元文化公民权》，杨立峰译，上海译文出版社 2009 年版，第 221 页。

④ ［加］泰勒：《答非所问：自由主义—社群主义之争》，载应奇、刘训练编《公民共和主义》，第 378—391 页。

⑤ M. Viroli, *For Love of Country: An Essay on Patriotism and Nationalism*, p. 119, pp. 177–178.

⑥ M. Viroli, *Republicanism*, New York: Hill and Wang, 2002, p. 80.

⑦ M. Viroli, *For Love of Country: An Essay on Patriotism and Nationalism*, p. 73.

会有任何的疏离感。公民承担政治义务就像承担家庭义务一样自然，因为共和国已经为公民留出了足够的地位，使得他们总感觉像在家里一样。[①] 正是通过“参与性自治”，公民积极参与公共事务，感受共同善，并在共同行动中感受到与同胞公民的各种纽带，这时，他们才可能把其他公民看成是“我们中的一员”，才愿意与其他公民一起共同承担公民义务，爱国主义才能够产生和成长，一种维持复杂社会的一体化的“陌生人的团结”才有可能。[②]

概言之，共和主义公民友爱观的基本观点在于：(1) 友爱除了具有私人伦理向度之外，其公共政治向度也不容忽视和遗忘，共和主义友爱观更看重于其公共属性；(2) 公民友爱本质上对于公共生活和政治生活具有积极作用，它规定了自我与他者的关系，以及由这种关系所构成的社会空间；友爱观体现着与他者的关系，也承托着社会模式、政治制度，以及国家与民族之间的秩序建构；(3) 公民友爱与正义、信任和爱国主义的深层联系表明，公民友爱与普遍化的全体法律和全部逻辑相联系，与伦理和法权相联系，与平等自由的价值相联系，与一切公共政治模式相联系，特别是与民主政治相联系。这种体现人与人、人与共同体以及社会组织团体之间关系的友爱观念和友爱模式，乃是政治最基本、最重要的基础。因此，在当代政治生活实践中，倡导一种有温度、有厚度、有深度的共和主义公民友爱观，具有十分重要的价值和意义。

---

① ［法］卢梭：《论政治经济学》，王运成译，商务印书馆 1962 年版，第 19—20 页。

② 彭刚：《维罗里的共和主义的爱国主义》，《西北工业大学学报》2008 年第 9 期。

第六章

古典德性与公民教育

西方古典共和主义的政治原型包括古希腊的城邦国家、古罗马的共和国，以及近代早期的意大利北部城市共和国等，[①] 其主要理论家包括柏拉图、亚里士多德、西塞罗等古代思想家，以及追慕古典传统的马基雅维利和卢梭等近代思想家。公民美德与混合政体是古典共和主义最为关注的两个核心问题，对公民教育的重视则可以视为它区别于其他政治思想传统的最重要面相之一，而无论是古典共和主义思想家的公民教育构想，还是古代共和国中的公民教育实践，都对西方的教育史和教育思想史产生了深远的影响。本章试图对古典共和传统中公民教育的目标、内容、形式和实质作出梳理和总结，并在古今公民教育的相应对照中，揭示其在现代社会中可能的价值与意义。

第一节　德性教育

首先，我们需要澄清的是，在古典共和传统中“什么是教育、教育的目标是什么，以及教育应当着力于培养什么样的人”这个问题。这期间的古今之别是非常明显的：西方现代的教育理念与实践体系虽然不排斥对公民基本美德的培养，但由于其单薄

---

① 本章论述主要集中于民主制的雅典、寡头制的斯巴达以及罗马共和国。

的公民美德观（表现为所谓的“civility”），这方面的内容与人文博雅教育、职业技术教育相比是次要的，也是富有争议的；而在古代世界，公民德性（civic virtue）教育则构成了教育最基本的内容。我们知道，自公元前5世纪由普罗塔戈拉和高尔吉亚所肇始的智者运动以来，古典世界出现了两种教育理论：一是以柏拉图、亚里士多德为代表的哲学教育学，二是以伊索克拉底—西塞罗—昆体良为一脉的修辞术教育；但无论是哪种教育理论，都认为教育的本质是德性教育。

一　两种教育理论

在《法律篇》（643e—644a）中，柏拉图借雅典客人之口探讨了古典理想中教育（paideia）的本质，他区分出两种不同的教育：一种是诸如做生意、造船等技巧训练的教育，这在今天我们称之为职业教育；另一种是“从童年开始就引人追求美德，令人渴望成为完善公民的训练”。前者“与理智和正义没有任何关系，目的在于获得财富或使身体健壮”，是粗俗的、低下的，根本不配称之为教育；后者的目的是“让人知道什么是对正义的服从，怎样以正义使人服从”，这才是真正的教育。“真正的教育”是一种关乎德性的教育，其最终目标是服务于政治中的统治与被统治。古典世界的教育、伦理和政治存在着内在相通性和一致性：“好人”就是有德性的人，只有好人才能成为好公民，而且教育是使人变成最优秀者的绝佳捷径，因此，教育是极其重要的事情。①

古希腊另一位重要的教育家伊索克拉底在其教育宣言《驳智术师》中也重申了古典共和传统中的“德性教育”主题，他指出，学习政治的智慧与言辞即修辞术，对践行德性最有帮助，是一切知识当中最高贵的，要求学生长期努力和辛勤付出，但回报是得到知

① 参见［法］布舒奇《〈法义〉导论》，谭立铸译，华夏出版社2006年版，第100页。

识和实践智慧，而这些对公共德性而言是不可或缺的。[①]“学习政治的智慧与言辞”这一理念是伊索克拉底全部教学实践的缩影。和柏拉图一样，伊索克拉底创办了学园，一大批出类拔萃的演说家从他的学校走出去，他的教育目标是教导公民在他们自身的私人生活与公共事务中取得成功。他用一生的教育实践向我们证明，修辞术不仅是参与现实政治生活的工具，而且也是传递高尚道德的手段。

在《演说家的教育》卷一的前言中，古罗马教育家昆体良明确指出：“我们所要培养的演说家是完美的演说家，他只能是一个善人，因此，我们要求他不仅有非凡的演说能力，而且拥有一切道德德性。”这个拥有一切道德德性的演说家是“一个名副其实的公民，一个适合处理公私事务的人，一个能够以其建议指引城邦、以其立法奠定城邦、以其洞见改革城邦的人”。[②] 在昆体良看来，一个在法庭上为正义辩护、指导人们趋善避恶的演说家，首先应具有崇高的品德，一个没有良好德行的人不可能是一个真正的演说家；因此，昆体良反复强调教育的目的是培养具有崇高德性而又精于雄辩的人，崇高的德性甚至比广博的知识和雄辩的才能更重要。

由此可见，古典教育的核心即德性教育，就是要把最优良的事物如节制、勇敢、正义等美德植入公民的灵魂。既然只有德性教育或者说公民美德教育才是真正的“教育”，那么通过哪些方式来教化公民，使他们拥有优异和卓越的德性呢？

在《普罗塔戈拉》的著名段落中，柏拉图从家庭教育和公共教育两个方面清楚地表达了实现德性教育的途径。在家庭教育中，父母要在孩子很小的时候就进行教育和训诫，通过自己的言行告诉他“这个对、那个不对，这个美、那个丑，这样虔敬、那样不虔敬，做这些、不要做那些”。除此之外，柏拉图认为教育需要系统的训

① 《古希腊演说辞全集·伊索克拉底》，李永斌译，吉林出版集团2015年版，第331—338页；另外参见［英］葛怀恩《古罗马的教育：从西塞罗到昆体良》，黄汉林译，华夏出版社2015年版，第34—35页。

② 转引自［英］葛怀恩《古罗马的教育：从西塞罗到昆体良》，第152页。

练，教师要教授一门接一门的技艺，比如，要进行诗教，要强迫孩子诵读并背诵诗作，因为这些作品中“有许多警言，还有不少古代好男子们的外传、颂赋和赞歌”，可激发孩子们去摹仿他们的德性；还要进行乐教“强迫孩子们的灵魂熟悉节律以及和音”，养成好的品性；还要进行体育教育以期“有更好的身体可以为有益的思想效力”。最后，强迫孩子服从城邦的法律，按照贤明的古代立法者发明的立法来统治和被统治，谁要是特立独行，城邦就要进行惩罚。“一个男子的德性——如果有这种东西，它必然便是所有人必须分有的东西。……［如果有这东西］就必然得训导和惩罚没有这［德性］的人，无论小孩、男子抑或女人，直到通过惩罚使他变得更好”。[①]“强迫”“惩罚”这样的字眼反复出现，说明了其在教育中充当了很重要的角色，人的灵魂不会自觉向善，在从初级灵魂向高级灵魂上升的过程中，需要教育的训导和强制。[②]

二　诗教、乐教和体育

事实上，在古希腊城邦和罗马共和时期的教育实践中，诗教、乐教和体育（军事教育）都是公民进行德性教育的重要方式。在驯化自然情感、发展道德德性、实现更高的理智德性方面，诗教功不可没。在学校中，诗人的作品是学习的主要教材，背诵荷马诗篇和赫西俄德诗篇是一种传统的教育方式；公元前7世纪，阿提卡诗人提尔泰奥斯的诗描绘了理想的斯巴达男性的英勇形象，“他站在阵列的第一线，严守阵地丝毫不动摇，他深知这是为了城邦和他的所有子民”，从而激发士兵战斗激情；[③] 在历史史诗《布匿战纪》中，

---

① ［古希腊］柏拉图：《普罗塔戈拉》，载刘小枫编译《柏拉图四书》，生活·读书·新知三联书店2015年版，第77—79页。

② 亚里士多德关于（伦理）德性对于公民良善生活的重要性以及教育的作用，参见《尼各马可伦理学》和《政治学》相关段落（例如，*NE*，X.9，1179b20—1180a10；*Pol.* III.13，1282b25—26），尤其是可能最后并没有完成的《政治学》第8卷论公民教育。

③ 据柏拉图《法律篇》（629a）的记载，斯巴达人为了感谢诗人和他的作品，甚至授予他斯巴达公民权，这在封闭的斯巴达历史上是极其罕见、极其崇高的荣誉。

奈维乌斯用诗歌表达罗马军队的牺牲精神，“他们宁可让自己就地丧失性命，也不愿带着耻辱回到同伴中间”。[①] 诗歌所展示的英雄人物的勇敢、力量、正义等，使人们的情感得到陶冶、净化、疏泄，唤起人们的怜悯和恐惧，劝善戒恶，诗歌的道德教化作用得以实现。

在通向美德的教育中，乐教也是古典教育尤其是童蒙教育的重要组成部分。儿童年幼的灵魂难以接受严肃事物，而音乐却能以最愉悦和最轻松的方式，通过唱词的德性内容[②]和特有的和谐节律，来陶铸灵魂之卓越。通过音乐训练，孩童学会自我控制，养成良好习惯，懂得遵守法律。在斯巴达，教会年轻人诵唱国家法律和英雄赞歌，激发他们竭力仿效老一辈英雄去创造新业绩，是最富教育意义的事情。乐教还是培养斯巴达战士的主要手段，歌词内容庄严奋励，或是赞扬英勇献身的人，或是谴责贪生怕死之徒，曲调旋律朴素强劲、坚定简单，有利于培养战士勇敢、服从、遵守纪律、自制等德性。[③] 在古希腊，合唱歌表演是一种关乎城邦根本的教化，是城邦教育的核心和开端，对于受教育的孩子而言，也是城邦政治生活的开始。《法律篇》中雅典客人说，一个人“没有受到教育”是指一个没有受到合唱训练的人（645d），这个说法尽管稍显夸张，但是在柏拉图时期的马格内西亚城邦的典型公民，一年有五分之一的时间参与到合唱与舞蹈中却是再平常不过的事情。[④] 在古希腊“大酒神节”这样的戏剧节日，悲剧（肃剧）演出对初具政治权利的男青年（18—20 岁）的教化作用不容小觑，仅从以下两点便可知晓，一是肃剧歌队往往由这个年龄段的男青年组成，歌队的舞蹈和歌唱训练带有准军事化的严厉；二是酒神节观众席的中心位置也

---

① 转引自王焕生《古罗马文学史》，中央编译出版社 2008 年版，第 43 页。

② 在古希腊，合唱歌包括庆典歌、凯旋歌、赞颂歌、谢恩歌、哀歌等，其唱词都具有强烈的道德意蕴在其中，孩童在合唱中，感受高贵的灵魂，并进而摹仿，从而达到音乐的教化作用。

③ 参见李立国《古代希腊教育》，教育科学出版社 2010 年版，第 38 页。

④ 参见［美］布尔高《柏拉图式城邦中的音乐与教育》，何源译，载娄林主编《柏拉图与古典乐教》，华夏出版社 2015 年版，第 13 页。

是留给年轻人的，目的是让他们接受教育，以便未来更好地参与政治。[①]

此外，公民德性教育的内容还包括体育及军事教育。在古典时代，战争在社会政治生活中的压倒性影响[②]使得体育训练决定性地与军事教育联系在一起。例如，雅典有军事性的公民教育机制，即“埃菲比亚”制度。它规定雅典青年最终取得正式公民权必须参加为期两年的军事教育，以培养青年的作战技能以及对法律和政治权威的服从。[③] 在斯巴达，由于战争危险加剧，国家实施军事色彩浓厚的国家教育制度，即“阿高盖”制度。严格的身体训练、独特的生存训练和残酷并饱受争议的特殊训练[④]等教育内容，不仅旨在培养斯巴达公民的军事技能，而且旨在培养崇尚荣誉、吃苦耐劳、节制忍耐、爱国守法等不屈不挠的公民美德和特殊道德品性，最终将斯巴达人培养成为优秀战士。[⑤]

由上观之，古典公民教育旨在培养优良的公民，通过诗教、乐教、体育及军事教育等种种教学和活动，让公民积极参与到城邦公共生活的共同善业中，培养城邦未来公民的品质和技能，公民在投身于城邦的公共事务、实现公共善的过程中，实现自我向善本性。因此，在古典教育传统中，好公民和好人是统一的，公民教育与公民德性教育也是统一的。

---

① 参见郝兰《悲剧性过错：重启〈诗学〉》，陈陌译，载刘小枫、陈少明主编《诗学解诂》，华夏出版社 2006 年版，第 269 页。

② 芬利指出，在罗马共和国最后的三百年里，罗马军队不在外作战的时间可能不超过十余年；在共和国最后的两个世纪里，任何一年中平均都有百分之十三的成年男子在打仗，有的年份甚至高达百分之三十五。参见［英］芬利《古代世界的政治》，晏绍祥、黄洋译，商务印书馆 2013 年版，第 24 页。

③ 参见吕厚量《雅典古典时期的埃菲比亚文化》，《世界历史》2014 年第 4 期。

④ 这类具有军事色彩的活动主要包括“秘密巡行、猎杀黑劳士、模拟战争”等科目，尤其是“秘密巡行”（Crypteia，又称“库普提亚”制度）是斯巴达饱受争议的教育科目。参见祝宏俊《古代斯巴达政制研究》，中央编译出版社 2013 年版，第 216—220 页。

⑤ 参见祝宏俊《军事教育与斯巴达的阿高盖制度》，《世界历史》2013 年第 4 期。

第二节 整全教育

接下来，我们要讨论的是“教育权威属于谁以及如何实施”的问题。我们发现，为了让公民获得德性，古代城邦—共和国除了通过学校来实施教育之外，也广泛地利用宗教、习俗和公共仪式等方式和途径。这与西方现代的公民教育也存在着截然分殊：后者主要是通过学校（以及家庭）进行公民教育，宗教、习俗和仪式等方式的公共教育意蕴并不突出，比如，现代社会坚持政教分离的基本原则，尽管宗教仍然在公共生活中发挥着其独特的功能，但主要是私人道德的教化，而不再成为政府旨在达致其政治、军事目的的公共教育方式。相比之下，在古代礼俗社会（Gemeinschaft）中，公民教育必然是整全式的，宗教、习俗、庆典、娱乐、节庆等众多形式统统纳入其中。

一 公共教育

在古典时期，公民教育的权威首先属于国家（在古典观念中，“国家”与“政府”是同一概念），由国家来实施统一的公共教育。由于城邦的利益和安全最为重要，零散的、碎片的、缺乏规制的教育，不能让公民作为一个整体有意识地承担起公民责任，也无法为城邦安全提供必要的基础。因此，为了保全政体，“教育应该由城邦来管理，由国家来规制”，让“公民的情操”经过“习俗和教化（教育）陶冶而符合于政体的基本精神”，培养公民对共同体的爱、对公共利益的无私奉献以及对个人利益的自我弃绝。①

教育分为两类：公众的和特殊的，或者说共同的和家庭的，分别针对公民与个体。在《关于波兰政府的思考》中，卢梭认为，既然国家体制使所有人一律平等，所有人都必须在一起以相同的方式

① ［古希腊］亚里士多德：《政治学》，1310a 10—20，第407、275页。

接受公共教育。并且，这种教育应该囊括每个人生活的全部，包括在他人看来可能属于个人娱乐的部分，如游戏就应该是公共的，不应允许他们各自单独随心所欲地玩耍，而是所有人都在大庭广众之下一起进行。① 他还指出，共和传统中的公民教育不是按照“人之所是”来各尽其才，而是按照“社会之所需”来教化育人，公民教育的目标就是要“使他们成为所需要成为的样子”。② 正如家庭教育对于父权制下的男性家长具有重要性一样，公共教育的结果对于国家也尤其重要，实行公共教育的克里特人、拉栖第蒙人和古波斯人取得了巨大的成功，并且创造了辉煌，因此，一个明智政府的首要任务之一就是大力实施公共教育。国家以法律的形式来控制和实施公民教育，通过立法规定教育的“课目、顺序和形式”。③ 共和教育制度要求所有人自孩提时代起都应一视同仁地接受公共教育，以便从小培养公共精神和公共情感。

由此可见，在古典共和传统中，人的价值不是通过其自身来证成的，而是通过与国家、与整体的关系来证成的。评判公民教育制度的成败在于它是否培养了国家所想要他成为的那种人。共和国要成为一个凝心聚力而不是一盘散沙的道德共同体，这就意味着个体要弃绝孤独自为的自然人状态，成为相互联系的公民人。以国家的视角来看，个体融入、化入共和体制从而形成整体优势和道德优势，因此，公共教育就是要“剥夺人的绝对存在，以便使之成为相对存在，把‘我’转移到共同的整体中去”，于是，“我”就不再把自己看作单单一个，而是整体的一部分，仅仅感觉自己在大家之中。④

在斯巴达，吕库古的立法规定，由国家对孩童进行有组织、有

---

① ［法］卢梭：《政治制度论》，刘小枫编，崇明等译，华夏出版社 2013 年版，第 53—55 页。

② ［法］卢梭：《政治制度论》，第 153 页。

③ 同上书，第 53 页。

④ ［法］卢梭：《爱弥儿》（上册），李平沤译，商务印书馆 1979 年版，第 9—10 页。

体系的、严格的公共教育，人人都过着规定的生活，从事规定的公共事务，时刻考虑到自己整个地属于国家，而不是属于个人。据柏拉图说，伯里克利给亚基比德派了个叫佐皮罗斯的普通奴隶当家庭教师。吕库古是不愿意将斯巴达的孩子交给买来的或雇来的家庭教师去管教的，法律也不准许父亲随心所欲地抚养和训练自己的儿子。① 在儿童时期，男孩子们被父亲带到称为“菲狄提亚”（phiditia）的公共食堂，接受斯巴达生活方式的初步训练，在那里他们倾听政治辩论，领受有益的教育典范。② 等孩子一到 7 岁就全部由国家收养，编入连队，在连队里遵从划一的纪律，接受划一的训练，一道游戏和学习。在连队，国家不仅对他们进行政治教育，讲授国家的政治法律、风俗习惯、生活准则和行为规范，训练儿童成为国家未来的护卫者和统治者；还进行严酷的准军事化训练，训练他们成长为一个忍耐力强、勇敢刚强、能征善战的勇士。年满 20 岁就可以结婚，但是仍然要住在军营，直到 30 岁才能成为国家的正式公民，在 30 岁之前，都是由国家对青少年进行公共教育。③

色诺芬依据古希腊人的理想所拟构的居鲁士时代的波斯教育制度，要求所有人自孩提时代起都应一视同仁地接受公共教育，以便从小培养公共精神和公共情感。比如，在孩提时代，孩子们通过讼案了解公平和公正、通过饮食学会克制自我欲望和服从长者权威、学习投掷标枪和搭弓射箭这样的体育和军事技能；在青年时期，学习战时追击的技艺，并为了国家利益随时准备跟随统领；在成年时期，公民教育继续培养公民具有强健体魄和坚韧意志，并培养听命于统帅、为国效力的忠诚品质，从而更好地履行作为共和公民的职责。④

---

① ［古希腊］普鲁塔克：《希腊罗马名人传》（上），陆永庭等译，商务印书馆 2010 年版，第 106—107 页。

② 同上书，第 99—100 页。

③ 同上书，第 116 页。

④ ［古希腊］色诺芬：《居鲁士的教育》，沈默译，华夏出版社 2007 年版，第 50 页以前。

国家控制公共教育以雅典和斯巴达为代表，而在古典时期希腊的其他城邦和古罗马共和国早期，家庭教育却更具代表性。和斯巴达、雅典不同，学校教育在罗马共和国晚期才逐渐形成，在共和时期早期罗马还没有出现学校，因此大部分教育活动主要是通过家庭教育来完成的。在罗马家庭中，教育的权威属于父亲，父亲可以自由教育小孩，是孩子们的统帅，国家并不打算干涉他的自由。西塞罗指出，在孩子教育方面，罗马的政制反对“任何固定的，或是法律规定的，或是由国家设定的，或是对所有的人同一的”公共教育体系，[①] 主要由父母或教仆对孩童进行教育，来培养优良的品性和良好的社会责任感。

二　家庭教育

罗马是一个从农业小邦发展起来的国家，通过征战和对外扩张逐渐成为罗马帝国，因此，对男性孩童而言，家庭教育主要是把他培养成共和国未来的好农夫和好战士；而对女性孩童而言，主要是培养其成为好主妇，即合格的罗马公民的好妻子。一般而言，1—7岁的子女都由母亲进行教育，7岁之后，父母对子女的教育分工负责，母亲更多承担对女孩的教育，父亲更多承担对男孩的教育。

在共和国早期的和平时期，公民首先要致力于改变早期罗马恶劣的生存环境和落后的生产力，积累财富，保证衣食无忧，并准备国家战时所需物资；在战争时期，好农夫变成好战士，拿起武器，勇敢地捍卫国家的安全。据李维记载，公元前458年，罗马遭到外敌埃魁人的进犯，执政官卢基乌斯·弥努基乌斯·钦钦纳图斯率领的军队被敌人包围，危难时刻，元老院决定任命昆克提乌斯为独裁官，掌握国家最高权力。当元老院派使节通知他统兵迎敌时，他正在自己的土地上干农活。当听到元老院的委任后，立刻临危受命，拭去灰尘和汗水，换上长袍，走马上任，领兵作战，并取得胜利。

① ［古罗马］西塞罗：《西塞罗文集（政治学卷）》，第116页。

凯旋回城后，昆克提乌斯在第十六天就交卸了授权六个月的独裁权，解甲归田。[①]

李维笔下的昆克提乌斯是“好农夫”和“好战士”的典范，老伽图的子女教育法正是仿效这一典范进行的。普鲁塔克曾记载，老伽图非常重视孩子的教育，尽管事务繁忙，但他仍然亲自教授孩子，“不但成为孩子的启蒙教师，还是法律课的家庭教师和体育教练。他不仅教儿子投铁饼、披甲戴盔去骑马，还教他打拳，经受寒暑锻炼，在台伯河追波逐浪尽情泳渡。他亲手用正体字写成《罗马史》，这样他的儿子不必出门就能熟悉本国古代的传统”。[②] 小斯基皮奥[③]也曾说，尽管“由于父亲的用心，曾受过广泛的教育，从小便充满强烈的求知欲望，不过主要还是通过自己的实践和家庭教训，而不是依靠书本获得知识的罗马人”。[④]

家庭教育对女性的教育也发挥了重要的作用，不过由于经济基础、社会阶层、家庭背景和父母对教育重视程度的差别，罗马女性的家庭教育一般仅限于贵族家庭，并且母亲承担着主要的教育任务。在对女性的教育中，品德教育是第一位的。“道德始终是占据首要地位的因素，道德的形成是教育的最高目的，道德远比知识重要，道德既是知识的目的，又是获取正确知识的必要条件。”[⑤] 罗马优秀女性形象是一个具有强烈家庭责任感的家庭主妇，母亲会用女性楷模来教育女儿。其次，母亲要教女孩如何做一个好的家庭主妇

---

① ［古罗马］李维：《自建城以来（第一至十卷选段）》，王焕生译，中国政法大学出版社 2009 年版，第 107—111 页。

② ［古希腊］普鲁塔克：《希腊罗马名人传》（上），第 366 页。

③ 小斯基皮奥（小西庇阿）是西塞罗《论共和国》的主要对话人物，迦太基的征服者。小斯基皮奥是征服马其顿、扬威异域的卢基乌斯·埃米利乌斯·帕乌鲁斯（L. Aemilius Paulus）的次子，是老斯基皮奥的儿子普布利乌斯·科尔涅利乌斯·斯基皮奥（Publius Cornelius Scipio）的养子，因此也是老斯基皮奥的孙子。为了使小斯基皮奥受益，其父亲从希腊聘请教师教授文学、修辞术、哲学、雕刻、绘画和狩猎等。参见［古罗马］阿庇安《罗马史》（上卷），谢德风译，商务印书馆 1978 年版，第 246 页。

④ ［古罗马］西塞罗：《西塞罗文集（政治学卷）》，第 27 页。

⑤ 张斌贤、褚洪启：《西方教育思想史》，四川教育出版社 1994 年版，第 163 页。

的持家生活技能，如生火、汲水、准备食物、做饭、缝制、纺纱和制作衣服等，据记载，雷必达家中的纺织机日夜不停地织布，他的妻子还亲自进行纺织。蒙森曾说：“按罗马人的观念，纺织之于女子，如同耕耘之于男子。”[①] 此外，女性也学习读、写、算等文化知识，只不过与道德教育和实用技能教育相比，识字和阅读的知识性教育相对不那么重要。最终，通过家庭教育要培养勤俭持家、相夫教子、忠贞孝顺的合格罗马公民的妻子。

三　礼俗社会教育

尽管在罗马共和国早期，家庭教育是主要的公民教育形式，但古罗马是一个礼俗社会，一系列习俗和传统所具有的公共教育功能也不容小觑。首先是宗教所承担起的政治教育功能。在古代世界，宗教是用来谋求城邦公共利益及安全的一系列的信仰、符号和仪式，不仅为政治权力提供了神圣合法性基础，而且是庞大公民教育体系的一个重要组成部分。从举行国家宗教庆典、公共祭祀活动，再到开发殖民地、宣战、媾和，以及解释各种天象、梦幻乃至生活琐事等，宗教与人们的日常生活、城邦平时政治活动以及战时军事活动紧密相连，在强化共同体意识、确立公共行为准则、维持社会秩序等方面，起着十分重要的教育作用。

李维曾指出，宗教在强化共同体意识以及培养古罗马人的爱国精神方面起到了非常重要的作用。当罗马城被高卢人毁灭后，人们打算放弃一片废墟的罗马城，迁往威伊城。独裁官卡米卢斯为鼓励人们重建罗马城发表了著名演说：“我们拥有的城市是在有吉兆的情况下经过鸟卜奠基的；城市里没有一处地方不充满宗教禁忌和对神明的崇拜；对于举行隆重的祭典的地方的准备的认真不亚于进行祭典本身。奎里特斯们（同胞们），难道你们准备抛弃所有这些国

---

① ［德］蒙森：《罗马史》（第一卷），李稼年译，商务印书馆 1994 年版，第 54 页。

家的和私人的神明吗?"[①] 卡米卢斯正是以宗教之名来教育罗马人民，唤起他们对罗马城的热爱，激发他们在废墟上重建罗马城。马基雅维利在他关于罗马史的独特诠释中，特别强调了宗教对于率军征战、动员平民、使人良善和让恶人蒙羞上所具有的教育意义。他发现，罗马国王努马创立的罗马宗教制度，借助宗教和神明的名义给城邦制定新制，使得凶残的罗马人从此惧怕违背誓约而甚于害怕法律，进而“维护了共和国的虔敬，臣民的敦厚，精诚团结亦可相伴而生”。[②]

宗教不仅用来激发对共同体情感和爱国热忱、保持军队信心，而且还借助神明的名义对危害共同体秩序和道德风尚的行为进行惩罚。在古希腊，一旦发现公民有不敬神、不信神等威胁城邦安全的思想、言论和行为，城邦就会以宗教之名，借助国家政权的力量，运用法律的手段，开启审判程序，严厉惩罚这些行为，从而达到教育民众的效果。比如，智者普罗塔戈拉因在著作《论神》中不敬神灵，被驱逐出雅典，著作在广场被当众焚毁；哲学家阿那克萨哥拉因声称太阳是块热石头月亮是块冷土地，被判犯了不虔诚罪获死刑，幸得伯里克利营救，最终被判罚金，逐出雅典，在兰波萨卡聊度余生；雅典五百人陪审法庭以不信官方宗教，以异端邪说败坏青年为由宣判苏格拉底犯了渎神罪而将其处以死刑。[③]

除利用宗教来进行公民教育外，葬礼游行、凯旋式、宴饮和竞技表演等公共仪式和节日庆典，都是古罗马社会对年轻人进行教育的鲜活素材。按照罗马的民族习惯要求，罗马公民的葬礼包括游行（pompa）这一环节。[④] 葬礼游行的路线从家庭的中庭（atrium）开

---

① ［古罗马］李维：《自建城以来》（第一至十卷选段），第213页。

② ［意］马基雅维利：《论李维》，第81页。

③ 吴晓群：《公民宗教与城邦政权——雅典城邦的宗教管理》，《历史研究》2008年第3期。

④ 一个典型的罗马贵族葬礼包括中庭展示、葬礼游行、葬礼演说、处理尸体四个步骤。目前关于古代罗马人举办葬礼情况的记载基本上局限于贵族和政治人物，由于葬礼的举办是一个颇费财力的活动，普通民众一般没有能力举办一个规格完整的葬礼。

始，穿过熙熙攘攘的街道，到达罗马广场。波利比乌斯曾描述了葬礼游行的场景，在游行队伍中，由演员头戴按照死者家族祖先肖像制作而成的蜡制面具（imagines），[①] 身着该祖先在世时所出任最高官职和身份的长袍，佩戴他生前所获得的各种荣誉勋章，模仿他生前惯有的举止和语言。不难想象，当这样一支声势浩大的队伍在哀乐伴奏下，浩浩荡荡地向罗马的政治中心进发的场景，必定会引来大批的人群驻足围观，对公众心理产生强烈的影响和震撼。珀律比俄斯在《罗马志》中曾描述了这种公共仪式场面对一个男孩的深刻教育意义，“为有雄心和抱负的孩子提供这么蔚为壮观的场面，殊为不易。看着这些英明显赫之人的雕像列队而立，栩栩如生，谁能不为之动容？还有比这更蔚为壮观的场面吗？最要紧的是，年轻人因此而受感发，为了共同的福祉而承负所有形式的艰辛，希望赢得勇士才配享有的荣耀”。[②]

又比如，宴饮也是古罗马的古老习俗，在宴饮时即席歌颂著名的英雄或者赞美祖先的德行，既有助于教化，又凝聚了家族成员。凯旋式（triumphus）是古罗马的传统，当将军在对外战争中获得重大胜利之后，元老院会投票让他举行一次穿越罗马的凯旋游行。胜利的将军脸上涂上油膏，左手持节杖，右手握月桂芝，头戴月桂冠冕，骑着白马牵引的战车，展示他的战利品和俘虏，享受着国家赋予他的无上荣耀。参观凯旋式的人群从马尔斯广场一直到卡皮托林山上的朱庇特神庙，在胜利者对失败者的表演中，公共仪式对公众

---

① 蜡制面具平时摆放在中庭，中庭是一个露天的院子，其外形呈正方形，中央有一个天井正对上空，四面围墙，通过一条长长的甬道同大街衔接在一起。每天早上，主人在这里接受请安，接待门客和来访者，处理日常事务，是家庭成员相互接触的重要场所，也是了解外部世界的重要窗口，与广场在罗马社会的政治功能相似。撒鲁斯特曾记载，昆图斯·马克西穆斯和在扎玛打败汉尼拔的普布利乌斯·斯基皮奥以及其他著名人物都习惯于宣称，“每当他们看到自己祖先的面具的时候，他们心中都会燃起追求德行的熊熊烈火”，正是因为回忆起祖先的丰功伟绩，激励他们以勇敢的精神干出无愧于祖先的声誉和光荣的事业。参见［古罗马］撒路斯提乌斯《朱古达战争》，第251—252页。

② 转引自［英］葛怀恩《古罗马的教育：从西塞罗到昆体良》，第13页。

的教育功能展露无遗。此外，古罗马文化中的竞技庆典[①]尤其是角斗士表演，作为一种集表演性、娱乐性和观赏性于一体的具有宗教色彩的娱乐活动，也是一种培养罗马公民英勇、忍耐、冷静面对死亡，向士兵灌输“不成功便成仁”的信条的军国主义教育形式。[②]

概而论之，在教育权威的归属及其实施方式上，古典公民教育存在两种不同的传统：一种是以雅典和斯巴达为代表的、教育权威属于国家的公共教育模式；另一种是古罗马共和国早期为代表的、教育权威属于家长的家庭教育模式。但是，无论哪种教育模式，都非常注重运用发挥宗教、习俗和公共仪式在公民教育尤其是德性教育中的功能，而这也正是古今公民教育的重大差异之处。

第三节　精英教育

最后，我们来探讨一下古典共和传统中“公民教育的本质是什么”的问题。古典意义的公民教育是围绕德性展开的，从人的自然性而言，德性作为一种卓越的品质，并非所有人都能获得；从人的政治性而言，德性是指公民美德，意味着政治参与和服务于共同体的利益，事实上只有少数人有意愿、有能力做出贡献；从实践的角度而言，虽然共和主义传统从理念上坚持公民内部在政治以及社会经济方面的平等，但即使是最民主时期的雅典也主要是政治—军事精英的舞台，更不用说贵族始终占据主导地位的罗马。这就决定了古典共和传统中的公民教育必然是一种精英教育，它以贵族、政治—军事领袖为教育对象，以培养其维护政治共同体的自由、伟大所必需之品性、技能为教育目标，对普通公民的美德要求很低或者

---

① 竞技庆典（*ludi*）是古罗马文化中一种独一无二的仪式，它集竞技、宗教庆祝、胜利游行、血腥表演（主要包括大规模处决、人兽搏斗和角斗士对决）为一体，是几百年间（尤其是公元前1世纪以后）最为流行的全民娱乐方式。

② 参见李永毅、李永刚《死亡盛宴——古罗马竞技庆典与帝国秩序》，《南京大学学报》（哲学、人文科学、社会科学版）2009年第5期。

说只要求消极的公民美德。

一　统治与被统治

前面我们谈到的柏拉图关于真正的教育就是让人学会正确地统治和被统治的教诲可以作为古典精英教育的典型表述。教育一个人之为人，就是要让其灵魂中高级的部分统治其灵魂中低级的部分，教育一个人之为公民，就是要让少数人统治多数人。柏拉图的公民美德教育大纲，并非针对全体公民的教育，而是针对国家统治者和护卫者的德性教育。在《理想国》中，柏拉图用巨大的精力去教育一个较高的护卫者阶层，因为这个阶层能全身心地投入公共善业护卫城邦，换言之，这个阶层具有道德和理智的优越性，所以教育的资源和精力应倾向于这一阶层。至于处于国家底层的大多数的生产者，根本不需要教育，只需学习技艺，拥有“服从”的美德即可，真正的教育乃是施于统治者的德性培养。

西塞罗认为，教育的根本目的在于培养政论精英，演说术教育正是服务于这一目的，在罗马的社会生活中，无论是担任政治角色，还是在法庭辩论，都需要公民掌握一定的讲演技能。演讲术教育是一门必不可少的学问，而作为一名好的政治活动家，这门知识就更显重要。[①] 昆体良也认为，“我所培养的人是具有天赋才能、在全部高等文理学科都受过良好教育的人，是天神派遣下凡来为世界争光的人，是前无古人的人，是各方面超群出众、完美无缺的人，是思想和言论都崇高圣洁的人”。[②] 无论是西塞罗和昆体良所提到的演说家，都不是任何人都能接受到的教育。在他们所处的时代，大多数孩子在初级小学接受听、说、读、写等基本技能训练之后，教育就已终止，只有较好阶级出身的男孩，才能进入文法学校学习语法和文学。完成文学的普通教育后，只有准备担任公职的青年，才

---

① 参见李雅书、杨共乐《古代罗马史》，北京师范大学出版社 1994 年版，第 375 页。

② ［古罗马］昆体良：《昆体良教育论著选》，任钟印选译，人民教育出版社 1989 年版，第 160 页。

会学习更专门的修辞学课程。[①] 哈德良皇帝的私人秘书苏埃托尼乌斯曾告诉我们说，“许多学习修辞学的人都登上了元老和高级官吏的位置”。[②] 可见，能够接受演说家教育培养的人的确属于凤毛麟角、不折不扣的社会精英阶层。

卢梭写过一本教育学名著《爱弥儿》，很多人都以为这是一本父母教育孩子的指南，但事实上，卢梭曾专门指出，“[《爱弥儿》]涉及新的教育制度，我以此为贤哲之士们的探究提供方案，而非给父母亲们使用的方法”。[③]《爱弥儿》所要探讨的教育问题，不是一般意义的民众教育，而是要探讨如何教育少数灵魂优异的人，把他们培养为民主政体的“伟大的立法者”；立法者的培养和教育兹事体大，因为有什么样的立法者，就有什么样的政体及其法律制度。[④]

古代公民教育的精英导向不仅仅是理论上的构想和主张，在实践中更是如此。在早期希腊，城邦体育场的体育训练最初只对贵族精英开放，在斯巴达 300 人骑兵团接受国家提供的最良好的教育和训练。在罗马，教育制度的最大特色在于为培养优秀的公民和杰出的演说家提供了最好的服务。比如，罗马贵族的葬礼演说就为年轻的演说家提供了一个在隆重场合下发表演讲的绝佳实践机会，演讲者并非等闲之辈，往往是死者业已成年、初入仕途的儿子，或是某位亲近的家族成员，或是具有一定社会声望口才较佳的外人。演讲者登上广场的讲坛（rostra）发表演说，在并排而坐的家族祖先的注视下，向其述说死者生前的美德和获得的荣誉，在政治上崭露头角和锻炼胆量。[⑤]

---

① ［英］傅伊德、［英］金：《西方教育史》，任世祥、吴元训译，人民教育出版社 1985 年版，第 61—69 页。

② ［古罗马］苏埃托尼乌斯：《论修辞学家》I，转引自李雅书、杨共乐《古代罗马史》，北京师范大学出版社 1994 年版，第 372 页。

③ ［法］卢梭：《山中来信》，李平沤译，商务印书馆 2012 年版，第 139 页。

④ 参见刘小枫《〈爱弥儿〉如何“论教育”》，《北京大学教育评论》2013 年第 1 期。

⑤ 参见王忠孝《论罗马共和国后期和帝国早期的贵族葬礼及其功能》，复旦大学硕士学位论文，2010 年，第 14 页。

二　广场见习期

在古罗马的教育体系中，“广场见习期”（tirocinium fori）是一项重要的教育制度设计。在修辞学业完成后，16—17岁的年轻人利用一年的时间，跟随社会名流和上层显贵见习。塔西佗在《对话》中指出，“如果一个小伙子到了准备进入广场、准备公共演说的年纪，他就会被父亲或亲戚，带到罗马城最卓越的演说家那里。这个年轻人陪着他，伺候他，出席他所有的谈话场合，要么在法庭上，要么在集会里，这样小伙子也就学会了互诘，参与骂战，学会在战场上战斗”。[①] 广场见习期是罗马公共生活的一项具体政治教育形式，在此期间所形成的师生关系被称为庇护制（clintela），有着丰富经验的家人朋友充当庇护人，投靠的人接受庇护人的保护和照看，庇护人向投靠的人提供教育指导，传授给他们法律、政府和辩论的构成要素，分享法律、宪法、政治方面的经验乃至人际关系。[②]

以骑士阶层出身的西塞罗本人为例，他之所以能够跻身于罗马政坛高位，那是因为他在完成成年礼后，就跟随两个斯凯沃拉（一个是大祭祀，一个是法学家），陪同他们出入各种公共场所，接受他们的教育指导。昆体良在完成文法学校的学习后，为著名律师、演说家阿弗尔担任助手。庇护制这种教育体制一方面为年轻人提供了一个实践学习的机会，另一方面也有利于年轻人结识罗马的一些顶尖人物，然而，只有上流社会的青年才可能有机会接受这样的教育。一般而言，作为非贵族出身的新人，很难跻身于权力阶层。西塞罗凭演说获得声望和人脉从而登上罗马共和国最高职位执政官，显然与他能够接受两位德高望重的斯凯沃拉的教育指导、共享罗马最高权力关系网的政治资源分不开。

总而言之，无论是柏拉图的“哲学王”，还是西塞罗的“真正

---

① 转引自［英］葛怀恩《古罗马的教育：从西塞罗到昆体良》，第107页。

② 参见［英］希特《公民身份——世界史、政治学与教育学中的公民理想》，郭台辉、余慧元译，吉林出版集团2010年版，第31页。

的演说家”，或者卢梭的“伟大的立法者”，古典共和传统中的公民教育理想无一不打上精英教育的烙印。古典教育的首要目的是培养统治精英，因为他们担负着治理国家的重任。那些接受优良教育的精英们，养成节制、勇敢、大度、高尚等整全德性，在城邦中身体力行，专心致志、集中精力，服务于城邦的自由与霸权大业。

第四节 启示与借鉴

在一个由个人自由原则所主导的西方现代民主社会，公民教育的原则、内容及其方式与古典共和传统中的公民教育大相径庭。

一 西方现代公民教育的缺陷

尽管现代公民教育有其历史进步意义，但是至少存在以下三个方面的缺陷。

第一，现代西方民主教育把培养公民的正义感和权利意识作为教育的首要目标，忽略了德性教育的意义。在现代社会，正义被视为社会制度的首要德性，每个人都拥有一种基于正义的不可侵犯性，这种不可侵犯性即使以整个社会的福利之名也不能逾越。[①] 因此，现代公民教育强调在法律程序下保障这种不可侵犯性，即以财产为核心的公民权利的实际享有和真正实现，注重对公民权利意识及其捍卫自身权利的行动能力的培养，但它忽略了德性教育在唤醒人本身的优异和卓越所具有的重要意义。在权利优先于善、优先于社会责任感或公共利益的现代观念影响下，西方现代社会的公民教育不仅忽略人的灵魂的提高和升华，而且忽略公共义务、共同体认同感、爱国主义的培养。最终，在现代公民教育的框架下，无法产生伟大的心灵，只能生产没有精神和远见的专家；无法造就积极的公民，只能输出只读报纸体育版和娱乐版的缺乏公共精神、没有任

---

① ［美］罗尔斯：《正义论》，何怀宏等译，中国社会科学出版社 2009 年版，第 3 页。

何智识和不进行任何道德努力的“市民”。

第二，现代西方民主教育要么基于权利理论把教育的权威置于父母，要么基于中立性原则让职业教育家主导教育，但这两种方式都忽略了教育是一个系统工程。“自由主义之父”洛克认为，父母天然地对孩子具有深厚情感，必然是孩子利益的最好保护者，养育和教育孩子是他们不容推卸的责任，因此，任谁（包括国家）也不能解除父母教育孩子的责任；[①] 密尔则为一种更自由的教育辩护，他反对由国家来主导和控制教育，认为把教育权威赋予比父母或公共官员更为中立的职业教育家，更有助于实现自由教育目标。[②] 在极端自由主义者看来，无论是公民的“政治父母”（国家），还是公民的“自然父母”，都不能影响孩子对好生活的选择，国家和父母可以为孩子提供机会，但不能代替孩子选择，应该让孩子自己在最广泛的生活方式中自由地、理性地进行选择，这样才符合教育正义的多元化原则。然而，这两种观点都忽略了教育是一个系统工程，忽略了国家、家庭、个体乃至社会都能通过教育来参与塑造社会结构。由于人本性很难自觉服务于公共利益，故国家教育对于自我之善与社会之善、个体美德与社会正义的融合不可或缺；又由于国家的智慧未必超越其公民所具有的智慧程度，国家所追求的善也未必与公民所尊崇的善相吻合，所以还需要家庭、个体自身乃至社会参与其中。因此，任何一种绝对的权威都不必然具有教导孩子过这种而不是那种生活方式的道德优先性，公民教育是一项需要各种力量共同参与、共同努力的事业。

第三，尽管现代西方民主教育标榜教育公平，实际上无法改变资本主义生产方式下社会阶层的固化所导致的教育资源的分配不公，所谓的教育公平具有一定的虚伪性。民主教育主张在“平等的

---

① John Locke, *Second Treatise of Government*, Cambridge: Hackett Publishing Company, 1980, p. 37.

② John Stuart Mill, *On Liberty and Other Essays*, Oxford: Oxford University Press, 2008, pp. 117 - 118.

怀抱中”实施教育，不可否认随着义务教育的普及和大众教育的发展，人们受教育的机会和程度有了很大的提升，但人人享有平等的受教育权利和机会只具有表面意义。从实质和实践的角度来谈，教育的平等不过是一种幻想。20 世纪 70 年代，阿尔都塞描述了法国资产阶级的教育等级体制的社会结构状况，揭露了统治阶级是如何利用教育的意识形态机器，先是制造工人和小农；随后通过学校筛选的年轻人继续学业，充当中小技术员、白领工人、中小行政人员以及形形色色的小资产者；最后培养剥削的当事人（资本家、经理）、镇压的实施者（军人、警察、政客、行政官员等）以及职业的意识形态家（各式各样的僧侣，可以确信其中大多数都是“俗人”）。① 由此可见，标榜自由和平等的现代资本主义民主教育并没有解决柏拉图在“高贵的谎言”② 中提出的多数和少数、大众和精英、平庸与卓越之对立关系的问题。

尽管西方现代民主教育有其种种局限和缺陷，但这并不意味着古典共和传统的公民德性教育可以成为民主教育的替代物，在现代民主社会中全面复兴古典德性教育既无可能也非必须。不过，一些现代西方民主教育理论家充分认识古典公民教育对于消除民主教育之消极性影响的意义和价值，探索现代自由教育、权利教育和古典德性教育的相容性，③ 以及如何在教育实践中把公民宗教等公共教育统筹纳入教育体系，④ 从而把古典德性教育作为现代权利教育、自由化教育的一种有益补充。

---

① 参见［法］阿尔都塞《意识形态和意识形态国家机器（研究笔记）》，载陈越编译《哲学与政治：阿尔都塞读本》（下），吉林人民出版社 2010 年版，第 290 页。

② 柏拉图在《理想国》（415a—415c）中对统治者和被统治者讲了一个“荒唐的故事”：地球上的人分别由金、银、铜、铁构成，由金做成的人为统治者，由银做成的人为护卫者，由铜、铁做成的人为生产者，他们各安其分，相互爱护，守护城邦。这个故事被称为“高贵的谎言”。参见［古希腊］柏拉图《理想国》，郭斌和、张竹明译，商务印书馆 2002 年版，第 128 页。

③ ［美］古特曼：《民主教育》，杨伟清译，译林出版社 2010 年版，第 39 页。

④ ［美］贝拉：《美国的公民宗教》，孙尚扬译，载金泽、李华伟主编《宗教社会学》第 2 辑，社会科学文献出版社 2014 年版，第 3—24 页。

二　中国公民教育借鉴

从历史上看，中国公民教育既强调爱国主义，注重培养公民对国家共同利益和公共利益的奉献甚至牺牲精神，也强调集体主义，注重培养公民的共同价值观、社会团结感以及为人民服务的精神，更注重公民美德，并一直坚持以培养公民道德为核心的德育观。因此，尽管中西方存在国家社会结构、历史文化传统等方面的差异，中西方公民教育也存在着教育观念、内涵以及历史发展脉络的不同，但是仍然可以发现中国公民教育和古典共和传统的公民教育存在一定的相似性、融通性。就中国公民教育的当代建构而言，西方的共和主义公民教育传统不无借鉴意义。当前，中国公民教育存在渠道单一、方式简单的问题，古典共和主义的整全教育就颇具启发，如我们应当考虑从国家、社会、学校、家庭等多方面、多层次、多渠道展开公民教育。由于西方的特殊历史背景，其通过宗教、葬礼游行、凯旋式、宴饮等方式开展公民教育显然不符合中国国情，但是，我们可以通过普通公民喜闻乐见的形式，以及现代多媒体技术手段等方式来开展公民教育。还有，由于市场经济的推进和发展，新的社会结构和生活方式给公民教育带来了强烈的冲击，以至于整个社会面临道德贬值、信仰消逝、价值危机和世风颓化的巨大风险，这给中国公民教育提出新的重大课题。面对现代性危机，古典共和主义公民教育虽不能包治百病，但其中关于德性教育、培养至善和卓越之公民的理念与实践对当代中国公民教育无疑具有重要参考价值。总之，在当代中国公民教育建构上，秉持开放，采合中西，积极借鉴和汲取古今中外包括古典共和传统中公民教育的优秀文明成果，便可探索创新、不断推进。

第 七 章

责任共和主义

公民身份（citizenship）一直是政治理论的重要内容，它既是政治理论的基本概念，也是政治实践的重要基础，并与一系列重要方面如自由、权利、责任、法治、公共性等一起丰富了政治实践。本章试图对自由主义和共和主义的公民身份进行比较研究，展示这两种公民身份理论之间的竞争和较量，在分析以权利为本位的自由主义的同时，阐述了一种责任共和主义对当代政治实践的意义。

第一节　以权利为本位的自由主义

随着历史的演变和发展，公民身份的内涵和性质也会发生相应变化。自 20 世纪以来，随着自由民主社会的兴起，西方政治哲学界试图建立一种适应于多元民主社会的完整公民身份理论，以期解决现代公民社会所面临的一系列新问题。

一　公民性

西方近代以来，在政治世界所发生的一个翻天覆地的变化就是，将宗教问题逐出公共政治领域，把政治世界与宗教世界分离。这一分离标志着西方前现代和现代的重要分水岭。自此之后，基督教或宗教关注于人的灵魂拯救和彼岸世界；政治关注于人的现实生活和此岸世界。政治与宗教的二元分离的直接后果就是公民事务和教会事务之间的精神对立。而现代政治要处理的一个重要问题就是，政府如何对待持有不同宗教信仰的公民。

政治与宗教、国家与社会的分离促成了一种新的社会形态即公民社会的产生。在这一社会中，公民具有不同的宗教文化背景，因此具有异质性；同时，公民追求自己的利益和财产，因此具有多元性。那么，维系这种公民社会的纽带是什么，或者说保持这样一个公民社会良性运转的基本要素是什么，这一社会对公民有什么样的期待和要求？很多理论家认为，相比于古典政治社会公民身份的核心是“公民美德”（civic virtue），现代公民社会公民身份的核心则是“公民性”（civility）。那么，究竟什么是公民性？

著名社会学家希尔斯对公民性持有一种保守主义的解释，在他看来，公民性是一种信念、美德和态度。说它是一种信念，是因为它基于“共同善”；说它是一种美德，是因为它表现出“良好举止”；说它是一种态度，是因为在“冲突中寻求同意”。希尔斯指出，公民性同时兼具个人主义（individualistic）、集团性（parochial）和整体性（holistic）三种要素的特质，但是，其关怀视域更多的是整体社会福祉、共同善，其行为表现出个人自我意识让位于、服从于集体自我意识，并把整体的社会作为其意识对象。[①] 此外，公民性是形成和维系文明社会的美德，是一种在私人生活、政治和公共生活中所表现出的“良好举止”（good manners）。[②] 它摒弃了人在自然状态的原始、野蛮、粗俗的特征，表现出“礼貌、谈吐优雅、谦逊、尊重他人、自我克制、绅士风度、文雅、高尚、良好的风尚、斯文”的品质。[③] 通过一系列可触可感、可见可闻的“良好举止”，内在的、抽象的“公民性”气质得以外化和具体化，并展

---

① ［美］希尔斯：《市民社会的美德》，李强译，载刘军宁等编《直接民主与间接民主》，生活·读书·新知三联书店 1998 年版，第 296 页。

② Edward Shils, “Civility and Civil Society”, in Edward C. Banfield ed. *Civility and Citizenship in Liberal Democratic Society*, New York: Paragon House, 1992. p. 3.

③ ［美］希尔斯：《市民社会的美德》，第 296—297 页。

现在社会生活的方方面面。最后，公民性也是公民社会政治的独特态度（attitude）和气质（ethos），“是一种试图在相互冲突的需求和相互冲突的利益之间达成平衡的一种态度和行为模式”。[①] 因此，从一般意义上来讲，“公民性”是现代文明社会的普遍美德，具有某种历史普遍性，是一种普遍的道德态度，并使文明社会得以形成和维系。

关于公民性的普遍性，凯克斯提供了一种哲学上的解释。他指出，公民性是友爱、同情和习俗等普遍性情感的混合物。作为一种态度，公民性“是自发的善良意志、不经意的友好和互助精神的混合物”，“它不包含很深的情感；它不是个人的，因为任何人都可能是其受益者；它是自发的，但是敌意、粗鲁或滥用可能毁灭它”。一般而言，大家都认为公民性是好东西但是并非特别重要。但是，凯克斯认为公民性很重要，因为公民性是好生活的基本要素，它使得社会成员之间和谐相处成为可能。[②] 和亚里士多德的公民友爱、休谟的同情和习俗相似，凯克斯认为，公民性是“互惠的、非个人性的”，它意味着公民把他的善良意志一视同仁地延伸到所有公民同胞；此外，公民性“是一种自发的、非算计性的、非反思性的、习惯性的态度”，与生俱来、自然而然的同情是公民性的情感源泉，而一个社会中占主导地位的习俗则是公民用来规范自我和对待他人态度的依据。[③] 无论是公民友爱、同情还是习俗，都是人类社会的普遍美德，公民性也是如此，它使得仅仅拥有公民身份联系的陌生人能够和谐相处，从而“过一种好生活”。

随着政治与宗教的分离，公民性开始了在政治世界的支配地位。将宗教问题逐出公共政治领域之后，在后基督教社会就要确立一种新的政治美德，对不同的宗教信仰保持宽容。柯豪恩认为，

---

① Edward Shils, “Civility and Civil Society”, p. 6.

② John Kekes, “Civility and Society”, *History of Philosophy Quarterly*, Vol. 1, No. 4, 1984, pp. 429 – 430.

③ John Kekes, “Civility and Society”, pp. 442 – 443.

“在多元社会中生活，它与宽容密切相关。文明的公民在面对关于善的深度分歧时实行宽容。他尊重他人的权利，保持克制不使用暴力、胁迫、侵扰和强制，不表现出对他人生活方式的轻蔑，并对他人的隐私抱有合理的尊重”。[①] 沃尔泽认为，友爱只有在一个小的、同质化程度高的小共同体中才是可能的，但宽容适用范围更广。一旦克服情感和信念的障碍，那么宽容500万人就像宽容5个人一样容易，因此，“在所有现代社会尤其是在我们的社会中，宽容是公民性的一种关键形式”。[②] 史珂拉认为，“始终如一的宽容比压制要更为困难，在道德上要求也更高”。[③] “原谅，因此还有宽容，包含着非自然的甚至是不合逻辑的行为，即甚至在认为恶有最终的严重性时还放过它”。[④]

此外，现代社会的另一个标志性事件是国家和社会的分离。在古典世界的乡民社会（folk society）和国家是同构的，公民积极参与到共同体被视为具有相应于其公民身份的美德。乡民社会是一个狭小的地域性社会，更多依赖于自然，基本上是一个自我封闭的小共同体。随着社会的发展，乡民社会逐渐瓦解，城市开始兴起，商业活动开始繁荣，在其中，公民更多地以“私人关切”为中心。这个更多体现私人性活动的社会，既处于家庭之外，又未被纳入国家之中，是一个独立于国家和家庭的领域，被称为市民社会或公民社会（civil society）。而在这一领域需要处理的一个重要问题是，具有不同需求和利益偏好的个体如何共存。从特定的意义上来讲，“公民性”是自由民主社会区别于古典社会的标志，是公民社会的独特美德，和公民美德相比，它是一种低限度的、薄的美德。

---

① Cheshire Calhoun, “The Virtue of Civility”, *Philosophy and Public Affairs*, Vol. 29, No. 3, 2000, pp. 255 – 256.

② Michael Walzer, “Civility and Civic Virtue in Contemporary America”, *Social Research*, Vol. 41, No. 4, 1974, p. 601.

③ Judith N. Shklar, *Ordinary Vices*, Cambridge: Harvard University Press, 1984, p. 5.

④ Glenn Tinder, *Tolerance: Toward a New Civility*, Amherst: University of Massachusetts Press, 1975, p. 138.

确实，公民性与诸如礼貌、良好举止的展现等普遍品质相联系，还展示了诸如宽容、尊重、非歧视等私人性美德。不过，对当代的社会和政治理论家而言，公民性不止于良好举止，无论是宽容，还是尊重也无力解决多元社会中的“道德冲突”。作为私人性美德的薄的、低限度的公民性，在设计解决利益冲突的调节机制时，无非是通过投票来进行。然而这一制度设计的根本缺陷在于，通过简单聚合起来的公民的投票来简单地表达其欲望和偏好，使得政治既缺乏充分性，也丧失了起码的公共性。作为私人性美德的公民性是适应于市场经济的，而不是适用于政治场域的。阿克曼宣称，“对话是公民身份的首要义务。尽管一个进行道德反思的人可以获准切断与真实世界的对话，但是一个负责任的公民却不能切断与政治的对话”。[①] 追求道德真理无须对话，只需要反思；然而追求政治秩序却与此不同，它需要人们的一致同意，而达成同意就需要对话和商谈。“正是因为自由国家并不以道德真理为目标”，而是以追求良好的政治秩序为目标，所以，“其公民必须认识到其自身负有这种不容置疑的对话义务”。[②] 金威尔指出：“公民性确实是一种基本的公民美德，但首先是一种聚焦于政治对话的美德。”[③] 怀特认为，公民性“鼓励公民进行自我约束；表现对他人的关切，并维持一种对植根于理性对话的文明商谈的承诺”。[④] 对巴伯而言，不同的民主类型有不同的政治风格，他所钟情的强势民主的政治风格是行动与合作，而公民性能增进“彼此移情和相互尊重”，能更好地帮助公民处理公共生活中的冲突。[⑤] 因此，更多的理论家认为，与公

① Bruce Ackerman, “Why Dialogue?”, *The Journal of Philosophy*, Vol. 86, No. 1, 1989, p. 6.

② Bruce Ackerman, “Why Dialogue?”, p. 10.

③ Mark Kingwell, *A Civil Tongue*: *Justice*, *Dialogue*, *and the Politics of Pluralism*, Pennsylvania: The Pennsylvania State University Press, 1995, p. 26.

④ Melanie White, “An Ambivalent Civility”, *The Canadian Journal of Sociology*, Vol. 31, No. 4, 2006, p. 446.

⑤ ［美］巴伯：《强势民主》，彭斌、吴润洲译，吉林人民出版社 2010 年版，第 257 页。

共商议相关联的美德是公民性的重要内容，甚至是首要的规范，它表达了一些由理性和原则组织起来的行为，这些原则允许人们在公民社会中公平地、理性地对差异进行商榷。

二　权利本位

在理论上，自由主义的公民身份在契约主义哲学家那里获得系统的表达。洛克在《政府论》下篇阐述了自由主义公民身份理论的基础，即自然权利理论。他指出，“生存、自由和财产”是每个人拥有的自然权利。这些权利是天赋的，国家的职责就是保护它们免于受到侵害。自然权利作为人的普遍权利，一旦进入政治社会，当国家替代无政府的自然状态、个人成为公民，就演变成受政府保护的特定的公民权利。财产权作为一项基本的公民权利，洛克赋予它至高无上的地位。由此，他把政府的主要目的归结为保护私有财产：“人们联合为国家置身于政府之下的重大和主要的目的，是保护他们的财产；在这方面，自然状态有着许多缺陷。”[①] 财产权成为公民身份的基础，因为它与政治生活中的一项重要的标志性权利即投票权直接相联。例如，在 1790 年，在反抗英国政府的马萨诸塞州，资产收益每年超过 12 美元或者财产总值在 240 美元以上的人才拥有公民身份。[②] 由此可见财产权在公民身份确立中所具有的重要分量。

自由主义公民身份的首要原则是强调个人自由的首要性，关注个人自由的最大化。个体可以自由地追求和实施自己的计划，国家尊重个体的自主选择，尽可能地减少对公民生活的干预。密尔探讨了自由的性质，指出唯一的名副其实的自由就是按照我们自己的道路去追求我们自己的好处的自由，他认为，个人思想、言论、表达、探索等方面的不受限制的自由和个性的充分发展，是个人幸

---

① ［英］洛克：《政府论》（下），叶启芳、瞿菊农译，商务印书馆 2005 年版，第 75 页。

② ［英］希特：《何谓公民身份》，郭忠华译，吉林出版集团 2007 年版，第 3 页。

福、通往真理和社会进步的重要因素。为了实现公民自由和社会自由，密尔探讨了国家或社会所能施用于个人的权利的限度："个人的行动只要不涉及自身以外什么人的利害，个人就不必向社会负责交代。"① 即使国家和政府关心并试图增进个人自由，也应该尊重个体选择的优先性，时刻提醒自己不要过多插手和干预，即实现政府干预的最小化，也就是洛克所说的国家应该扮演"守夜人"的角色。

在自由主义那里，公共领域和私人领域界限分明，个体是否愿意进入公共领域，参与政治活动，完全取决于个人自愿。在自由主义的公民图景中，政治生活只是人类追求、价值和可能性的一种特殊表达，并不必然具有道德上的优先性。在这种文化中，有些公民可能会把政治作为志业，对政治产生一种使命感，如政治家和政治活动者；有些公民可能会对政治投入一定时间和精力，但政治生活并非生活的全部，甚至不是生活的主要方面，如以追求利润为目标的资本家，有时需要游说政府官员通过对他们有利的政策，但他们的主要兴趣仍在于企业融资、产品创新和市场开发；有些公民对政治的兴趣可能主要体现在选举时参与投票，偶尔休闲的时候看看新闻，对这些人而言，政治与他们的切身利益并没有直接的关系，而不过是一种个人可有可无的兴趣和消费品；还有些公民可能压根都不参加任何政治活动，完全退避到一个由亲人、朋友、买卖关系双方和娱乐活动所构成的私人世界，他们放弃自己的投票权，对公共物品完全冷漠。自由主义对以上四类人群的价值评判是中立的，国家不会引导公民应该做什么，而是让公民以自己的意志去安排和决定他们的生活。"自由主义政体不仅允许它们的公民退缩于他们的私人小世界，只要他们自己愿意；而且……自由主义意识形态还坚定地维护人格、信仰和行动的私人化。"②

---

① ［英］密尔：《论自由》，许宝骙译，商务印书馆 2005 年版，第 112 页。

② ［美］舒克：《自由主义公民权》，载［英］伊辛、特纳主编《公民权研究手册》，浙江人民出版社 2007 年版，第 186 页。

对于自由主义公民身份的内容，马歇尔在《公民身份与社会阶级》中提出了关于公民身份的公民权利、政治权利、社会和经济权利的经典构架。他指出："公民的要素由个人自由所必需的权利组成：包括人身自由，言论、思想和信仰自由，拥有财产和订立有效契约的权利以及司法权利……政治的要素，我指的是公民作为政治权力实体的成员或这个实体的选举者，参与行使政治权力的权利……社会的要素，我指的是从某种程度的经济福利与安全到充分享有社会遗产并依据社会通行标准享受文明生活的权利等一系列权利。"① 不过，马歇尔所提出的公民身份三足鼎立的架构却遭到了诺齐克的批评，在诺齐克看来，马歇尔的"福利经济学"和罗尔斯的"分配正义"一样，必然要求一种功能更多的国家。然而，个人是唯一的实体，个体的生命、自由和财产不受任何侵犯，国家无权干预和剥夺这些权利。因此，他继续坚持洛克所秉持的"守夜人"国家，论证"最低限度的国家"是道德上唯一合法的国家。按照诺齐克的逻辑，应该瓦解旨在实现公民身份中的"社会和经济权利"的福利国家，公民身份只包括公民权利和政治权利两个部分。那些旨在免于国家和政府干预的"消极自由"的公民和政治权利是正当的，而那些旨在实现"积极自由"的社会权利则违背了古典自由主义原则，缺乏正当的理由。②

概言之，自由主义公民身份强调权利的优先性，以及个人自由（当然是柏林意义上的"消极自由"）的首要性，在很大程度上，它对凌驾于个体之上的国家权力深怀警觉，并严格限制国家介入个体行动的界限和范围。在过去几个世纪的实践中，它支持并强化了个体行动私人化倾向。尽管不少政治理论家依托洛克和密尔所确立的自由主义公民身份基础，根据时代发展和历史背景对其进行了注解、改造和补充，但是它强调权利和个体自由的基调却从未改变。

---

① 郭忠华、刘训练编：《公民身份与社会阶级》，江苏人民出版社2008年版，第10—11页。

② ［美］诺齐克：《无政府、国家和乌托邦》，第32—33、277—278、399页。

三 权利自由主义的缺陷

自由主义以权利为取向，从人在自然状态下普遍的自然权利，推导出个体进入政治秩序后所拥有的公民权利，从性质和内容上，这两种权利并未有多大程度的差异。人有保存生命、自由和财产的天赋权利，任何人都不得以任何理由加以侵犯，因此作为人的自然权利是消极的。个体只要不违背他人利益便可以随意地追求私人的生活，这种追求不为共同体的其他成员所约束，并为国家所保障，因此作为公民的权利也是消极的。自由主义的公民不存在对其他公民明确的义务，对国家的义务也非常有限。个体不仅与他人，而且与国家疏离。持有强势共和主义立场的桑德尔强烈批评"自由主义设想人们是作为自由且独立的自我，不受人们未曾选择之道德或公民纽带的束缚"，个人只顾追求自己所理解的美好生活，从来不去想自己对社会和共同体应该承担怎样的责任，因此，"它缺乏公民资源来维持自治。这一缺陷导致它难以处理困扰我们公共生活的无力感"。[①] 因此，桑德尔主张"共和主义理想的复兴"。

此外，自由主义无力解决公民政治参与冷漠和公共精神匮乏的问题。今天，大多数人都具有一定的文化素养、判断能力和批判精神，具备了政治参与的智识；而技术的发展减轻了劳动的负担，让人们有了从事政治活动的闲暇时间。从理论上讲，我们比任何时候都更有机会参与政治。然而，现代人主动地脱离公共生活，退避到私人领域的小圈子。阿伦特指出，现代人否定公共幸福和公共自由的存在，视"公共事业是一种负担"，是一种"为了同胞而使每个人都承担的职责苦旅"。[②] 托克维尔分析了这种"只顾自己而又心安理得的情感，它使每个公民同其同胞大众隔离，同亲属和朋友疏离"；长此以往，"当每个公民各自建立了自己的小社会后，他们就

① ［美］桑德尔：《民主的不满》，曾纪茂译，江苏人民出版社 2008 年版，第 6 页。
② ［美］阿伦特：《论革命》，陈周旺译，译林出版社 2007 年版，第 112—113 页。

不管大社会而任其自行发展了”。[①] 因此，托克维尔强调复兴共和主义的公共精神的必要性：“人人都参加政府的管理工作，则是我们可以使人人都能关心自己祖国命运的最强有力手段，甚至可以说是唯一的手段。在我们这个时代，我觉得公民精神是与政治权利的行使不可分的。”[②]

按照自由主义的公民观，国家权力和个人自由是对立的，前者的增加意味着后者的减少。因此，要防范和拒绝国家权力的扩张，必须要培育一个健全而灵敏的公民社会。然而现实是，民主政体下的公民通过共同努力来争取利益而结合成非正式群体的数量越来越少，与此相伴随，公民之间的互动频率和质量也大大降低。那么，面对陷入孤立、沉迷于私人化领域、犬儒主义、缺乏友爱与合作的公民，谁又能指望他们对国家权力保持严密的监督呢？就连密尔也意识到了这一问题的严重后果，在《代议制政府》一书中，他的提问引人深思：“如果人民的道德状态堕落到证人普遍说谎、法官及其下属受贿的地步，那么，寻求正义目的的程序规则的有效性在哪里？再者，如果大家对市政都漠不关心，清廉和有能力管理的人都不愿意出来服务，而把职务交给那些只图一己私利的人，制度又怎能带来良好的市政管理？……每个人只顾一己之私，不思考或关心他所享有的公益，在这种情形下，就不可能有好的政府。”[③]

密尔认为，衡量一个好政府的第一要素是组成社会的人的美德和智慧，他主张促进人们的美德和智慧。据此，自由主义者为自己正名：共和主义并没有垄断公民的美德，自由主义也重视责任、德性和政治伦理的重要性。美国学者马塞多的研究表明，公民身份不是一种自私的观念，除了维护权利，还要承担责任和义务，权利和义务本是一体两面，既然公民从公民身份的系统中获得了权利，那

---

① ［法］托克维尔：《论美国民主》（下卷），董果良译，商务印书馆 2004 年版，第 625 页。

② ［法］托克维尔：《论美国民主》（上卷），第 270 页。

③ ［英］密尔：《代议制政府》，段小平译，中国社会科学出版社 2007 年版，第 42—44 页。

么，为什么他就不能回馈这个系统一些东西呢？系统的稳定性在于动态平衡，没有单向度的输出，也没有单向度的输入。在《自由的美德》中，马塞多指出，自由主义的本质是自由，但并不是所有人都能享有自由，为了实现自由，自由主义要求重视公民美德从而避免对自由的滥用。他列出了自由主义公民美德的清单：从消极的意义上讲，自由主义的公民美德厌恶冷漠和不公正，而“静静的服从、顺从、毫无异议的奉献，以及谦卑，都不能算是自由主义的公民美德”；从积极的意义上讲，它要求以下三个方面：节制、宽容和尊重。①

第二节 责任共和主义

共和主义的公民身份始终是在与国家的关系中展开的。从个体的角度而言，公民必须是完美的公民，假如他不够完美，就会诱使他的同胞变得不义和腐败，就会阻碍共和政制达到完美。共和政体下的公民不应该依附于他人，同样，他也不得诱使别人依附于他。依附他人是一种懈怠，诱使他人依附是一种强势。依附是共和公民最大的罪恶，无论是懈怠还是强势，都会“减少他人获得和维持美德的机会”，因为依附关系的存在，使得“美德已被政治化”，美德不再是道德上独立的个人自我实现，而是存在于道德上独立的个人之间所“结成的统治和被统治的伙伴关系之中”。② 在国家与公民的关系中，共和主义公民身份在责任维度中获得了自身的规定性。

一 公共利益

从希腊的角度来讲，“德性”的理想与其说是雅典的，不如说

---

① Stephan Macedo, *Liberal Virtues*, Oxford: Clarendon Press, 1990, p. 278.

② ［英］波考克：《马基雅维里时刻》，第80页。

是斯巴达的。罗马意义上的“德性”（virtus）是指公民在政治生活中所表现出来的特点，公民在运用德性时，“不仅遵守公共纪律，而且把纪律本身作为一种善加以虔诚地崇敬”。这种意义上的德性，既是高度公共的，也是高度人格化的，是“公民的人格独立”与“直接的公共行动”二者的统一。[①] 也就是说，公民具有独立性，不依附于任何人，并且他的这种独立性是用于实现公共利益的目标。

意大利的公民人文主义者对“德性”概念的使用既有继承性，又有区别。马基雅维利所使用的托斯卡纳语单词 virtù，翻译成“德能”可能会更贴切，其含义是“个人采取政治和军事行动的能力”。virtù 这种能力不受道德和政治的束缚，所以，君主在不正当地运用“德能”时，马基雅维利仍然是用赞赏的口吻来谈论它。

古典共和主义强调城邦的作用，城邦是通过积极的公民参与获得自由的地方。公民通过政治参与，将私人利益屈从于公共利益。阿伦特在《论革命》中论述杰斐逊的“初级共和国”计划时，谈到了共和政府所面临的危险，即公共权力向私人利益扩张并践踏私人利益。要消除共和政府固有的这种危险，不仅要构筑一个法律体系，如美国宪法的《权利法案》，公开保障私人权利，为私人领域对抗公共权力塑造最后的、彻底的法律堡垒；而且最根本的解决之道，是需要建立一种新的政府形式。这种政府形式不同于代议制政府，是由“街区的初级共和国、县的共和国、州的共和国、联盟的共和国”组成的权威分级政府。在初级共和国形式的制度设计中，要构建公共领域本身，要提供给公民比计票箱更多的公共空间，要让公民拥有比选举日更多的时间来公开发表言论的机会，要让公民自己构建公共领域，而不是将权力委托给其他人，让每个公民感到他是政府的事务性参与者。阿伦特指出，如果每个人都是大大小小委员会的成员之一时，那么，他宁愿掏出心肝，也不愿恺撒或波拿

---

① ［英］波考克：《马基雅维里时刻》，第586页。

巴将权力从他手中夺走。易言之，只有构建自由的公共空间，给公民做共和主义者和以公民之身行动的机会，让公民经常性地参与政治生活，体验公共自由，参与和分享公共权力，才能对抗共和国的致命危险。①

赫尔德在《民主的模式》中谈到帕多瓦的马西利乌斯的政治观，他写道：古典共和主义把公民看作参与政治共同体的人，他们或是参与管理，或是参与政权的讨论，或是参与司法运行。公民身份是一种手段，凭此来参与实现共同利益的共同事业，政治参与是实现这种共同利益的工具。② 赫尔德把共和主义分为"发展式共和主义"和"保护式共和主义"。③

根据帕多瓦的马西利乌斯的著作《和平的保卫者》（Defensor pacis，发表于1324年），其中有三个主要命题：第一个命题：强调公民共同体原则上是理性的产物，是公民渴望享有"完美生活"这一人最本质欲望的基础。政府是确保"完美生活"这一目标得以实现的正当手段，如果政府的管理功能得到正确行使，那么就意味着所有的公民可以生活得很好。政府管理功能正确行使的评估标准在于，政府运行的目的是共同利益，而不是单个派别或集团的私下利益。马西利乌斯区分了"有节制的"统治形式和"有问题的"统治形式，区分标准就是看它们是否代表公共利益行事。④ 第二个命题：人类事务中可能破坏政治结合的斗争永无止境，人民之间的冲突不可避免，因此，强制权威的有效使用，对于共同体的安定和繁荣至关重要。是相互竞争的权威好还是单一的强制权威好呢？前者有利于治疗法律和秩序的破坏性因素，后者是公民结合得以生存的条件。"好政府与其说是产生于着力追求美德的共同体，还不如说

① ［美］阿伦特：《论革命》，陈周旺译，译林出版社2007年版，第235—238页。

② ［美］赫尔德：《民主的模式》，燕继荣等译，中央编译出版社2008年版，第47页。

③ 同上书，第35—67页。

④ 同上书，第45页。

产生于依靠强权支持管理公共利益的统治者。"① 第三个命题：共同体的最终"立法者"或者合法政治权威的来源是"人民"。人民的意志比一个人或少数人的统治，更能有效地保证政府服务于公共利益。如果由一个人来制定法律，那么这个人更多寻求自己的利益，而不是共同体的利益，所以这个法律是专制的法律；如果由少数人来制定法律，那么就是为少数人的利益，而不是公共利益制定法律。所以，只能是全体公民来制定法律。

就个体而言，如何让个体自觉地献身于公共利益而不是只顾一己之私？按照谢莉·伯特的观点（Shelley Burtt），古典共和主义传统中有三种相关的但不同的激发公民美德的心理机制：激情/欲求的驯导（the education of desire/passions）、利益的调控（the accommodation/manipulation of interests）和义务的强制（the compulsion of duty）。"欲求的驯导"是指通过各种方式使私人的欲求适应于公共目的，或者说通过公共服务来满足和实现私人的欲求，"目标是塑造公民对权力、名望和快乐这些本质上是自私的欲求，从而使个人发现只有通过履行公益行为才能得到满足"，以马基雅维利、卢梭、悉德尼为代表；"利益的调控"是指在制度设计上调控公民的私人利益与公共利益，"在一种恰当建构的政治环境中，追求自我利益能够产生具有公民美德的行为"，以哈林顿、《加图来信》为代表；"义务的强制"则是指让公民理性地认识到他们的义务而使之为国家效劳，它更强调意志、理性以及苦行禁欲，以西塞罗为代表。②

二　自由与法治

共和主义作为一种古老的政治传统，源自于古希腊时期的"城邦"和古罗马时期的"共和国"经验。在城邦和共和国中，有条件的公民摆脱私人领域的束缚，进入公共领域，获得公民身份，通

---

① ［美］赫尔德：《民主的模式》，第45—46页。

② Shelley Burtt， "The Good Citizen's Psyche：On the Psychology of Civic Virtue"，*Polity*，Vol. 23，No. 1，（Autumn，1990），pp. 25 -26.

过主动地、积极地参与政治生活，达到个人自由。

共和国源自于拉丁文 res publica，是指为公众所享有的东西，包括公共事物、事务或财产。在一个共和国中，公众享有一切公共物，有权参与和决定公共政策。公共性就其含义而言，是指政治作为公共事务必须公开地当众进行。它避免了君主制下统治者一个人决定政治事物的“一言堂”，以及寡头制下几个贵族聚集在一起私自商定重大决策的“暗箱操作”。不过，说服公众放下他所要考虑的仅与自身要求相关的私人生活方面的内容而参与到与大众利益相关的公共政治生活中，并非易事。但在像阿伦特这样的共和主义者看来，参与公共生活的益处显而易见：个体从私人生活“被遮蔽的存在状态的阴影中走出来，在公共领域一展风貌”[①]，与其他人发生联系，在辩论、争执甚至冲突之中开阔了个人的视野，克服了个人的狭隘性，加深了对社会生活的认识，激发了人们的天资和才干，通过公共事务的参与提升自己并获得道德教益。

共和主义把公民身份视为实现自由的载体。自由的最初含义与公民身份联系在一起。拥有自由，首先要拥有公民身份。如果不是公民而是奴隶或女性，那么就不能进入公共领域，不能从事政治活动，不能参与政治表决，只能在私人领域从事低级的活动。换句话说，公民身份意味着享有自由。一个人要获得完全的公民身份，必须要栖身于共和国之内，共和国是公民身份形成的最佳类型的国家。公民与共和国互为依存，公民只有在共和国中才能真正享有自由，共和国如果缺乏公民的支持也将无以为继。为了实现自由，公民必须积极投身于共和国的事业，防范其蜕化和腐败，维持共和国形式的政府。共和主义通过宪政设计，使共和国能够为人类自由的实现提供政治的、道德的、精神的支持。亚里士多德主张一种混合了贵族政体因素和民主政体因素的中庸之道，他认为“最好是把政

---

① Hannah Arendt, *The Human Condition*, Chicago: University of Chicago, 1958, p. 51.

体保持在中间形式。唯有中间形式的政体可以免除党派之争”。[①] 马基雅维利也主张，选择一种兼容并包的统治形式，即在同一城邦内兼行君主制、贵族制和民主制，让它们相互守卫，从而保持其稳固和持久。[②]

共和主义强调法治对于实现自由和公民身份的重要意义。法律能够增进公民享有自由的程度，使公民共同、平等地生活在宪法和法律的各种规则之下，公民身份必然是只能存在于良好法律之下的一种地位。马基雅维利指出，法律保证了一定程度的个人自由，如果没有法律的话，这些个人自由就会荡然无存。如果法律的强制性机构被撤销，那么，我们不但不可能享有更大程度的个人自由，而且已经被缩减的安全享有这种自由的能力亦将不复存在。人们自我毁灭的天性将使个人自由大为减少，并且迅速滑向一种完全被奴役的状态。[③] 波考克对斯金纳所考察的 13 世纪西塞罗式的公民理想得出如下结论：“公民德性可以在法治和某一公正君主之下付诸实践，因此，生活在奥古斯都、图拉真以及优士丁尼统治下的民众是自由的，因为他们可以诉诸法律。”[④]

共和主义的公民身份除了有法律的维度，更强调道德的维度。公民成为一个拥有权利和义务的共同体成员的资格由宪法和法律授予，和其他公民身份理论一样，法律地位对于共和主义公民身份概念来讲是必需的。但是宪法和法律本身并不能造成一个有机的共同体，它在区别“公民”和“非公民”方面可能相当明了，但在区别“好公民”和“坏公民”、“真正的公民”和“仅仅是名义上的公民”方面却相对困难。因此，公民身份需要道德维度的补充。易言之，共和主义的公民身份不仅

---

① ［古希腊］亚里士多德：《政治学》，第 207 页。

② ［意］马基雅维利：《论李维》，第 51 页。

③ ［澳］佩迪特：《城市自由：一种共和主义的理想》，载许纪霖主编《公共性与公民观》，江苏人民出版社 2006 年版，第 165 页。

④ ［英］波考克：《从佛罗伦萨到费城》，载任军锋主编《共和主义：古典与现代》，上海人民出版社 2006 年版，第 11 页。

是一种资格理论，更是一种道义论，它要求公民的责任感和义务感。没有责任，就没有共和。公民要认识和理解他们的责任，并积极主动地完成这些责任。如果公民没有完成他所应负的责任，那就愧对公民的称号。

那么，在共和主义的传统中，究竟哪些责任是公民必须承担的呢？首先是保卫国家的责任。服兵役是希腊公民身份的典型特征；斯巴达的母亲告诉将赴战场的儿子，要么作为英雄胜利归来，要么作为烈士捐躯沙场。其次，作为不同于士兵的普通公民，其公民责任会随着宪政安排的不同而不同，一般而言，古典共和主义给公民列出的责任清单包括：积极参与公共事务；在大会中担任政治人物或立法者，在法庭中担任陪审员；监督政府，对公共权力保持恒久的警惕，以防止它滥用职权、陷入腐败和堕落；尊重和遵守共和国的法律，等等。在这样一系列的责任清单中，蕴含着爱国、勇气、友爱、法律精神等公民品质和公民美德。

概言之，共和主义公民身份以责任为核心，注重“参与”而非“拥有”，强调自由、法治和公民美德。它既是高度公共的，又是高度个性化的：为了防止个人沦为他人的奴隶和附属，它主张公民个人独立；为了防止腐化，它鼓励公民共同行动。共和主义要求公民积极参与政治，实际上是一个相当高的要求，因为这些要求或责任很少是人类的自然活动，它缺乏激励公民去行动的原始的、本能的动机。因此，作为一种生活方式，共和主义传统下的公民身份是一种较高的道德要求和政治理想。

三　责任共和主义是否可能

古特曼（Amy Gutmann）说：“当今大多数杰出的政治哲学家都是权利理论家。”[①] 尽管在道德和政治词汇中占主导地位的权利话语具有何种优势或局限尚在争论之中，但是这一表达却十分公允地

① Amy Gutmann, “The Central Role of Rawls's Theory”, *Dissent*, (summer 1989), p. 338.

反映了当代理论发展的一些重要方面。麦金泰尔也不情愿地承认，“由于在现代社会中，一套意志适应于另一个目的，持续地需要一个群体的目的被另一群体的目的所挫败，所以，毫不奇怪，权利的概念——被理解为在对整个共同体善的共同忠诚已被削弱或放弃的情况下，反对掠夺他人的侵犯行为的主张——应该成为一个社会的核心概念”。[①]

不过，麦金泰尔的研究指出，在中世纪临近结束之前的任何古代或中世纪语言中，都没有可以准确地用我们的“权利”一词来翻译的表达式。也就是说，大约在公元1400年前，古典的或中古的希伯来语、拉丁语或阿拉伯语，更不用说古英语了，都缺乏任何恰当的方式来表达这一概念。在日语中，甚至到19世纪中期仍然是这种情况。从这点来看，居然存在着这类人之为人都具有的权利，自然令人诧异。麦金泰尔认为这一点是显而易见的，即根本不存在此类权利。理由就是，为相信这类权利而提供各种好的理由的所有努力都已经失败，无论是18世纪捍卫自然权利的哲学家，还是20世纪诉诸直觉的道德哲学家，他们都不能证明自然权利的存在，因此，麦金泰尔得出结论，自然权利或人权是虚构的。[②] 进而言之，自由主义对权利的信奉的问题，不在于权利是坏东西，而是因为其权利是虚假的。

然而，在西方国家尤其是美国对虚假的权利的痴迷却到了失去控制的地步。尽管在法律中确立个人权利的地位给个人乃至整个社会带来了很多好处，但是格林顿（Mary Ann Gledon）担心，过分迷恋权利则是破坏性的。她指出，在日常生活中权利话语已经把美国人引向更加自私和个人主义，在政治上权利文化鼓励对共同体价值漠不关心，把公共领域变成了权利话语的牺牲品，使利他主义、相互关心贬值。这种绝对的、个人的、与责任脱节的权利会导致诸多

---

① Alasdair MacIntyre, “Rights, Practices, and Marxism”, *Analyse & Kritik*, Vol. 7, 1985, p. 239.

② ［美］麦金泰尔：《追寻美德》，宋继杰译，译林出版社2003年版，第88—89页。

弊端：

“我们的权利话语以其绝对性，提倡不切实际的期望，加剧社会冲突，并限制可能通往共识、适应，或至少发现共同点的对话。在对责任的沉默中，它似乎容忍接受生活在民主社会福利国家中的好处，而不接受相应的个人义务和公民义务。在其不懈的个人主义中，它营造了一种对社会失败者不适宜的气候，并且系统地不利于看护者和依赖者、年轻人和老年人。它对公民社会忽视，破坏了公民美德和个人美德的主要根基。它的孤立性，阻止了对自我校正学习过程提供潜在的重要帮助。所有这些特征只不过是促进了断言而不是理性供给。”①

政治学家罗纳德·贝纳（Ronald Beiner）指出，关于提供特定的社会服务（例如国家资助的日托）对国家而言是否是善的（对这个社会而言）这一议题，存在两种不同政治说辞。他让我们想象一下这两方之间的竞争：一方面是两方中的一方享有议题中所提出的接受服务的权利，另一方面是两方中的另一方有不负担支撑此服务所必需的高税收的权利。② 贝纳没有在细节上对此有更多的讨论，但是，作为读者的我们可以想象一下对于权利不加思考地依赖所导致的后果，即在现代社会中，责任和义务是如此缺席，以至于权利已经变得如此绝对，而不允许任何进一步的讨论。正如格林顿所指出的那样，美国对权利的讨论是“没有妥协的语言。胜利者取得所有，失败者必须离开。谈话结束”。③

西方世界对权利的迷恋与责任的丧失几乎是同步发生的。对左派而言，资本主义臭名昭著，因而要求增加福利的权利；对右派而言，福利主义臭名昭著，因而要求扩大自由的权利。现在每个人都有权利，但没有人有责任。然而，传统的公民身份是与责任交织在

① Mary Ann Glendon, *Rights Talk*, New York: Free Press, 1993, p. 8.

② Ronald Beiner, "The Moral Vocabulary of Liberalism", in John W. Chapman, William A. Galston eds., *Virtue*, New York University Press, 1992, pp. 145 - 184, pp. 147 - 148.

③ Mary Ann Glendon, *Rights Talk*, p. 9.

一起的，既享有权利也承担责任。个人应该努力工作，对自己、他们的家庭和他们的共同体承担责任，如果没有做到这一点，就会被认为是不负责任和不道德的。工作是获得完整公民身份并由此获得自尊的必要先决条件，不工作而享有福利被视为是羞耻的。对我们而言，拥有责任，才拥有美德。解除个人的责任，这意味着否定个人是一个能够自治的理性行为者，同时也意味着，个人缺乏成为共和国公民的基本能力。

在经济领域，权利取代了我们曾经拥有的社会责任感。个人不再期望对其共同体或其他共同体成员负责。许多经济学家普遍地意识到了这一点，正如米尔顿·弗里德曼在《资本主义与自由》一书中指出："很少有趋势像公司行政层只把尽可能地为其股东挣更多钱当作社会责任那样，能如此地彻底破坏我们自由社会的基础。"[①] 股东有权利获得收入，整个共同体无权利免受任何不道德行为的挑战，权利的存在或缺席取缔了任何有关责任的讨论。无论情况多么悲惨或予以援助多么容易，一般来说，私人化个体和政府官员都没有向同胞提供援助的责任。资本主义经济飞速发展了，保护弱者、穷人和无权者免于掠夺性经济行为的法律却削弱了，相应地，个人责任、共同体责任和社会责任的道德真空出现了。

尽管以权利为核心的自由主义公民身份面临着诸多挑战，但是它并没有打算向以责任为核心的共和主义公民身份让步。在他们看来，复兴共和主义理想，既不可能，也不可取。共和主义的公民身份即使在现代社会有可能实行，也不可取。共和主义公民身份过于强调统一性的集体利益和一致同意，过于强调高度凝聚力的团结、绝对的忠诚和完全的奉献，这种共和也很容易被民粹政治所绑架，蜕变为以集体意志为名的专制政体。吉登斯就指出："法西斯主义国家是下列两个方面的成功结合，首先是侵略或者排外性的民族主

---

① ［美］弗里德曼：《资本主义与自由》，张瑞玉译，商务印书馆2009年版，第145页。

义，其次是对作为共同利益最终仲裁者的国家的普遍忠诚。”[①] 尽管这种对共同体的狂热情感即公民身份导向的民族主义对内具有启蒙性，但是也需要看到它对其他民族、族群或者群体所具有的排斥性和侵略性。[②] 自由主义认为，尽管程序共和国面临着自治的某种程度的丧失，但是为了缔造一个自由、宽容和正义的社会，即使付出这一代价也是值得的。

传统的共和主义公民身份是小范围的、封闭的，在经济上自给自足，在文化上强调集体认同，在政治上主张就公共议题展开充分讨论，这种生活方式很难在现代社会实现。因为，现代国家幅员辽阔、多民族、多文化且具有地域差异，现代社会高度流动，货币、商品、信息，以及包括个体本身并不局限于本土，而是贯通全球，所以，亚里士多德城邦意义上的公民身份和杰斐逊自耕农共和国意义上的公民身份只不过是无可挽救的乡愁。无论自由主义具有何种缺陷，无论共和主义对自由主义的批判多么深刻，在现代情境中，共和主义都没有提供实质性的东西来指导我们丰富的生活。自由主义的难题常常在自由主义的内部得到了解决。如，罗尔斯主张“强调共通性，忽视差异性”的“普遍公民身份”（universal citizenship），强调不论阶级、种族、肤色、性别、社会地位的差异，都平等地遵守以正义原则为基础的宪政体制。[③] 哈贝马斯倡导“审议民主公民身份”（deliberative democratic citizenship），主张采取商讨、沟通的方式而不是投票的方式来解决多元社会的政治争议。[④] 和哈贝马斯的普世主义方案不同，墨菲认为任何寻求终极解决的理论企图都必将失败，他鼓励一种“激进民主的公民身份”（radical democratic citizenship），主张用“积极公民”和“政治社群”的公

---

① Anthony Giddens, *Social Theory and Modern Sociology*, Cambridge: Polity Press, 1987, p. 173.

② 郭忠华：《启蒙·排斥·侵略——论公民身份导向的民族主义》，《马克思主义与现实》2010 年第 2 期。

③ ［美］罗尔斯：《正义论》，第 36 节。

④ ［德］哈贝马斯：《在事实与规范之间》，附录三。

民身份模式来为当前社会提供一种可行的政治体制框架。①

不过，许多学者尝试着从整合自由主义与共和主义的角度出发寻求解决途径。民主政治理论家本杰明·巴伯就提出了一种既改变自由主义代议制度的政治冷漠，又使得共和主义的直接参与理念在当前政治语境下切实可行的方案，即“强势民主”的概念。他指出，“参与”和参与者投身其中的“社区”是公民身份概念一体两面的要素。由于公民在国家这个大社区的直接参与存在实践上的困难，因此公民应该更多地致力于地方社区的公共事务。强势民主不提倡同质的利害，而鼓励在“冲突中寻求妥协”；不标榜牺牲奉献的利他主义，而主张互相帮助的社会共赢。②

谢莉提倡一种“负责任的共和主义”（responsible republicanism）。她指出权利的盛行致使我们已经丢失了个人责任和共同体责任的语言，这一丧失将导致严重的后果。除非我们回到个人责任的概念，否则我们既不能摆脱对权利的痴迷，也不能唤起对美德的尊崇。

“除非我们重振共同体责任——最近也已经消失——的概念，我们是不能重新恢复我们的美德。与此相连存在两种失误。就共同体成员相互之间不能承担责任而言，他们就会增加弱势或更脆弱的成员的需求——一种权利诉求——社会应该给予但实际上没有给予他们的权利。因此，共同体责任的丧失导致我们模糊了个人付出慈善（或其他任何有价值之物）的共同体义务与个人获得慈善的权利之间的重要区别，并鼓励对后者的不当依赖。此外，当一个共同体放弃其责任，它就为其成员树立了一个坏典型。”③

谢莉指出，负责任的共和主义不是要完全消除权利，而是适应

---

① ［英］墨菲：《政治的回归》，王恒、藏佩洪译，江苏人民出版社2008年版，第4章。

② Benjamin Barber, *Strong Democracy: Participatory Politics for a New Age*, Berkeley: University of California Press, 1984, p. 155, pp. 117－118.

③ Suzanna Sherry, “Responsible Republicanism: Educating for Citizenship”, *University of Chicago Law Review*, Vol. 62, No. 1 (Winter, 1995), p. 149.

权利和责任。在权利和责任的混合体制下，不负责任的行为并不总是受到监管，因此，权利和责任之间的平衡是最迫切的。我们讨论有德性的生活或美德共和国时，不需要也不可能规定其中的每一个细节。我们可以通过关注一个重要的美德即责任来理解共和主义的复兴。事实上，在不否认或取代自由主义“个人权利遗产”的基础上，责任可以视为对自由主义所重视的权利的必要平衡，并在实现与自由主义的和解方面取得重大进展。

综上所述，共和主义批判自由主义群体意识薄弱、政治参与冷漠、公共精神匮乏，而自由主义则批判共和主义封闭排外、集体利益对个人利益的优先性以及普遍忠诚导致的民族狂热主义，并且双方各自提出了自己的解决方案和应对措施。那么，究竟是用共和主义的公民美德去填充自由主义留下的道德荒漠，还是用自由主义的普遍权利来弥补共和主义的诸多不足？在现在看来，还远没有定论。我们期待有更多的政治哲学流派加入这场权利与责任的较量，在各种政治制度设计中选择属于我们的美好生活。

第八章

至善论共和主义

价值多元主义社会的基本特征是人们对不同的善持有不同的态度，这些善之间是无法通约的，而且经常发生冲突。对于如何解决这些冲突，有两种相互对立的观点，一种是采取至善论的观点，即在冲突的善之间选择一种可以压倒其他一切善的善进行扶植，通过这个至高的善来统合全社会；另一种是采取中立性的观点，即在各种善观念中保持中立，既不偏向某种特定的善也不压倒某些善。共和主义一直以来被视为至善论的代表，至善论观点在近代以来一直是西方思想的主流，在漫长的历史中都是众多国家论述中的正统观点。然而近代以来，至善论受到了来自自由主义的严重挑战，其中最重要的批判是来自中立性。本章将揭示政治自由主义的中立性，法律共和主义试图在自由主义和共和主义之间的折中，并意欲为一种至善论共和主义进行辩护。

第一节　政治自由主义的中立性

在现代多元社会中，人们在价值取向、生活方式、宗教信仰等方面，即人们在良善生活观念上存在诸多分歧。多元价值的不可通约性使得不同种类的善观念之间的比较变得不可能，每种特殊的良善生活都有其合理充分的理由，因此，在良善生活观念上存在的分歧很难完全消除。那么，如何让有着不同善观念的公民能够在国家这一政治联合体中和谐共处？国家的政治原则如何被持有不同善观念的公民所认可？国家应该如何对待这些持有不同善观念并追求达成那种他认同的善观念的公民？面对这一挑战，自由主义者提出了中立性原则，它要求国家不应该偏袒任何善观念，应当在各种善观念之间保持中立性。大多数自由主义学者认为，自由主义政治秩序的原则旨在对有争议的善观念保持中立，中立性是自由主义的核心政治原则，拉莫尔把中立性定义为“描述自由主义的根本特征的一个固有概念”①，德沃金则指出，自由主义国家“必须在……良善生活的问题上保持中立……政治决策必须尽可能地独立于任何特殊的良善生活观念，或独立于赋予生活以价值的东西”。② 政治中立性要求国家或政府在良善生活选择上保持中立，既不应该促进可接受的、正确的、合意的善观念，尽管这些善观念本身是有价值的，也不应该压制不可接受的、错误的、不合意的善观念，尽管这些善观念是没有价值的。

所谓“中立性”是指这样的观点：国家不应当奖赏和惩罚特定的美好生活观念，而应当提供不同的和潜在冲突的善观念能够在其中被追求的一种中立的框架。③

一　康德：道德自主和外在自由

康德通过诉诸自主性（autonomy）为政治中立性原则辩护。自主表达了一种作为自我决定（self-determining）的理念。道德自主（moral autonomy）是指一个人遵从并按照他自己的非外在的、非异化的、非强加的道德原则行动，一个道德自主的人不仅遵从以上原则，而且也把这样的原则推及其他人，道德自主考虑的是一种人际

① ［美］查尔斯·拉莫尔：《政治自由主义》，载应奇、刘训练编《自由主义中立性及其批评者》，江苏人民出版社2007年版，第105页。

② Ronald Dworkin，“Liberalism”，in Stuart Hampshire ed.，*Public and Private Morallity*，Cambridge University Press，1978，p. 127.（pp. 113 – 143）

③ ［加拿大］金里卡：《自由主义的个人主义与自由主义的中立性》，载应奇、刘训练编《自由主义中立性及其批评者》，第179页。

性问题，即人有没有能力把其他人也设想成和自己一样是有着自我利益的主体，随之而来的是如何处理自己利益与他人利益之间的关系问题，这对应着正义感，本身是一个道德观念，要求一个人具备理性反思和选择能力。①

康德认为人是一种有限的理性存在，受到两种法则的影响。在纯粹理性领域（现象界），人受到自然因果律的支配，受制于必然的自然法则，一方面，人本身通过大自然的仁慈而得到满足，从而获得幸福；另一方面，自然界也不会把人类当作特殊的宠儿，不会使他免于自然的破坏作用的伤害，人永远只是自然目的链条上的一个环节，没有任何自由、自主可言。② 在实践理性领域，人处于自身的内在必然而行动，自己选择、决定自己的生活，因而是自主的，“你的行动，要把你自己人身中的人性，和其他人身中的人性，在任何时候都同样看作是目的，永远不能只看作是手段”。③

从人在实践理性领域所具有的自主性出发，康德指出，人是目的本身，道德价值不是由行为发生的特定环境所决定，不是由行为所导致的最终结果所决定，而仅仅是听从于主体自身的善良意志，道德的终极价值源于这样一条普遍的立法原则，“这样行动：你意志的准则始终能够同时用作普遍立法的原则”。④ 行为的道德价值就不用参考任何具体经验和偶然因素来判定，而仅仅在于服从一种善的意志、服从一种道德律令。通过把行为的道德价值完全建立在普遍法则的基础上，一个人就只能是因为道德责任本身而不是在特定的环境中为了特定的外在目的才去采取行动。这样的具有道德价值的行为就是自主的。

自我是道德原则的来源，道德原则是个体自愿选择的。按照康德的理解，道德自主性是意志根据普遍化的形式而不是自然本性或

---

① 陈肖生：《自主性与罗尔斯对正义与善的契合论证》，《道德与文明》2011 年第 4 期。

② ［美］康德：《判断力批判》，邓晓芒译，人民出版社 2002 年版，第 285—286 页。

③ ［美］康德：《道德形而上学原理》，苗力田译，上海人民出版社 2005 年版，第 48 页。

④ ［美］康德：《实践理性批判》，韩水法译，商务印书馆 2003 年版，第 31 页。

倾向决定自己的能力。自主性是人的一种重要的主体性能力，主体能够自由运用理性，采取自主的行动。自主性的题中之意就是自己主宰，为自己而思考和行动。康德引进了崭新的自我观，先天蕴含在每个人心灵结构之中的普遍理性成了人类知识生活和道德生活合法性的基础。康德“把自主性理解为明确的、自觉的热情，理解为人类尊严的必要表达。……自主性要求一个人干涉自然的倾向，用理性的动机来取代对象对意志的影响”。康德的自主性概念主要的意义在于强调人的成熟就是公开自由地运用自己的理性，从而颁布具有普遍性的道德律令，因为其拜托了外在的情感和经验的考量，故具有立法意义。①

康德试图从道德自主推导出外在自由。任何经验性的、外在的或者功能性的政治实体都不具有承担政治理想与政治希望的构建能力，都不可能从根本上保证政治行为的合法性、正当性、正义性和道德上的应当性，只有源自于理性自身的先验立法原则才是政治原则和政治行为的基础，任何政治行为都必须建立在普遍理性的合法性基础之上。政治应该以人的普遍理性与自由之道德权利为基础，自主性是权利论证与合法性论证的内在根据。权利来自主体深刻的自我意识与自由意志。②

在其政治著作中，特别是《法的形而上学原理》和《理论与实践》中提出了一种成熟的、决不妥协的中立国家学说。他指出：

> 对外权利这一概念一般地是完全出自人们在彼此外在关系上的自由这一概念的，而与所有的人天然具有的目的（即以幸福为目标）以及获得它的方法的规则毫不相干。所以这后者也就决不可作为其规定理由而干预那类法则。权利乃是以每个人

① 董明山：《康德自主性概念及其超越》，《中南大学学报》（社会科学版）2007 年第 6 期。

② 申巍：《自主性与正义：康德自主性政治哲学及其历史影响》，《道德与文明》2012 年第 6 期。

自己的自由与每个别人的自由之协调一致为条件而限制每个人的自由，只要这一点根据普遍的法则是可能的；而公共权利则是使这样一种彻底的协调一致成为可能的那种外部法则的总和。既然每一种受别人意愿所限制的自由都叫做强制，由此可见公民体制也就是出于强制法律之下的自由的人们（在他们与别人结合的整体之中而无损于自己的自由）的一种关系，因为理性本身要求这样，并且这确实是纯粹的、先天立法的、决不考虑任何经验目的（全部这类目的都可以概括为幸福这个普遍的名称）的理性。既然对于幸福以及每个人应该把它摆在哪里，人们有着根本不同的想法，所以他们的意志就不能归结为任何共同的原则，因之也就不能归结为任何外在的、与别人的自由协调一致的法则。①

在这段著名的段落中，康德表明，在公民体制即国家中，政治的主要原则是外在权利，即“人们在彼此外在关系上的自由”，这种外在自由除了包含“每个人自己的自由”，而且要“与每个别人的自由协调一致”，不允许为了自己的自由而侵犯别人的自由。个人的和道德的目的是幸福，但是国家的和政治的目的却不能以幸福为目标，也不能把实现幸福的方法作为政治领域的普遍规则，因为“幸福原则在国家权利方面会引起恶果的，正像它在道德方面所造成的一样，哪怕是它们的说教者怀着最良好的愿望。主权者想根据自己的概念使人民幸福，于是就成了专制主；人民不想放弃自己追求自身幸福这一普遍的人类要求，于是就成了反叛者”。② 因此，国家不从事道德教化和强制实施，也不能促进一种特殊的幸福观念，政治的实质不是美德，也不是幸福，而是“人们相互之间的外在关系中的自由”，康德认为，父权政治是“可能想象的最大的专制主

① ［德］康德：《历史理性批判文集》，何兆武译，商务印书馆1990年版，第181—182页。
② 同上书，第196页。

义”。①

基于自由对善的优先性，康德政治哲学思想为自由主义国家中立性做了最经典的辩护。对于有争议的良善生活观念国家应该保持中立性，国家应诉诸宪法原则来塑造我们的整个生活的最高价值。康德试图从道德自主推导出外在自由，然而道德自主是一种积极自由，我们的意志由道德理性决定，我们在道德上就是自由的；外在自由是一种消极自由，我们追求个人目标时不受其他人的约束，在这种意义上，我们从外在而言就是自由的。康德试图把积极自由的伦理学和消极自由的政治学相结合的尝试从一开始就充满了张力，这种张力清晰可辨。在《道德形而上学原理》中，康德发展了一种对良善生活的至善论解释，即我们每个人都有义务去追求的智识上和道德上的完美，每个人都有义务去促进他人的福祉和幸福。在《法的形而上学原理》和《理论与实践》中，康德提出了一种对良善生活的中立性解释，他认为对于良善生活的任何实质性观点，对于包含目的、意义和行动的特定结构的任何具体的生活方式，应当保持一种偶然的、经过反思是可以修正的忠诚。进而言之，如果我们以一种实验精神，从一种批判的不偏不倚的立场，来选择某种具体的生活方式时，这种生活方式才是有价值的。②

正是康德理论本身的张力，意味着他不可能把中立性的原则坚持到底。例如，康德问道，那种把某种曾经一度奠定的教会体制宣布为永世长存的法律，是不是可以看作出自立法者自身的意志？康德认为，如果确实有那种法律把曾一度采用的信仰命题和外表的宗教形式宣布为垂之永久，从而防止后代在宗教理解上继续进步，或纠正古来的某些错误，那么，这样的做法是不可以的。如果一项人民的原始契约把这些都订为法律，则其本身就是空洞无效的，因为

---

① ［德］康德：《历史理性批判文集》，何兆武译，商务印书馆 1990 年版，第 183 页。

② ［美］高尔斯顿：《自由主义与中立国家》，载应奇、刘训练编《自由主义中立性及其批评者》，第 132 页。

它违反了人类的天职和目的。[①] 在这里，我们可以清楚地看到，不能违反“人类的天职和目的”的主张突破了中立国家的界限，在《道德形而上学原理》中的个人理性的完善的目的论解释被带到了康德的国家理论中，康德不仅要塑造我们作为公民的角色，而且也要塑造我们整个良善生活观念。

二　罗尔斯：原初状态与中立性

罗尔斯是政治自由主义的重要代表，在国家与个人关系上，尽管罗尔斯认为中立性一词充满了含混，容易让人产生误解，甚至让人觉得这一原则是不可实践的。[②] 但是，他相信，“只有保证中立性，不偏倚任何特殊的善观念，才能保证正义原则为人们所一致同意”。[③]

由于现代民主社会所特有的病症是不可避免的道德和宗教分歧，即无论人们多么公正无私，他们依然会在宗教信仰、价值观念和生活计划上存在分歧和冲突，这种分歧是不可消除的，是理性多元主义的事实。在这一背景下，传统的契约论理论所遭遇的困难在于，契约表达的是人们对国家及权力政治正当性的思考，在历史和现实生活中，人们是被置于国家中的，并没有和国家之间签署某种实际存在的契约，在现实生活中很难设计出一种达成一致同意的正义原则。

于是，罗尔斯通过设置公平和中立的理想环境——原初状态，排除那些与道德和正义不相关的偶然因素，得出他的两条正义原则。为了实现这一点，罗尔斯在原初状态中设计了无知之幕，即签订契约的各方没有任何关于自己、他人和社会的特殊事实的知识，这些知识包括：与家庭条件和个人禀赋相关的社会地位、阶级出

① ［德］康德：《历史理性批判文集》，第199页。

② John Rawls, “The Priority of Right and Ideas of the Good”, *Philosophy & Public Affairs*, Vol. 17, No. 14 (Autumn 1988), p. 260.

③ Ibid., p. 263.

身、天生资质、自然能力、智力和力量水平；与价值相关的善观念、合理生活计划、价值信仰、心理特征；涉及代与代之间的社会的特殊环境。① 而且，“原初状态中的各方并没有就何为道德事实达成一致……不能说，各方由于处于不偏不倚的位置，就对一种预先的和独立的道德秩序持有一种清晰而准确的观点”。② 这些限定知识的设计排除影响人们进行正义选择的若干因素，让契约各方在进行正义原则的选择时最大限度地保持中立性和不偏不倚。

在原初状态下，没有人知道自己的道德理想和他自己的善观念，没有任何关于善的道德理想会被选择为一种正义原则，正义原则在不同的善观念之间是中立的，没有人会采取任何至善论的标准。在下面的段落中，罗尔斯是这样论证他对“至善论”原则的拒绝。

> 我们现在转向是否采用至善论标准的问题，首先我们可以考虑严格的至善论观念，因为这里的问题更明显。现在为了获得一种清晰感，这一标准必须提供某种方法，对不同种类的成就排序，计算它们的价值。当然，这种评估可能不很确切，但在引导我们对基本结构做出主要决定时，它应该足够精确。正是在这一点上，至善原则陷入了困境。因为虽然处在原初状态中的人对彼此的利益不感兴趣，但他们知道他们具有（或可能具有）某些道德和宗教利益，和别的他们不能置于危险之中的文化目标。而且，他们被假设持有不同的善观念，他们认为，为了推进各自的目标，他们有资格彼此提出自己的要求。各方并不共享一种据以来评价其权利结果或欲望满足的善观念。他们没有一个一致同意的至善标准，能被用来作为在不同制度之间进行选择的原则。承认这一标准最后会接受这一原则，即为

① John Rawls, *A Theory of Justice*, p. 118.

② John Rawls, “Kantian Constructivism in Moral Theory”, *Journal of Philosophy*, Vol. 77, 1980, p. 568.

> 了推进一个人的诸多精神目标，可能会导致较少的（如果不是全部丧失的）宗教或其他自由。即使卓越的标准合乎理性地清晰，各方仍无法得知其要求不会拜倒在追求最大完善这一较高社会目标面前。如此看来，处在原初状态中的人所能达到的唯一相互理解是，每个人应该具有与其他人同样自由相一致的最大限度的平等的自由。他们不能通过授予一种价值标准——确定什么是一种目的论正义原则要来最大限度地追求的目标——以权威地位而使自由陷入危险。①

在罗尔斯看来，原初状态的各方不仅不会选择任何特定的善观念作为正义原则，也不同意哪怕是通过一致同意的程序来决定何种至善论原则融入正义原则中去。不过，原初状态中的各方会就这一点达成共识，即一致同意建立一个宪法框架。因此，对国家而言，唯一恰当的做法就是支持在善观念保持中立性的宪法安排，防止任何一种善观念压制另一种善观念，保证每个人都有表达自己善观念的权利，支持他们发挥自主性，构想自己的善观念，并实施属于自己的生活计划。

承接康德的政治建构主义，罗尔斯特别强调自主性价值，他对自主性的重视暗示了一种政治中立性的立场。康德把人视为一种自由平等的理性存在物，常常是在自律地行动，他相信："康德认为如果一个人的行为原则是他自己选择的，而这些原则又是对他作为自由而平等的理性存在物这一本质最准确的可能性表达，那么他就是在自主地行动。他所遵循的原则之所以被选择，不是因为他的社会地位或自然禀赋，也不是因为他生活在其中的特殊社会或他恰好需要的特定事物。按照那样的原则行动也就是在他律地行动。现在，无知之幕使原初状态中的人不具有那种使他能够选择他律原则

---

① John Rawls, *A Theory of Justice*, pp. 287 - 288.

的知识。"①

内格尔认为罗尔斯的理论不是中立的，罗尔斯原初状态下的公平观的一个基本特征是，不允许正义原则的选择依赖于各方可能产生分歧的特殊的善观念。内格尔认为这种建构既无法做到这点，也不能被成功实施。因为，要想在各方之间达成一致，必须要"对选择基础施加严格限制，这样的限制只有依据一种善观念才能得到辩护"。② 内格尔指出："原初状态似乎预设的不仅仅是一种中立的善理论，而是一种自由主义的、个人主义的观念，按照这种观念，一个人最期望的是，在不干涉别人的权利下，不受阻挠地追求自己的道路。"但是，这一观点是有争议性的，因为"许多善观念并不适合于个人主义模式"，所以，基于个人主义的正义原则就不是一种"公平的选择情形"。③ 在对所有善观念的追求中，罗尔斯并没有中立地对待它们，基本善和其他善具有同等价值，这只是罗尔斯的个人主义偏见。

比如，罗尔斯询问："在一个秩序良好的社会，如果一些观念消逝而另一些观念持续，这是否意味着原初状态对这些观念存在蓄意的偏见呢？我并不能得出这样的结论。一些理论注定要消亡，而另一些则扮演者小角色，这本身并没有异议。而且，一个良序社会似乎确定了一个公平的背景，在这个背景下，所有的生活方式都有合理的机会来建立自己。如果一种善观念在平等自由和相互宽容的制度下不能持续存在并赢得支持者，那么，我们就必须要问，它到底是不是一种可行的善观念，我们会不会因它的消逝而感到遗憾。"④ 也就是说，只有"不值得"的生活方式才会在自由社会中消失，这种生活方式之所以消失，乃是因为其不可行，故而也不可

---

① John Rawls, *A Theory of Justice*, p. 222.

② Thomas Nagel, "Rawls on Justice", *Philosophical Review*, Vol. 82, No. 2 (Apr., 1973), p. 227.

③ Thomas Nagel, "Rawls on Justice", *Philosophical Review*, p. 228, pp. 220 – 234.

④ John Rawls, "Fairness to Goodness", *Philosophical Review*, Vol. 84, No. 4 (Oct., 1975), p. 549, pp. 536 – 554.

欲，对此，我们不必感到遗憾。然而，那些在自由社会中繁荣的生活方式和消亡的生活方式，并不能简单地划分为有价值的善观念和无价值的善观念。由此可见，罗尔斯的政治理论，并非真的对所有的生活方式和善观念都是友善的，也就是说它并未真正保持中立性。

拉兹也认为，罗尔斯珍视自主性，并不意味着宽容道德错误，或是保持在好或坏之间的中立性，虽然国家不能采取强制措施鼓励人们追求有价值的生活方式，或阻挠人们追求道德上不可接受的生活方式，但是如果个人的自主性伤害到了其他人，那么国家就可以侵犯某些人的自主性以便保护其他人的自主性，用强制措施阻挠从事道德上不可接受行为的人。那么，国家就会导向一种创造宪法框架确保个体有平等机会过上有价值的自主生活的社会和政治责任，这本身就已经偏离了中立性原则，因此政治自由主义最终要走向基于宽容而不是中立性的政治观念。①

高尔斯顿则指出，虽然罗尔斯承诺不使用实质性的善理论开始，但是最终违背了这一诺言。自由主义致力于道德理性，就这种努力对国家活动的范围和内容的影响而言，它远远不是最少的。比如，在罗尔斯的理论中，那些将对一般性社会安排作出决定的人被假定有能力按理性的指示来反思和行动。然而，在设计这些安排时，他们必须把下述确定性考虑进去：如果现实社会中的公民想要获得“按原则”行动的能力，那么就需要对公民进行广泛的道德教育。良序的自由主义社会的成员就一定会支持被设计来反复灌输正义感的、由国家支配的监护实践，因为原初状态中的各方在接受正当原则的同时，也就同意了对于使这些原则能有效地支配他们的行为来说是必要的那些安排，“自由主义越是认真对待自己对实践理性的追求，自由主义国家和致力于充分善

① ［美］拉兹：《自由主义、自主性与中立关心的政治》，载应奇、刘训练编《自由主义中立性及其批评者》，第173—174页。

理论的监护性‘至善论’国家之间的界限就越是变得模糊不清”。[①]

三 拉莫尔：最低限度的道德观念

自由主义发现现代性的基本经验，在关于良善生活的性质上，通情达理的（reasonable）人们自然而然会产生差异和分歧，通情达理——善意地思考和交际，并尽己所能地运用属于每个探究领域的一般理性能力——不再是全体一致的保证。在关于良善生活的最重要问题的讨论上，谈得越多，分歧就越多。

合理分歧作为现代经验，其产生常常是复杂的，为什么在最重要的问题上，理性不是使我们走在一起，而是走向彼此分离，拉莫尔认为，历史的偶然性扮演了重要的作用，一方面，现代社会复杂的劳动分工和丰富的文化传统创造了不同的生活经验，另一方面，宽容和公开讨论的实践也培植了这种异质性。[②] 那么，早期社会能够达到关于善的一致性，现代社会在达成善的一致性方面就真的如此困难吗？

一般而言，自由主义国家处理理性分歧的经验是，国家要保持中立性原则。但是，拉莫尔指出，使用中立性概念容易让人误解。这既表现在中立性可能不恰当地暗示自由主义不是一种道德观念，是“对道德保持中立的”；也可能表现在中立性被人误认为是由对我们认识人类至善的能力的怀疑主义所致。实际上，自由主义中立性只是承诺对有争议的良善生活保持中立，这并不意味着它不寻求可以作为合理一致对象的政治联合条件。中立性并非在道德上善恶不分，相反，它本身是一种道德观念。而且，奠基于中立性基础之上的自由主义政治原则所致力于的事业也不是由怀疑主义所激发，

① ［美］高尔斯顿：《自由主义与中立国家》，载应奇、刘训练编《自由主义中立性及其批评者》，第139页。

② ［美］查尔斯·拉莫尔：《现代性的教训》，刘擎、应奇译，东方出版社2010年版，第272页。

因为在确定政治原则时，我们相信我们自己的观点比别人的观点能够得到更多经验和理性的支持，我们能够解释为什么要选择这种而非那种良善生活理性，并分析是什么样的错误妨碍了他们同意我们的观点。

那么，随之而来的问题是，既然有适当的道德，为什么要采取中立性原则呢？如何能够确保在理性分歧的人们中间寻求达到合理一致的政治联合条件呢？拉莫尔提出了“最低限度的道德观念”，这是存在分歧的人们都能认同的规范，包含理性对话和平等尊重的要求，这些规范就是超越分歧，中立性的道德基础保证国家的稳定运行。

“因此，要避免国家权力的压迫性使用，自由主义的目标就是借助于一种最低限度的道德观念确定政治联合的共同利益。政治生活仍然被看作受道德原则指导的一项事业。但是，政治联合的条件是比通情达理的人们存在分歧的良善生活观念包容程度更低。更为准确地说，基本的政治原则必须表达公民们能够一起肯定的道德观念，不管他们在特定生活方式的价值上存在怎样无法避免的分歧。当然，把这种道德观念称作‘最低限度的’，这只不过是说它是作为共同的根据发挥作用的，而不是说那些接受这种观念的人能够不费吹灰之力和无一例外地按照这种观念生活。”①

这种中立性的要求主要适用于确定公民的基本权利和义务的宪法原则。宪法原则必须足够中立，从而可以容纳珍视归属和习俗的人；必须足够有力，可以证明政治中立性原则是正当的。拉莫尔指出，自由主义的道德基础必须是最低限度的，但它不可能是浅薄的；期待它尽可能作为共同基础的一种核心道德，但是不能期望它避开任何争议。②

---

① ［美］查尔斯·拉莫尔：《现代性的教训》，第135页。

② 同上书，第110页。

第二节 法律共和主义

法律共和主义宣称，共和主义政府依赖于公民们拥有公民美德。法律共和主义仅仅诉诸政治价值来对公民美德进行解释，并确认共和主义政府所需要的几种特定的公民美德。这些美德不是共和传统中的、以依附或腐化相对立的那些基本美德，而是公民在多元主义社会的公共论坛中作为平等者进行交谈所需要的那些品质。

一 公共德性与私人德性

布鲁斯·阿克曼（Bruce Ackerman）① 是当代美国历史学家著述中的“共和主义复兴”潮流中的一位重要人物。作为美国著名的宪法学家和政治学家，阿克曼最重要的理论贡献是提出了二元民主理论。1983 年，阿克曼在斯托尔斯讲座中第一次阐释了二元民主理论，随后在《我们人民：奠基》一书中进一步阐释。

阿克曼认为，美国几种宪法理论流派并不能很好地解释美国宪政史。基于英国议会实践的一元民主理论，授予在自由公平原则基础上选举产生的胜出者以全面立法权威，推定任何司法审查行为都是反民主的，这就无法解释美国最高法院作为秩序良好的民主政体维护者的宪政角色；以德国经验为基础的权利本位主义模式主张宪法首先关注的是权利保护，然后才允许人民将其意志加于其他问题上，这种将权利凌驾于民主之上的看法，使权利与民主经常处于相互冲突之中；“伯克主义”遵循普通法传统，沉浸在具体判决模式之中，接受总统权力的渐进式扩张，过度贬低宪法政治和民众政治

---

① 阿克曼著作等身，其代表作包括《自由国家的社会正义》（*Social Justice in the Liberal State*，1980）以及多卷本《我们人民》（*Foundations*，1991；*Transformations*，1998；*The Civil Rights Revolution*，2014）。近期几部有影响力的著作还包括《建国之父的失败》（*The Failure of the Founding Fathers*，2005）、《美利坚共和国的衰落》（*The Decline and Fall of the American Republic*，2010）、《下一次攻击之前》（*Before the Next Attack*，2006）、《自由革命的未来》（*The Future of Liberal Revolutio*，1992）。这些著作对政治哲学、宪法和公共政策具有广泛的影响。

运动，没有看到它们在历史上所起的重要作用。[①] 正是因为上述三种宪法理论流派都存在诸多弊端，阿克曼提出了在具体历史分析中把握宪政发展变迁。

阿克曼承认，在思考这一问题时颇多受益于当代共和主义复兴的潮流。在思想界，自由主义与共和主义的二分是当今思想界的一种流行观点。如哈茨那样的自由主义者主张孤独的个人居于世界之中，主张对财产、契约的自然权利，否认国家有权干预辛苦挣得的个人所有物；如波考克那样的共和主义者则主张不要在洛克式的对生命、自由、财产的追求中迷失自己，要和其他同胞一起加入自治政治的持续工程之中。不过，阿克曼没有在这两大阵营中简单地选择其中一种，而是综合了自由主义和共和主义的相容性成分，形成了一种自由的共和主义观。作为自由共和派，他认为人民不是脱离其社会环境的抽象个体，他不接受对财产以及契约的自然权利观念，指出个人自由不是建立在这种假定的前政治的自然状态之上，其基础是某种形式的政治生活，这种政治生活要求某种特殊的公民身份的展开，并以公民精神的培育作为整个事业的核心。[②] 在此基础上，阿克曼提出了他的二元民主理论。

二元民主模式是指美国宪政内设两种政治决策过程，即，以“人民”概念为核心建立了“宪法政治”和“常规政治”的二元民主理论。第一种是人民得以出场的宪法政治（constitutional politics），当处于危机之时，人民被动员起来，启动宪法改革的公共审议，在深思熟虑后给出高级法意义上的决断。第二种是日常政治（normal politics），人民回归到他们的私人生活，授权他们选出来的代理人去进行政治议题的民主审议。前者强调非常态政治时刻（如共和政体的创建）公共意志的动员、形成和表达，后者强调常态政治时期“私人公民”的“节约德性”。

---

① ［美］阿克曼：《我们人民：奠基》，汪庆华译，中国政法大学出版社 2012 年版，第 7—22 页。

② 同上书，第 31 页。

阿克曼以自由派公民身份或私人公民身份作为解释美国建国和宪政发展的核心。共和主义者回望古希腊的城邦政治和美国建国之父的德行，认为公共公民应是人存在的最优状态，期待美国能有一批心怀公共利益、热衷公共参与的公共公民；自由主义者将个人利益作为一切活动的出发点，将政治消解为实现个人利益的选择性手段，认为政治冷漠是公民理性选择的结果。阿克曼是个政治现实主义者，他认为美国人既不是彻底的公共公民，认为私人权利什么也不是；也不是完全的自私者，对华盛顿发生的事情睁一只眼闭一只眼，而是二者混合而成的"私人公民"。在日常政治中，私人公民远离公共事务，关注个人事务，享受私人生活，是一种消极公民；但在投票或需要集体政治行动的重大场合，他们变成了积极公民，走向政治舞台的中央，聚集成能够行动的人民实体。对美国公民身份二重性的评价，反映了阿克曼的中庸之道，他在两种思想间进行平衡与综合，将现实与抽象价值联结起来，将精英与民众结合起来，将积极公民与消极公民混合起来，从而推动了日常政治的运作和宪政的革命性变革。

早在1983年"Storrs讲座"中阿克曼就提到了这种二元民主理论：

> 从这个角度来说，关键是《联邦党人文集》阐述了一种二元政治生活观念。一种形式的政治行动——我把它称为宪政政治——普布利安称其特点是呼吁公共善，允许动员起来的美国公民群体通过特殊制度形式来表达他们的同意。虽然宪政政治是最高的政治意识，但是也只能在非常的政治意识时期才能主导国家的生活。在两次制宪时期之间存在一个漫长时期，这时第二种形式的行动——我把它称之为日常政治——占主导。各党派力图操纵政治生活的宪法形式，追求自己狭隘的利益。日常政治必须以个人自由的名义而被容忍；然而，在民主上，它

低于与宪法创建时刻相联系的间歇性和不定期的公共美德政治。[①]

阿克曼的“二元民主理论”叙述，设想了美国宪政的两种情况，即非常时期“间歇性和不定期的公共美德政治”与日常时期“派系操纵政治生活”。一方面是如果自由民主要蓬勃发展，那么公共性是必需的；另一方面，私人利益又如此深远地主导我们的生活。的确存在为了保护国家自由民主社会也会呼吁私人公民牺牲自己的时刻，而且在危机时刻这种要求也不会造成困扰，与此同时也存在这样的时刻，即日常生活中美国人完全不接受强制性民主。[②]因此，阿克曼设想一个在危机时刻出现的、非常规的个人公民美德，当肮脏的腐败和渎职威胁到公民自由时，他们会以愤怒的方式表达出来。但是，在大多数时候，人们更多地愿意将政治事务放在职业政治家手中。然而，“日常政治的不负责任性有时会以特殊的方式实施冒犯”，[③] 所以，对阿克曼而言，日常政治让位于宪政政治的时刻，美国公民群众动员起来呈现出更高级的立法权力，并通过集体努力来更新和重新定义公共利益的时刻，就是美国“公共德性政治”的历史性的重要时刻。

阿克曼声称，那些参与宪政政治的人必须承认“牺牲自己的私利以追求共同利益”，[④] 这种“牺牲”包括把精力花费在消除种族歧视、保护少数族裔民权、保护未成年子女等政治活动。公民参与政治生活中的时间越多，意味着承担日常生活义务的时间就越少，也就意味着私人利益的牺牲。阿克曼把这种公民个人承诺的时间划分称为“差别牺牲的战略”（the strategy of differential sacrifice）。但

① Bruce Ackerman, “The Storrs Lectures: Discovering the Constitution”, *The Yale Law Journal*, Vol. 93, No. 6 (May 1984), pp. 1022 - 1023.

② Ibid., p. 1030.

③ Ibid., p. 1040.

④ Ibid., p. 1020.

是，这种公共的公民美德却不是传统的共和主义者所要求的牺牲或私人利益从属于公共利益，只不过是公民在不同角色之间时间和精力的分配。事实上，阿克曼承认，走上更高级立法之路的人不会有“全然清除自身利益的心和心灵，完全关注‘公民权利和共同体的永久利益’的思想”，这样一种公共的愿望倾向和“原始纯洁的动机”在心理上是不可能的。[①]

阿克曼强调好公民的审慎责任，只有在特殊情况下才提出良性公民的参与，也避免要求对公共利益的无私拥抱，好的公民也不必抛弃自私，只要能把它摆在正确的位置。要培养当代意义上的好公民，即“私人公民”，关键在于创造个人将自己定义为公民的环境，同时对这一角色所承担的权利和责任有一些了解。我们的文化通常规定和鼓励我们的“作为私人公民的自我认同，有能力在涉及政治社会的问题上以独特的声音作出回应”。

二 对话与政治商议

法律共和主义者认为政治之要务就在于商议。在《代议制概念》一书中，皮特金指出在共和主义商议的前提是，政治主体进入政治过程是不能带着作为外生变量的预先选择的利益的；政治的功能不是仅仅去执行现存的私人偏好，政治的目的不是汇总私人偏好，更不是在相互竞争的社会力量之间取得均衡。因此，共和主义者反对把立法看作是自利的私人团体之间的“交易”或“契约”的体制，并尝试让政治参与者远离来自私人或私人团体压力的影响。[②] 据此可见，作为公民美德的商议应该经受来自其他视角的审视，经受来自补充信息的冲击，并根据集体讨论和辩论进行修正。因此，共和主义者试图设计出可以促进公民间讨论与辩论的政治制

---

① Bruce Ackerman, “The Storrs Lectures: Discovering the Constitution”, *The Yale Law Journal*, Vol. 93, No. 6 (May 1984), p. 1041.

② Hanna Fenichel Pitkin, *The Concept of Representation*, Berkeley: University of California Press, 1972.

度，如他们会支持那些旨在促进政治商议的司法审查制度。

在古典共和主义者看来，个人偏好是外生于政治的，或者是前政治的。但是，在现代政治实践中，个人偏好往往是政治实践（包括法律规则）的一个函数，是政治实践的内生的组成部分。不过，现代共和主义者认为，现存体制并未真正包含共和主义商议，现行商议和商议过程都受到了严重的扭曲，如策略性和操控性行为、集体行动难题、适应性偏好、不平等的政治影响力等经常会破坏商议过程。政治行为的驱动力不应该是狭义上的个人利益，公民德性应该在政治生活中发挥重要作用。这一主张要求，作为政治参与者的公民，其任务不是探寻什么是他们的私人利益，而是去探寻如何更好地服务于共同体。如何让自利的人服务于公共利益，就需要发挥公民德性的功能。所以共和主义者特别注重培养公民德性。在现代共和主义者看来，公民德性有助于促进服务于社会正义的商议。

共和商议这一概念对输入、过程和结果都有限制。从输入来看，私人利益和个人偏好是前政治的或外生于政治的，所以私人利益和个人偏好不能进入商议；但是共和主义并不反对个人权利，法律上所规定的个人权利是个体进入商议过程的前提，法律权利与共和主义体制相伴而生，因此，共和主义者并不反对免于国家控制的个人或团体自治，只不过私人自治领域的存在必须以公告理由来正当化。共和主义观念的独特之处在于，它把大多数的权利理解为真正商议过程的前提或结果。因此，商议原则要求表达自由、良心自由和选举权，它们是共和主义商议的基本前提。但是，如哈贝马斯在《现代性的哲学话语》中所言，[1] 商议既不是与私人利益密切相关的“交易”，也不是涉及个人偏好和欲求互惠的“契约”，更不是相互竞争的社会力量之间的“均衡”，而是讨论和辩论。与其说

---

① ［德］哈贝马斯：《现代性的哲学话语》，曹卫东等译，译林出版社 2011 年版，第 11 页。

共和主义的商议是描述性的，不如说是一种带有批判性的审查。从商议过程来看，现行商议和商议过程都受到了严重的扭曲，如策略性和操控性行为、集体行动难题、适应性偏好、不平等的政治影响力等经常会破坏商议过程。从商议结果来看：要消除自利和政治强力集团对商议结果的操纵和控制，就需要排除某些结果。因此，共和主义商议预设了通过商议在某些环境中产生唯一正确的结果，如保护言论自由、禁止歧视黑人和妇女等。当然，考虑到那些具有文化特殊性结果的例子，共和主义者的这种排除性和限制性做法却容易引发争议。①

森斯坦在宪法实践领域推进了阿克曼和米歇尔曼的共和主义宪法学版本，呼吁接受“共和主义的综合”，主张通过共和政府的制度设计促进作为公民德性的政治商议。他认为，尽管随着环境的改变，现代社会不可能机械地复兴共和主义的一些政治生活概念，但是，共和主义政治理论仍然对司法机构内外的政治参与者与观察者具有很强的吸引力，尤其是共和主义对商议民主的信仰持续影响着法律原则与关于政治过程的当代评估。森斯坦把政治中的商议、政治行动者的平等、基于实践理性的普遍主义、广泛保证参与权利的公民身份作为政治共和主义的四个核心原则。②“政治商议”作为自由共和主义的四个重要原则之一，建立在“公民美德”的基础之上，来对私人利益进行批判性审查。

在他看来，公民德性是使商议之所以可能的因素，在对公民德性进行解释的一个脚注中，森斯坦明确地表明了自己的立场：“有些珍视公民德性的人强调改善个人品行的重要性，正如古典的公式所表示的，其他人则把它当作实现社会正义的一个前提条件。根据第二种观点，公民德性是参与公共商议所必不可少的，而且它是运

---

① 参见［美］沃尔泽《正义诸领域——为多元主义与平等一辩》，褚松燕译，译林出版社2002年版。

② ［美］森斯坦：《超越共和主义复兴》，载应奇、刘训练编《公民共和主义》，东方出版社2006年版，第277页。

作良好的商议过程的工具。第二种观点是这里讨论的主要对象。”① 共和主义思想之所以强调商议，与以下两个信念有关：一是政治行为的推动力量不应当是狭义的自利，二是公民德性应当在政治生活中发挥作用。不过，公民德性应该在政治生活中发挥何种作用，森斯坦认为古典共和主义与现代共和主义是存在分歧的，“诉诸公民德性是为了改善个人品格，这是古典共和主义思想中一个特别重要的论题。但是现代的共和主义者诉诸公民德性主要是为了促进社会正义服务中的商议，而不是为了提高公民品格”。② 在商议过程中，现存的要求应该根据集体的讨论与辩论而修正，经受来自其他视角与补充信息的冲击。公民应摒弃私人利益，为他们所支持的政策进行以公共利益为旨归的正当性证明，并且努力去理解和包容与他们自己的看法不同的观点。

米歇尔曼强调法律共和国要致力于发展共同善观念，提倡一种包容性、修正性对话模式的“创生法的政治”，认为共同善的理性商议一直存在于共和国宪政之中。米歇尔曼试图表明，具有规范性效果的对话不只是发生在选举性政治和立法性政治的正式渠道，更多的是发生在他所谓的广义公共政治生活的各种舞台中，这些碰撞和冲突、互动和争论有的冠以政治名义，有的则没有政治名义，但是这都是对话的舞台。米歇尔曼认为，这些日常碰撞和日常事务中所进行的争议可以被传达到代议舞台，进入决策之中，影响人们的生活和政府行为。由此可见，公民身份不仅仅包含对国家事务的正式参与，而且也包括在一般的公共和社会生活中所体现出的“被尊重”和“自尊”。由于这种共和主义的对话观念并不与排他性的、直接的中央集权的多数至上权力的强制性运用联系在一起，修正了对公民对话的规范性理解，所以能够避免共和主义是压制性教义的骂名；又由于自由共和主义把公民安置在外在于政府的社会过程

---

① ［美］森斯坦：《超越共和主义复兴》，载应奇、刘训练编《公民共和主义》，东方出版社2006年版，第321页。

② 同上书，第285页。

中，法律并不否定公民的道德多元性，而是培养他们进行变革性自我修正的能力，所以能够避免共和主义国家堕落为自我否定的政治体，共和主义公民堕落为自我封闭的个体。据此，米歇尔曼宣称这种“不以国家为中心”的公民精神或者说公民德性具有显而易见的优点，“是适合于当代公民复兴精神中的一种典型气质”。①

无论是米歇尔曼、阿克曼还是森斯坦，他们都赋予“自治”以核心地位，并认为公民通过公共商议来治理自己。商议的参与者是自由而平等的，无论参与者的种族、身份、社会地位如何，他们都可以平等地参与其中；商议也是包容性的，无论公民们的观点如何冲突和有争议，他们的声音都应该被听到，他们所表达的观点都应该被尊重；商议还是公共性的，参与其中的公民对偏好某项政策的理由不应该是从私人利益出发，而是以公共善为旨归，应该促进公共利益，而不是某个个体、某一团体、某一派别的利益。当政治共和主义者把公民在商议中所表现出来的这些品质称为公民美德时，显而易见这是一种较弱意义上的公民美德。这种新共和主义的观点从自由主义的传统中借鉴良多，而较少与宣称人类卓越的共和主义传统有任何进一步的关联。他们所详细阐述的那些公民美德不是与依附、腐化等相对立的基本美德，而是在公共论坛中作为平等者进行商谈所需要的那些品质。政治共和主义者把这些品质作为公民美德，的确这些品质是有价值的，在运作良好的公共商议过程中能够有助于公共善的实现，只不过与人类卓越的传统共和主义美德没有关系。

谢莉指出：“早期共和主义时代的道德确信已经无可挽回地丧失了；我们不再拥有对上帝、自然法或者甚至某种人类终极目的的信仰，过去这种信仰为美德提供了不可怀疑性。”② 她是这样评价

---

① ［美］米歇尔曼：《法律共和国》，载应奇、刘训练编《公民共和主义》，第212—213页。

② Suzanna Sherry, “Responsible Republicanism: Educating for Citizenship”, *University of Chicago Law Review*, Vol. 62, No. 1 (Winter, 1995), pp. 143 - 144.

18世纪美国共和主义的：美国建国时期流行的共和主义“源于把政治参与当作最高的人类善的古典传统”。[①] 米瑞安·高尔斯顿也注意到了新共和主义者拒绝实质性的价值观，她发现像阿克曼、米歇尔曼、森斯坦等新共和主义者讨论检验、评估和审查人们的偏好的标准时，常常拥护一种更多是商议性的政治生活。关注这些问题的当代具有共和倾向的法律理论家，倾向于采取历史和经验的混合，特别强调共同体的共同经验。最终，他们都质疑把不正确的道德和政治判断和正确的道德和政治判断区分开来的绝对标准或超越标准的意义。[②] 但是，不可否认，作为当代德性政治重要代表的法律共和主义者，提出了在20世纪美国政治中成为一个好公民的可能前景，这对我们创造性地思考现代公民德性政治的出路提供了重要的思想启迪。

第三节　至善论共和主义

政治自由主义秉持中立性立场，这遭到了来自自由主义阵营内部的至善论自由主义的批判，这些批判者包括沃德隆、拉兹、高尔斯顿、马赛多、谢尔、加德鲍姆、克劳德等。[③] 至善论自由主义者认为，国家有义务促进良善生活。本章不讨论至善论自由主义者与政治自由主义者的论战和交锋，而只讨论至善论共和主义者的主张，并在与政治自由主义者的对照中，指出前者的优势及局限。不过，在进入至善论共和主义的论述前，有必要对一般意义上的至善论进行简单考察。

---

① Suzanna Sherry, “Without Virtue, There Would Be No Liberty”, *Minnesota Law Review* 78 (1993), p. 69.

② Miriam Galston, “Taking Aristotle Seriously: Republican - Oriented Legal Theory and the Moral Foundation of Deliberative Democracy”, *California Law Review*, Vol. 82, No. 2, (March 1994), p. 357.

③ 秦相平：《至善论与中立性的对立——近代至善论自由主义与政治自由主义争论的研究综述》，《理论与现代化》2013年第2期。

一 什么是至善论

在当代道德和政治哲学中，至善论具有许多不同的含义。至善论常常被用来指称对人类良善生活或对人类福祉的解释。一般而言，至善论有两种不同的版本。

一种是人性至善论（human nature perfectionism）。像亚里士多德、阿奎那、斯宾诺莎和马克思这样的伦理学家认为，各种各样的善是人类美好生活的组成部分，善和人性的发展是相联系的。如，理性是一种重要的善，它是人性的一种基本能力。在亚里士多德之后，一些当代作家试图沿着这一思路来发展关于良善生活的解释，把善与人性发展结合起来，至善论要求我们任何时候都追求人的最大发展。[①] 正是在这个意义上，至善论被视为一种非常苛刻的道德理论，除了最大限度地实现自己的完善，而且会用自己所达到的完善去看待他人、要求他人也达到和实现完善。另一种是善物至善论（objective goods perfectionism）。这种版本认为，至善论与人性无关。例如，罗尔斯把至善论描述成要求最大限度地“在艺术，科学和文化方面取得卓越的成就”；[②] 帕菲特把至善定义为“生活中最好的事情”的成就或实现。[③] 这种至善论的突出特点就是，各种各样的善是客观的存在，与人性的发展并没有关系。[④] 人性至善论的支持者对居于人性核心的属性或能力，以及对其所珍视之物的发展进行解释。[⑤] 相比之下，善物至善论则需要解释为什么要包含这种善而不是另外的善，是什么使得一种所谓的善成为一种客观的善，值得

---

① Thomas Hurka, *Perfectionism*, New York: Oxford University Press, 1993, pp. 55 - 60.

② John Rawls, *A Theory of Justice*, Cambridge, Mass.: The Belknap Press of Harvard University Press, 1999, pp. 285 - 286.

③ Derek Parfit, "Overpopulation and the Quality of Life", in P. Singer (ed.), *Applied Ethics*, New York: Oxford University Press, 1986, p. 162.

④ Richard Arneson, "Perfectionism and Politics", *Ethics*, Vol. 111, No. 1, 2000, pp. 37 - 63.

⑤ Thomas Hurka, *Perfectionism*, New York: Oxford University Press, 1993.

追求的善。[1]

人性至善论和善物至善论的区分有助于我们接近价值理论的一个重要问题，至善论是一元论吗？在价值领域，对人类而言，是只有某种特定的生活才是最好的生活，还是同时存在很多种好的生活形式？人性至善论把人类善定义为人性发展（用马克思的话，人的自由而全面的发展）。这看起来像一元论的理想，即把一种唯一的生活形式作为最好的形式应用于所有人。但事实上，这一理想留下了许多问题。如果我们假定对一个人而言最好的生活就是使人性发展最大化的生活，那么，对于不同的人来说，人性发展的最大化可能有着非常不同的面向。鉴于人的气质和才能，有些人注重艺术修养，有的人注重理论研究，有的人发展运动天分。由此可见，不同的人可能最好地发展人性的不同方面，至善论理想内涵着多元化和多样化的生活方式。此外，善物至善论是多元论吗？例如，友谊和理解可能都是至善论的善物，但是它们可能是不可比较的，我们无法以这些善物的不同程度的实现来对生活进行排序。更一般来说，至善论的善物可以是不同的比例组合，从而形成一系列有价值且值得追求的生活类型。但是，如果不同的善物相冲突或不相容的话，善物至善论该如何处理呢？“完美生活”意味着，最大化实现人的优点或卓越，或许没有一种生活方式可以称之为严格意义上的完美，但有很多种生活方式可能是非常好的，问题在于人们怎么选择。

如果从至善论与国家或政府的联系来看，我们可以把它称为国家至善论或政治至善论，这也是本书所要讨论的焦点。政治至善论认为，如果国家追求某种善，是因为国家乃根据所有通情达理的人都会同意的那些原则来追求这种善的。国家以它或那些代表国家的公民认为有价值的善或生活方式为基础来设计政治安排，因此，至

---

① George Sher, *Beyond Neutrality: Perfectionism and Politics*, Cambridge: Cambridge University Press, 1997.

善论国家无法对良善生活问题保持中立，对良善生活常常会有一种实质性理解。

罗尔斯指出，至善原则有两个变体：（1）目的论形式的至善论。这是一种严格的至善论，至善是目的论的唯一原则，为了在艺术、科学和文化上最大化地实现人类卓越，会指导社会来安排制度和规定个体的义务和责任。这可以在尼采的主张中看到。（2）直觉形式的至善论。这是一种较为温和的至善论，在直觉主义理论中，至善原则仅仅是其中的一种标准，这个原则要通过直觉来和其他原则相协调。亚里士多德就是这种形式至善论的代表。判断一种观点属于何种形式的至善论，是根据文化和卓越被赋予的重要性程度，赋予文化和卓越的重要性越大，就越靠近严格的至善论，反之，则越靠近温和至善论。①

严格（极端）至善论，坚持认为国家可以采用一种整全性学说作为国家政策的基础并按照那种整全性学说的要求促进良善生活。这种类型的至善论常常遭到自由主义的拒斥，因为国家不应当把它的判断建立在不可能得到理性辩护或高度反直觉的信念的基础上。温和至善论促进诸如艺术、家庭生活以及基本的人类德性这类有价值的善，不鼓励人们过一种在这些善上有严重缺陷的生活。对于那些大致可以说“更好”的生活方式（而不是完美的生活方式），国家不必进一步在它们之间厚此薄彼。这两种至善论具有非常不同的道德含义。②

就至善论国家用来促进良善生活的手段而言，可以分为强制的至善论和非强制的至善论。极端至善论是一种强制的至善论，国家可以使用法律强制要求人民采用一种有价值的生活方式或废除无价值的生活方式。温和至善论是一种非强制的至善论，国家的目标是创造一种更有利于促进善和有价值的生活方式的社会环境。国家是

---

① John Rawls, *A Theory of Justice*, pp. 285 – 286.

② 陈祖为：《正当性、全体一致与至善论》，载应奇、刘训练编《自由主义中立性及其批评者》，第 283—284 页。

通过诸如提供资助、免税和教育这些非强制的手段来做的。与强制的至善论相比，非强制的至善论对人们的生活的侵入要少得多，对他们的选择的限制也要少得多。

就至善论国家所追求的目的而言，可以分为纯粹的至善论和混合的至善论。极端至善论是一种纯粹的至善论，坚持认为良善生活（以及所有它的成分）是唯一内在的价值，所有的国家政策都必须致力于那种价值的实现。温和至善论则是一种混合的至善论，这种至善论承认国家有必要关注其他价值，例如政治共同体的和平与和谐，尤其是平等、分配正义和效率。国家不能也不应当为了追求至善论目标而牺牲一些诸如社会稳定、和谐等其他目标。在一定意义上，良善生活的追求只是国家的一个重要的、合法的任务，它要受到其他价值的节制。

就良善生活的促进者来看，可以分为以国家为中心的至善论和多中心的至善论。极端至善论是一种以国家为中心的至善论，坚持认为良善生活的追求总是应当从国家着手，国家是促进良善生活的主要负责人和直接行动者。只有当国家不起作用时，社会中的其他机构，例如志愿社团，才被当作行动者。温和至善论是一种多中心的至善论，它允许志愿社团在促进有价值的善和生活方式上发挥主要的和积极的作用。如果这些团体是有效的，国家可以要么根本不干涉，要么仅仅通过帮助这些团体来为促进善做贡献。只有在市民社会无法促进有价值的善和生活方式的那些领域，国家才应该发挥一种积极的作用。

二　反至善论的两种论证

政治自由主义反对至善论国家或政府，强调国家或政府必须在公民间谨慎地保持中立，评价和选择“好生活”的权利应该交由个人自己决定，国家和政府无须在不同的善观念之间做出评判、排序和抉择，以防止在多元社会出现某种善观念对另一些善观念的压制性后果，从而导致社会的不宽容和不稳定。在某种意义上讲，政治自由主义的中立性并非意味着不讲道德，不讨论善，不重视良善生活的重要意义，只不过为了导致对个人自由的非正义干涉，自由主义坚持正当优先于善的价值判断，而且像罗尔斯那样的政治自由主义者主张并非有必要建立一种完备性的正义理论。然而，政治自由主义的中立性却面临着一个问题。善观念并不是引起合理分歧的唯一公共议题，其他诸如社会正义、刑事正义、教育和国防问题都会同样引起分歧，为何国家唯独对具有争议的良善生活的追求，而不是对其他同样具有争议的议题的追求，才会导致不稳定和不合法呢？[①]

对这个问题，自由主义者内格尔提供了两种论证。首先，关于更高阶的全体一致的论证。他认为，自由主义唯独排除对良善生活的追求是具有政治正当性的。“例如国防，尽管存在巨大的分歧，也能找到一个共同的立场，因为每个人都意识到，某些统一的政策是绝对必要的，而且我们不得不冒着这样一种风险，即最终确定的实际政策可能我们并不满意……但是对于宗教信仰和其他一些关于生活是什么以及如何度过的基本选择来说，上述的绝对必要性说法就不正确了。在这里，现实必要性的论证并不能提供一种能够包容完全对立的价值之离心力的共同立场，因此按政治正当性的要求，个人就应该有与其他人相等的自由以便走自己的道路。”[②] 在这里，内格尔的意思是，出于现实必要性的理由，所有通情达理的人都认为应该在国防问题上达成更高阶的全体一致，形成统一的国防政策是必要的，因此存在“能够包容完全对立的价值之离心力”的更高阶的全体一致。然而，在良善生活的追求问题上，并不存在需要国家层面推进的达成一致的集体行动的必要性。

但是，内格尔的问题是，“更高阶的全体一致性”是一种严苛

---

① 陈祖为：《正当性、全体一致与至善论》，载应奇、刘训练编《自由主义中立性及其批评者》，第280页。

② Thomas Nagel, *Equality and Partiality*, New York: Oxford University Press, 1991, pp. 164 – 165.

得近乎不可能的必要性标准，按照这一标准，也会排除自由主义者一致认为的国家应该适当追求的问题，比如教育、公共卫生、环境、审美价值提升等，如果国家不去促进这些目标，社会的存续未必就会受到威胁。一些贫穷国家并没有为全民改善环境或为小孩提供免费教育，但是它们仍然能够存续下去。①

其次，关于消极责任的论证。内格尔指出，“对平等的追求要求我们放弃一种观念，即认为在控制人们生活前景的社会经济框架方面，国家所做的事情和它说允许的事情之间存在着一种道德上基本的区分……在涉及收入、财富、社会地位、健康、教育以及其他一些问题的时候，至关重要的是，如果不同的可行性政策和制度将导致社会成员的不同状况，那么社会成员就应该认为社会对所允许发生的事情负有责任。如果社会负有责任，那么它们是通过国家而负有责任的，因为国家是它们的代理机构。”② 这段话内格尔意图表明，国家不仅要对它已经做过的事情负有积极责任，也要对它能够做却没有做的事情负有一种消极责任。但是内格尔认为，国家对发生在关于人们良善生活上的问题却并不负有消极责任，“如果国家压制某种宗教或积极支持另一种宗教，那么它对那种宗教所处的困境是负有积极责任的。那些信仰不受国家支持的宗教的公民显然没有理由认可这样的宗教政策。然而，这些公民却不能以类似的理由拒绝接受一种只不过是没能防止其宗教社群衰落的制度”。③ 也就是说，如果一种特定的宗教社群衰落了，或者推而广之，一种特定的生活方式衰落了，只要这种衰落不是由于国家的干预所造成的，那么国家是不用对这种消亡负有消极责任的。④

---

① 陈祖为：《正当性、全体一致与至善论》，载应奇、刘训练编《自由主义中立性及其批评者》，第290页。

② Thomas Nagel, *Equality and Partiality*, pp. 99 - 100.

③ Ibid., p. 166.

④ 陈祖为：《正当性、全体一致与至善论》，载应奇、刘训练编《自由主义中立性及其批评者》，第299页。

三 为至善论一辩

从西方政治思想的发展来看，有诸多关于国家的论述，其中共和主义的国家观就是一种至善论观点。在自由主义的理论出现之前，人们希望在共同体中过一种良善生活，是一种非常自然的想法。从国家层面来说，国家通过各种手段来帮助人们实现或达成这一愿望，也是义不容辞的责任。亚里士多德指出，一方面，公民通过积极地参与社会团体和政治机构在城邦中追求德性和卓越；另一方面，城邦通过协助社会团体和政治机构发展来最好地促进公民的良善生活。这就是一种典型的至善论观点，即“至善论是指国家应当促进有价值的良善生活”。[①]

上面我们提到了反至善论的论证，共和主义该如何为自己辩护呢？这里共和主义主要关注以下几个问题：第一，金里卡在“社会至善论”和“国家至善论”之间做出区分，认为各种社会团体、文化团体与宗教团体可以通过各种努力积极促进人们过一种良善生活，但是国家却不应当这样做，国家不应当把法律或政策建立在任何良善生活观念之上。[②] 那么，共和主义要问为什么在政治共同体中对国家和社会做出区分？第二，既然允许个人和社会影响公民的善观念，那么为什么要把国家排除在追求良善生活的目标之外？为什么国家在道德上没有资格追求良善生活？

当代政治自由主义者之所以反至善论，一个重要的原因就在于良善生活观念的可争议性。如果国家的宪法或政策建立在任何独特的良善生活观念之上，那么必然会引起通情达理的人们的争议，这样国家的宪法和政策就不能从它的公民那里得到合理的一致同意，其主要法律和政策就不具有正当性（legitimacy）。但是，由于善观

---

① 陈祖为：《正当性、全体一致与至善论》，载应奇、刘训练编《自由主义中立性及其批评者》，第 278 页。

② Will Kymlicka, “Liberal Individualism and Liberal Neutrality”, *Ethics*, Vol. 99, No. 4, 1989, p. 895.

念的可争议性，就要坚持排除一切的中立性吗？拉兹指出："（至善论）认为，一种独特的道德目标是否应该通过法律手段来追求，这个问题应该根据每一个或每一类具体情况的特点进行判断，而不是如所谓'中立主义者'那样通过一种普遍的排他性规则进行判断。"①

桑德尔认为倡导权利至上论、国家中立性和"无负担的自我"的自由主义，错误地理解了个人理性的内涵以及个人与共同体之间的联系，过分贬抑共同体的实践价值，从而致使个人逐渐丧失了辨识善观念的判断能力、履行忠诚等义务的行动能力，其结果是，人们从事道德思辨的话语日趋肤浅、公共议论范围也变得愈来愈狭窄。他主张应摒弃自由主义所追求的国家中立性理想，在关于正义问题的讨论、政治共同体的制度框架设计等方面，国家不仅不可能排除对善观念和良善生活方式的讨论，而且还应当致力于促进某种良善生活方式，引导公民参与政治并就公共善进行商议和讨论，通过公民教育提升公民参与公共事务、讨论公共善、履行公共责任和义务的德性和能力。更为严重的是，自由主义的中立性原则有可能导致颠覆性的政治后果，由于它拒绝区分敌友，秉持"机会均等"的理念，从而使敌人有可能利用合法的渠道去攫取权力。

与政治正当性相关的另一个问题是强制，至善论共和主义把公民美德当作真正的品质卓越来珍视和促进。② 在至善论共和主义者看来，有效的、可维持的自治条件很明显包括道德条件，以实现公共善为目标的共和主义政府离不开有德行的公民的支持。他们用一系列带有浓厚伦理色彩的词语来描绘有德行的公民和腐化的公民，如勇敢、坚毅、审慎、节制、正直、诚实、依附、奴性、腐化等。

---

① Joseph Raz, "Facing Up: A Reply", *Southern California Law Review*, No. 62, 1989, p. 1231.

② ［美］保罗·韦索曼：《政治共和主义与至善论共和主义》，载应奇、刘训练编《共和的黄昏》，第429页。

在这里，公民美德作为一种彰显公民卓越的政治善，是人类善的一部分，因此，至善论的公民美德是一种强意义上的美德。那么，提倡公民德性的国家就一定会导致强制吗？

对于至善论共和主义而言，政治参与是一种重要的、核心的善，在厚的至善论版本中，政治参与是人的一种本质性的价值，一种促进人类繁荣的不可或缺的要素；在弱的至善论版本中，政治参与是一种工具性的价值，即达到让公民得以选择他们自己的良善生活观念这一目的的一种手段。无论是哪种版本，国家都力图培养这种公民德性，即作为政治参与的“自治”。

> 自亚里士多德的城邦时代以来，共和主义传统一直把自治视为扎根于某一特定地域的活动，由忠诚于这一地域及其所体现的生活方式的公民来履行。可是如今，自治要求一种展现在多重环境中的政治，从邻里到民族到作为整体的世界。这样的政治要求公民能够以多重处境中的自我来思考和行动。我们时代特有的公民德行是，有能力在加诸我们身上的时而重叠时而冲突的义务之中找到出路，有能力与多重忠诚引发的紧张一起生活。这种能力不容易维持，因为与人们之间的多元性一起生活，比与人内部的多元性一起生活要容易一些。①

共和主义传统提醒我们，每种德行都有相应的、独特的腐化或败坏形式。现代公民德行就在于把复杂的自我认同结合在一起，这种多重归属的公民很容易出现两种形式的腐化：第一种是原教旨主义倾向，无法忍受分散主权的多重归属的自我要求一种消除模糊性、巩固边界和加强外部人和内部人的区分；第二种是极端个人主义倾向，公民漂向“不定形的、变化无常的、没有故事的自我”，导致无法理解其生存境况，无法与他

① ［美］桑德尔：《民主的不满》，第408页。

人共享生活，陷入一种“碎片式的、没有故事的处境”，最终导致人的主体性的丧失。

至善论并不必然是强制的，这是因为，直接强制人们遵守一些行动规则或选择某一种生活方式通常都是没有效果的，甚至会适得其反；而且，这种强制将会破坏人的自主这一有价值的善。虽然，在温和至善论中，个人自主性不是唯一的善，也不是所有善中最有价值的一种善，相反，它允许有程度差异。因此，如果温和的法律限制被证明对于保护其他重要的美善来说是必需的，且不会严重减少个人自主性的价值，那么就未必要拒绝温和的法律限制。① 因为，政治正当性的核心问题，是政治秩序的稳定性和社会凝聚力的问题。卢梭指出，即使最强者也不能总是强大得足以永远做主人，除非他把权力转化为权利以及把服从转化为义务。这一转化的过程不是别的，就是政治权力正当化的过程。但是，这种强制并不是原教旨主义意义上的强制。

以社会上存在的没有多大价值的工作为例。自由主义中立论者认为，如果通情达理的人们对某一具体的善的判断没有争议，那么，对于那些即使不赞成的公共政策，也应该接受。比如，对于那些像机器人一样工作的、令人麻木的、没有人性内容的工作，自由主义者会坚持对善观念的中立性立场，认为国家应该让这些工作存在吧，因为这样可以扩大个体能自由选择工作的范围。然而，至善论者却认为，国家不能回避对善的考虑，如果这类工作没有价值，或只有较低的价值，那么国家为什么还要让它继续存在呢？国家应该想办法减少这类工作，支持有价值的工作类型。② 因为“有意义的工作对人类幸福和安康来说是如此基本”，所以“政府应该与有意义的工作的分配相联”。他进一步指出，“在工作谋划中重建观念和行动的一致性，是与我们在有效率的生产中的经济利益相容的，

---

① George Sher, *Beyond Neutrality: Perfectionism and Politics*, pp. 56 – 60.

② James B. Murphy, *The Moral Economy of Labor: Aristotelian Themes in Economic Theory*, New Haven: Yale University Press, 1993, pp. 25 – 34.

并且是我们在生命的兴盛进程中的道德利益所要求的”。[①]

总之，至善论共和主义的观点是，如果国家在促进公民过一种良善生活方面是可取的，那么我们不能把国家排除在外，一个有作为的国家比一个无作为的国家更可取、更可欲，选择一个能够促进人们过上良善生活的国家是明智的。面对诸神竞争、僵持不下的多元主义格局，有两条选择道路：要么选择道德实在论，重返一元论；要么投靠价值虚无主义和相对主义，如巴里所言，“所有善观念在本质上都是不确定的，而且这种怀疑论主张是建立自由主义中立性的唯一途径”。[②] 坚持一元论意味着不合时宜地坚守前现代的“外在正当化”道路，而投靠价值虚无主义则极有可能走向对间接制裁的恐惧和服从。上述两种选择都不是我们所满意的道路，因此，至善论准确地说是温和至善论，是我们超越道德实在论和价值虚无主义所走出的第三条道路。[③]

---

① James B. Murphy, *The Moral Economy of Labor*: *Aristotelian Themes in Economic Theory*, p. 228.

② Brian Barry, *Justice as Impartiality*, Oxford: Clarendon Press, 1995, pp. 168 – 173.

③ George Sher, *Beyond Neutrality*: *Perfectionism and Politics*, Cambridge University Press, 1997, pp. 31 – 34.

结　语

重申德性政治

德性，作为一个共和主义词汇似乎天然具有某种深层次的重要性。德性意味着献身于公共善，对公共善的无私奉献，也意味着履行统治与被统治的公民之间平等关系的实践，或是这种实践之前提条件，最后，既然公民身份首先是一种行为模式以及践行积极生活的模式，那么它也就意味着相互平等的、献身于公共善的公民在共和国中所践行的、用来对抗命运的积极的统治品质。①

自古典时期以来，德性政治就是共和主义政治的主题。德性政治围绕"德性"展开，强调一切政治要有道德内涵，公民尤其是政治领袖必须要有德性，才能固本安邦，若是离心离德，则国破家亡。在城邦政治中，强调混合政体和公民德性的相辅相成，混合政体从权力配置角度让公民集团中不同阶层各安其位，不同的权力地位要求不同的公民德性，共和国都以"爱国"德性来整合全体公民。达格指出，"如果说混合政体是共和国特有的形式，那么，公民德性则是共和国维持生存所必需的血液"。②

古代德性政治常常面临两个根本的问题，即内忧外患。纵观历史，内乱几乎伴随着古代政治生活的始终，而防止外敌入侵和实现对外扩张也是古代政治生活的主题。在内部政治中，对财富的贪婪

---

① ［英］波考克:《德行、权利与风俗》，载应奇、刘训练编《公民共和主义》，第43页。

② Dagger，"Communitarianism and Republicanism"，in Gerald F. Guas，Chandraran Kukathas eds.，*Handbook of Political Theory*，Sage，2004，p. 170.

和对权力的过度追求常常使德性政治面临终结。尽管外敌入侵有时可能会延缓内乱，对外扩张所带来的利益瓜分会造就城邦兴盛和霸权，然而奴隶制是公民德性彰显的重要保证，对外战争是激发公民德性的重要催化物，然而这使得古典共和主义在近代早期的复兴面临根本困境，由于基督教的影响，奴隶制和战争绝难获得道义上的正当性。尤其是资本主义的兴起，使得贸易取代战争成为国家获取利益的主要手段，古典德性政治便毫无悬念地衰落了。

在近代早期的政治话语中，共和与德性只能承担有限的角色，其最初复兴乃首先是作为一种文化传统，在文艺复兴的推动下，借助古典文献这一载体进入人们的视野，通过布鲁尼、帕特里齐、斯卡拉等人文主义者所展开的德性政治思考，而受到敬仰和追慕；[①]其次是作为一种反君主制的思想，在某些时期的意大利北部城邦、英格兰革命被用来充当反君主的意识形态；最后，古典共和主义所包含的混合政体以及法治因素，在新的历史条件下整合为宪政主义。就前两种角色而言，它们都是有一定时效的，即只能在某个时期发挥作用，不可能长久有效；而后一种角色，则涉及它与自由主义的关系问题。这种情况下，古典共和主义的公民德性因素尤其尴尬：现代社会和资本主义的个人主义因素使得公共利益、共善等概念水火不容，古典德行观念包含的强烈的军事因素使之在贸易和商业社会中显得格格不入。

19—20世纪美国自由主义的兴起的确意味着共和主义的死亡。阿克曼说："共和主义的幽灵已经飘离美国人生活的中心，现在是自由主义霸权的时代。"[②] 在历史上，共和主义德性政治常常是在对政治危机的回应中产生的。如西塞罗的共和主义著作是在面对野心勃勃的恺撒这样的共和国敌人之背景下写出的，马基雅维利的共和主义著作是在面对美第奇家族和宗教权力掌握者罗马教皇的政治控

① 郭琳：《论意大利文艺复兴时期人文主义者的自由观——以德性政治为视角》，《世界历史》2016年第3期。

② ［美］阿克曼：《我们人民：奠基》，第29页。

制的阴影下写出的，弥尔顿的共和主义著作是在面对斯图亚特王朝的专制主义的危机时写出的。同样，当代共和主义的复兴也是在回应自由主义的危机时产生的。这是一种范式转变，它表明了知识界对于自由主义及其现有替代品的普遍不满。新共和主义强调共同体而不是个人，提出了一个针对 20 世纪晚期自由主义的个人主义过度猖獗的替代方案。在当代的历史、哲学和法学类期刊中，我们经常能够看到公民德性的新观点和新概念，德性政治俨然成为一个强大的解释范例的概念。在美国的法学界、历史学界、政治理论和政治哲学界，已经呈现出“共和主义的复兴”这一态势。

最初的新共和主义者是那些对人类美德的起源和范围表示异议的哲学家。许多早期的美德理论家常常被冠以“社群主义者”的标签，把美德和社群作为自由主义康德式理论的替代。正如桑德尔所言：“现代自由主义的社群主义批评者质疑权利优先于善的主张。”① 康德主义者似乎认为德性是一种道德责任，但亚里士多德主义者则把德性视为人类繁荣的组成部分。不过，像麦金泰尔那样的亚里士多德主义者拒绝任何普遍道德原则的可能性，把德性视为特殊的、地方性的；② 而像威廉姆斯和纳斯鲍姆那样的亚里士多德主义者则采取一种普遍主义的姿态，认为对亚里士多德传统的真正解释并不意味着拒绝理性和普遍性。人类理性可以定义为某些普遍的人类需求和人类德性。③ 在法学界，米歇尔曼把“公民主权”作为其共和主义理论的中心、阿克曼以“人民”概念为核心建立起“二元政治理论”、森斯坦以政治商议来促进公民德性，反对把自由至上主义当作宪法和法律解释的标准。在历史学界，波考克、贝林、伍德等反对把洛克式个人主义作为美国建国的意识形态基础。

---

① Michael J. Sandel, ed., *Liberalism and Its Critics*, New York: New York University, 1984, p. 5.

② ［美］麦金泰尔：《追寻美德》，宋继杰译，译林出版社 2003 年版。

③ ［英］威廉斯：《道德运气》，徐向东译，上海译文出版社 2007 年版；［美］纳斯鲍姆：《善的脆弱性》，徐向东、陆萌译，译林出版社 2007 年版。

当代共和主义者经常把好公民的形象定义为好的商谈者，他热切地、完全地参与谈话，与流行的欲望和实践保持批判性距离，这就是当代共和主义所理解的良好政治生活，但这种情况并非传统共和主义者所赞赏的好公民形象。这些思想家试图构造出一种适应于当代美国社会的共和主义政治和法律理论，这种理论既意欲保留自由主义相对于古典共和主义的优越之处，又企图避免各种自由主义理论的缺陷。由于这种理论要抛弃与自由主义洞见相矛盾的古典共和主义要素，构想一种适用于现代社会的伦理生活方式，建构共和主义政府运行的制度形式，自觉地承诺要建构一种重构的共和主义。① 但是，波考克却批评新共和主义，指出“德性是无法令人满意地还原成权利或被同化到法学的词汇中去”。②

按照波考克的洞见，德性政治的出路既不能走权利之路，也不能走法学之路。那么，德性政治的出路在何方？在《道德情操论》中，斯密这样写道：“行善犹如美化建筑物的装饰品，而不是支撑建筑物的地基，因此作出劝诫已经足够，没有必要强加于人。相反，正义犹如支撑整个大厦的主要支柱。如果这根柱子松动的话，那么人类社会这个雄伟而巨大的建筑必然会在顷刻之间土崩瓦解，在这个世界上，如果我可以这样说的话，建造和维护这一大厦似乎受到造物主特别而宝贵的关注。”③ 两个多世纪以来，政治哲学界似乎在沿着斯密指引的方向前进，并在罗尔斯出版《正义论》而达到顶峰，他再次警示我们，“犹如真理是思想体系的第一美德，正义是社会制度的第一美德”。④ 25 年后，罗尔斯的弟子奥尼尔在《迈向正义与美德》一书中指出：“单单某些社会美德不能有效地保护弱者免受伤害因此并不能取代社会正义这一事实，并不能表明社会

① ［美］韦索曼：《政治共和主义与至善论共和主义》，载应奇、刘训练编《共和的黄昏》，第 432 页。

② ［英］波考克：《德性、权利与风俗——政治思想史家的一种模式》，载应奇、刘训练编《公民共和主义》，第 43 页。

③ ［英］斯密：《道德情操论》，蒋自强等译，商务印书馆 2015 年版，第 108—109 页。

④ ［美］罗尔斯：《正义论》，第 3 页。

美德是不必要的，它只能表明这种社会美德不能作为权利的问题被要求。”① 奥尼尔提醒我们，一个美善社会，仅仅有正义是不够的，它还需要美德。

应该说，正义制度和德性政治相辅相成，既不能夸大也不应忽视德性政治的重要性。德性政治的核心和关键在于，过一种有德性的公民生活。古典公民哲学理论，为我们提供了一种德性政治的典范。只有作为公民，作为政治动物，与同伴一起参与公民生活，才能实现人的天性，获得德性，发现世界的合理性，在无可预测的未来为自己寻找生命的意义。在共和主义政治舞台上，公民生活方式在同伴关系中展开，通过“交谈”“说服”“辩论”等形式，把各自的特殊美德结合起来，抑制服从于自身特殊性的腐化倾向，齐心协力追求普遍利益和公共利益，它能最终调和普遍与特殊之间的矛盾。或许，在今天自由主义盛行的时代，重申德性政治这一古老传统是一件明智的事情。

---

① ［英］奥诺拉·奥尼尔：《迈向正义与美德：实践推理的建构性解释》，应奇等译，东方出版社 2009 年版，第 190 页。

参考文献

译著译文

1. [法] 阿尔都塞：《哲学与政治：阿尔都塞读本》（下），陈越编译，吉林人民出版社 2010 年版。
2. [意] 阿奎那：《阿奎那政治著作选》，马清槐译，商务印书馆 2009 年版。
3. [美] 阿克曼：《我们人民：奠基》，汪庆华译，中国政法大学出版社 2012 年版。
4. [美] 阿伦特：《黑暗时代的人们》，王凌云译，江苏教育出版社 2006 年版。
5. [美] 阿伦特：《论革命》，陈周旺译，译林出版社 2007 年版。
6. [古罗马] 阿庇安：《罗马史》（上），谢德风译，商务印书馆 1978 年版。
7. [古罗马] 奥古斯丁：《上帝之城》（上），王晓朝译，人民出版社 2006 年版。
8. [古罗马] 奥古斯丁：《上帝之城》（上），吴飞译，上海三联书店 2007 年版。
9. [英] 奥尼尔：《迈向正义与美德：实践推理的建构性解释》，应奇等译，东方出版社 2009 年版。
10. [美] 巴伯：《强势民主》，彭斌、吴润洲译，吉林人民出版社 2010 年版。

11. ［意］巴龙：《马基雅维利：共和主义的公民与〈君主论〉的作者》，《政治思想史》2013 年第 2 期。
12. ［美］比尔德：《共和对话录》，杨日旭译，东方出版社 2008 年版。
13. ［古希腊］波里比阿：《罗马帝国的崛起》，翁嘉声译，社会科学文献出版社 2013 年版。
14. ［古希腊］柏拉图：《理想国》，郭斌和、张竹明译，商务印书馆 2002 年版。
15. ［古希腊］柏拉图：《理想国》，王扬译，华夏出版社 2012 年版。
16. ［英］柏林：《自由论》，胡传胜译，译林出版社 2003 年版。
17. ［英］波考克：《马基雅维里时刻》，冯克利、傅乾译，译林出版社 2013 年版。
18. ［瑞士］布克哈特：《意大利文艺复兴时期的文化》，何新译，商务印书馆 2002 年版。
19. ［美］布鲁姆：《人应该如何生活——柏拉图〈王制〉释义》，刘晨光译，华夏出版社 2009 年版。
20. ［法］布舒奇：《〈法义〉导论》，谭立铸译，华夏出版社 2006 年版。
21. ［意］但丁：《论世界帝国》，朱虹译，商务印书馆 2007 年版。
22. ［法］德里达：《〈友爱的政治学〉及其他》（上），胡继华译，吉林大学出版社 2010 年版。
23. ［美］费拉里编：《柏拉图〈理想国〉剑桥指南》，陈高华等译，北京大学出版社 2013 年版。
24. ［英］芬利：《古代世界的政治》，晏绍祥、黄洋译，商务印书馆 2013 年版。
25. ［美］弗里德曼：《资本主义与自由》，张瑞玉译，商务印书馆 2009 年版。
26. ［英］傅伊德、［英］金：《西方教育史》，任世祥、吴元训译，人民教育出版社 1985 年版。

27. ［英］葛怀恩：《古罗马的教育：从西塞罗到昆体良》，黄汉林译，华夏出版社 2015 年版。
28. ［法］贡斯当：《古代人的自由与现代人的自由》，阎克文、刘满贵译，上海人民出版社 2005 年版。
29. ［美］古特曼：《民主教育》，杨伟清译，译林出版社 2010 年版。
30. ［德］哈贝马斯：《在事实与规范之间》，童世骏译，生活·读书·新知三联书店 2003 年版。
31. ［德］哈贝马斯：《现代性的哲学话语》，曹卫东等译，译林出版社 2011 年版。
32. ［美］韩金斯：《马基雅维利与人文主义的德性政治》，《政治思想史》2013 年第 3 期。
33. ［美］汉密尔顿、杰伊、麦迪逊：《联邦党人文集》，程逢如等译，商务印书馆 2010 年版。
34. ［德］黑格尔：《法哲学原理》，范扬、张企泰译，商务印书馆 2009 年版。
35. ［美］霍兰：《卢比孔河：罗马共和国的胜利与悲剧》，杨军译，上海远东出版社 2006 年版。
36. ［英］吉登斯：《现代性的后果》，田禾译，译林出版社 2011 年版。
37. ［英］吉登斯：《全球时代的民族国家》，郭忠华编，江苏人民出版社 2010 年版。
38. ［美］吉莱斯皮：《现代性的神学起源》，张卜天译，湖南科技出版社 2012 年版。
39. ［加拿大］金里卡：《多元文化公民权》，杨立峰译，上海译文出版社 2009 年版。
40. ［德］卡西尔：《国家的神话》，范进等译，华夏出版社 1999 年版。
41. ［德］康德：《判断力批判》，邓晓芒译，人民出版社 2002 年版。
42. ［德］康德：《道德形而上学原理》，苗力田译，上海人民出版社 2005 年版。

43. ［德］康德：《实践理性批判》，韩水法译，商务印书馆 2003 年版。
44. ［德］康德：《历史理性批判文集》，何兆武译，商务印书馆 1990 年版。
45. ［美］克劳特：《布莱克维尔〈尼各马可伦理学〉指南》，刘玮、陈玮译，北京大学出版社 2014 年版。
46. ［俄］科瓦略夫：《古代罗马史》，王以铸译，上海书店出版社 2007 年版。
47. ［古罗马］昆体良：《昆体良教育论著选》，任钟印选译，人民教育出版社 1989 年版。
48. ［美］拉莫尔：《现代性的教训》，刘擎、应奇译，东方出版社 2010 年版。
49. ［古罗马］李维：《自建城以来》（第一至十卷选段），王焕生译，中国政法大学出版社 2009 年版。
50. ［法］卢梭：《论政治经济学》，王运成译，商务印书馆 1962 年版。
51. ［法］卢梭：《政治制度论》，刘小枫编，崇明等译，华夏出版社 2013 年版。
52. ［法］卢梭：《爱弥儿》，李平沤译，商务印书馆 1979 年版。
53. ［法］卢梭：《山中来信》，李平沤译，商务印书馆 2012 年版。
54. ［美］罗尔斯：《正义论》，何怀宏等译，中国社会科学出版社 2009 年版。
55. ［美］罗森：《西塞罗传》，王乃新等译，商务印书馆 2015 年版。
56. ［英］洛克：《政府论》，叶启芳、瞿菊农译，商务印书馆 2005 年版。
57. ［法］罗米伊：《希腊民主的问题》，高煜译，译林出版社 2015 年版。
58. ［美］马丁利：《马基雅维利的〈君主论〉：政治科学还是政治讽刺剧?》，《政治思想史》2015 年第 1 期。

59. ［意］马基雅维利：《论李维》，冯克利译，上海人民出版社 2005 年版。
60. ［意］马基雅维利：《君主论 · 李维史论》，潘汉典、薛军译，吉林出版集团有限责任公司 2010 年版。
61. ［德］马克思、恩格斯：《德意志意识形态》，《马克思恩格斯全集》（第 3 卷），人民出版社 1960 年版。
62. ［美］曼斯菲尔德：《驯化君主》，冯克利译，译林出版社 2005 年版。
63. ［德］蒙森：《罗马史》（第一卷），李稼年译，商务印书馆 1994 年版。
64. ［法］蒙田：《蒙田随笔》，陕西人民出版社 2005 年版。
65. ［法］孟德斯鸠：《罗马盛衰原因论》，婉玲译，商务印书馆 2009 年版。
66. ［法］孟德斯鸠：《论法的精神》，张雁深译，商务印书馆 2005 年版。
67. ［英］密尔：《论自由》，许宝骙译，商务印书馆 2005 年版。
68. ［英］密尔：《代议制政府》，段小平译，中国社会科学出版社 2007 年版。
69. ［德］明克勒：《帝国统治世界的逻辑》，阎振江、孟翰译，中央编译出版社 2008 年版。
70. ［英］墨菲：《政治的回归》，王恒、藏佩洪译，江苏人民出版社 2008 年版。
71. ［美］纳斯鲍姆：《善的脆弱性》，徐向东、陆萌译，译林出版社 2007 年版。
72. ［英］诺齐克：《无政府、国家与乌托邦》，何怀宏等译，中国社会科学出版社 1991 年版。
73. ［古罗马］撒路斯提乌斯：《喀提林阴谋 · 朱古达战争》，王以铸、崔妙因译，商务印书馆 1996 年版。
74. ［澳］佩迪特：《共和主义》，刘训练译，江苏人民出版社 2005

年版。
75. ［美］普赖斯：《马基雅维利的 Virtú 诸义》，《政治思想史》2011 年第 4 期。
76. ［古希腊］普鲁塔克：《希腊罗马名人传》（上），陆永庭等译，商务印书馆 2010 年版。
77. ［美］萨拜因：《政治学说史》（下卷），邓正来译，上海人民出版社 2008 年版。
78. ［美］桑德尔：《自由主义与正义的局限》，万俊人等译，译林出版社 2001 年版。
79. ［美］桑德尔：《民主的不满》，曾纪茂译，江苏人民出版社 2008 年版。
80. ［古希腊］色诺芬：《居鲁士的教育》，沈默译，华夏出版社 2007 年版。
81. ［古希腊］色诺芬：《回忆苏格拉底》，吴永泉译，商务印书馆 1984 年版。
82. ［美］利奥·施特劳斯：《苏格拉底问题与现代性》，彭磊、丁耘等译，华夏出版社 2008 年版。
83. ［古罗马］塞涅卡：《塞涅卡道德和政治论文集》，袁瑜琤译，北京大学出版社 2010 年版。
84. ［英］斯金纳：《近代政治思想的基础》（上卷），奚瑞森、亚方译，商务印书馆 2002 年版。
85. ［英］斯金纳：《自由主义之前的自由》，李宏图译，上海三联书店 2003 年版。
86. ［英］斯密：《道德情操论》，蒋自强等译，商务印书馆 2015 年版。
87. ［法］托克维尔：《论美国民主》，董果良译，商务印书馆 2004 年版。
88. ［美］沃格林：《秩序与历史》（卷三），刘曙辉译，译林出版社 2014 年版。

89. ［古罗马］西塞罗：《论共和国 · 论法律》，王焕生译，中国政法大学出版社 1997 年版。
90. ［古罗马］西塞罗：《论义务》，王焕生译，中国政法大学出版社 1999 年版。
91. ［古罗马］西塞罗：《论至善和至恶》，石敏敏译，中国社会科学出版社 2005 年版。
92. ［古罗马］西塞罗：《西塞罗全集 · 修辞学卷》，王晓朝译，人民出版社 2007 年版。
93. ［古罗马］西塞罗：《西塞罗全集 · 演说词卷》，王晓朝译，人民出版社 2008 年版。
94. ［古罗马］西塞罗：《论灵魂》，王焕生译，西安出版社 2009 年版。
95. ［古罗马］西塞罗：《西塞罗文集（政治学卷）》，王焕生译，中央编译出版社 2009 年版。
96. ［英］希特：《公民身份——世界史、政治学与教育学中的公民理想》，郭台辉、余慧元译，吉林出版集团 2010 年版。
97. ［英］希特：《何谓公民身份》，郭忠华译，吉林出版集团 2007 年版。
98. ［英］休谟：《论政治与经济》，张正萍译，浙江大学出版社 2011 年版。
99. ［英］休谟：《人性论》，关文运译，商务印书馆 2013 年版。
100. ［古希腊］亚里士多德：《尼各马可伦理学》，廖申白译，商务印书馆 2003 年版。
101. ［古希腊］亚里士多德：《政治学》，吴寿彭译，商务印书馆 1997 年版。
102. ［古希腊］亚里士多德：《亚里士多德全集》（第 1 卷），秦典华译，中国人民大学出版社 1990 年版。
103. ［英］伊辛、特纳主编：《公民权研究手册》，王小章译，浙江人民出版社 2007 年版。

104. ［美］约翰逊：《帝国的警钟：美国共和制的衰亡》，周洁译，生活·读书·新知三联书店 2009 年版。

105. ［古罗马］维吉尔：《埃涅阿斯纪》，杨周翰译，人民文学出版社 1984 年版。

106. ［英］威廉斯：《道德运气》，徐向东译，上海译文出版社 2007 年版。

107. ［意］维罗里：《从善的政治到国家理由》，郑红译，吉林人民出版社 2011 年版。

108. ［澳大利亚］文森特：《现代政治意识形态》，袁久红等译，江苏人民出版社 2005 年版。

109. ［美］沃尔泽：《正义诸领域——为多元主义与平等一辩》，褚松燕译，译林出版社 2002 年版。

110. ［美］扎科特：《自然权利与新共和主义》，王崟兴译，吉林出版集团有限责任公司 2008 年版。

111. 《古希腊演说辞全集·伊索克拉底》，李永斌译，吉林出版集团 2015 年版。

中文著作

1. 程志敏、方旭编：《哲人与立法》——柏拉图〈法义〉探义》，华东师范大学出版社 2013 年版。

2. 冯定雄：《罗马道路与罗马社会》，中国社会科学出版社 2012 年版。

3. 郭忠华、刘训练编：《公民身份与社会阶级》，江苏人民出版社 2008 年版。

4. 胡传胜：《公民的技艺——西塞罗修辞学思想的政治解读》，上海三联书店 2012 年版。

5. 金泽、李华伟主编：《宗教社会学》第 2 辑，社会科学文献出版社 2014 年版。

6. 李立国：《古代希腊教育》，教育科学出版社 2010 年版。

7. 李雅书、杨共乐：《古代罗马史》，北京师范大学出版社 1994 年版。
8. 李义天：《美德伦理学与道德多样性》，中央编译出版社 2012 年版。
9. 林志猛编：《立法者的神学——柏拉图〈法义〉卷十绎读》，华夏出版社 2013 年版。
10. 刘军宁等编：《直接民主与间接民主》，生活 · 读书 · 新知三联书店 1998 年版。
11. 刘小枫编译：《柏拉图四书》，生活 · 读书 · 新知三联书店 2015 年版。
12. 刘小枫编：《城邦与自然——亚里士多德与现代性》，华夏出版社 2010 年版。
13. 刘小枫、陈少明主编：《诗学解诂》，华夏出版社 2006 年版。
14. 刘小枫、陈少明编：《西塞罗的苏格拉底》，华夏出版社 2011 年版。
15. 刘小枫、陈少明主编：《马基雅维利的喜剧》，华夏出版社 2006 年版。
16. 刘小枫编：《谁来教育老师》，华夏出版社 2015 年版。
17. 刘宇：《实践智慧的概念史研究》，重庆出版社 2013 年版。
18. 刘玮：《马基雅维利与现代性——施特劳斯、政治现实主义与基督教》，华东师范大学出版社 2012 年版。
19. 娄林主编：《柏拉图与古典乐教》，华夏出版社 2015 年版。
20. 娄林主编：《诗艺与政治》（《经典与解释》第 37 辑），华夏出版社 2013 年版。
21. 娄林主编：《〈理想国〉的内与外》（《经典与解释》第 38 辑），华夏出版社 2013 年版。
22. 苗力田编：《亚里士多德选集 · 伦理学卷》，中国人民大学出版社 1999 年版。
23. 任军锋主编：《共和主义：古典与现代》，上海人民出版社 2006

年版。

24. 王焕生:《古罗马文学史》,中央编译出版社 2008 年版。
25. 王柯平:《〈法礼篇〉的道德诗学》,北京大学出版社 2015 年版。
26. 汪子嵩等:《希腊哲学史》(修订版)(第 2 卷),人民出版社 2014 年版。
27. 萧高彦:《西方共和主义思想史论》,联经出版公司 2013 年版。
28. 许纪霖主编:《公共性与公民观》,江苏人民出版社 2006 年版。
29. 应奇、刘训练编:《公民共和主义》,东方出版社 2006 年版。
30. 应奇、刘训练编:《自由主义中立性及其批评者》,江苏人民出版社 2007 年版。
31. 应奇、刘训练编:《共和的黄昏》,吉林出版集团有限责任公司 2007 年版。
32. 余友辉:《修辞学、哲学与古典政治——古典政治话语的修辞学研究》,中国社会科学出版社 2010 年版。
33. 张斌贤、褚洪启:《西方教育思想史》,四川教育出版社 1994 年版。
34. 祝宏俊:《古代斯巴达政制研究》,中央编译出版社 2013 年版。
35. 祝宏俊:《古希腊节制思想》,社会科学文献出版社 2009 年版。

中文论文

1. 曹钦:《论佩迪特共和主义思想的社会主义背景》,《天津师范大学学报》(社会科学版)2012 年第 1 期。
2. 陈华文:《审慎与马基雅维利的现代感》,《社会科学战线》2013 年第 2 期。
3. 陈涛:《国家与政体——霍布斯论政体》,《政治思想史》2015 年第 3 期。
4. 陈肖生:《自主性与罗尔斯对正义与善的契合论证》,《道德与文明》2011 年第 4 期。

5. 董明山：《康德自主性概念及其超越》，《中南大学学报》（社会科学版）2007 年第 6 期。
6. 郭琳：《论意大利文艺复兴时期人文主义者的自由观——以德性政治为视角》，《世界历史》2016 年第 3 期。
7. 郭忠华：《启蒙·排斥·侵略——论公民身份导向的民族主义》，《马克思主义与现实》2010 年第 2 期。
8. 韩潮：《博丹对混合政体学说的批评》，《政治思想史》2014 年第 4 期。
9. 李永毅、李永刚：《死亡盛宴——古罗马竞技庆典与帝国秩序》，《南京大学学报》（哲学、人文科学、社会科学版）2009 年第 5 期。
10. 廖申白：《友爱在希腊生活中的意义》，《河北学刊》2000 年第 2 期。
11. 刘小枫：《〈爱弥儿〉如何“论教育”》，《北京大学教育评论》2013 年第 1 期。
12. 刘训练：《马基雅维利的国家理性论》，《学海》2013 年第 3 期。
13. 刘训练：《马基雅维利的政体学说新探》，《第三届全国文艺复兴思想论坛会议论文集》，中国人民大学 2015 年 10 月。
14. 吕厚量：《雅典古典时期的埃菲比亚文化》，《世界历史》2014 年第 4 期。
15. 彭刚：《维罗里的共和主义的爱国主义》，《西北工业大学学报》2008 年第 9 期。
16. 秦相平：《至善论与中立性的对立——近代至善论自由主义与政治自由主义争论的研究综述》，《理论与现代化》2013 年第 2 期。
17. 申巍：《自主性与正义：康德自主性政治哲学及其历史影响》，《道德与文明》2012 年第 6 期。
18. 孙锦泉：《论布鲁尼的人文主义史学》，《四川大学学报》（哲学社会科学版）2007 年第 5 期。
19. 王忠孝：《论罗马共和国后期和帝国早期的贵族葬礼及其功能》，复旦大学，硕士学位论文，2010 年。
20. 吴晓群：《公民宗教与城邦政权——雅典城邦的宗教管理》，《历史研究》2008 年第 3 期。
21. 熊莹：《“除名毁忆”与罗马元首制初期的政治文化》，《历史研究》2009 年第 3 期。
22. 祝宏俊：《军事教育与斯巴达的阿高盖制度》，《世界历史》2013 年第 4 期。

英文著作和论文

1. Ackerman，Bruce.（1989），“Why Dialogue?” *The Journal of Philosophy*，Vol. 86，No. 1.

——（1991），*We the People*：*Foundation*，Cambridge，MA：Harvard University Press.

——（1984），“The Sorrs Lectures：Discovering the Constitution”，*The Yale Law Journal*，Vol. 93，No. 6.

2. Arendt，Hannah.（1958），*The Human Condition*，Chicago：the University of Chicago press.

——（1990），“Philosophy and Politics”，*Social Research*，57.

——（1968），*Between Past and Future*，New York：Viking Press.

3. Arneson，Richard.（2000），“Perfectionism and Politics”，*Ethics*，Vol. 111，No. 1.

4. Bailyn，Bernard.（1967），*The Ideological Origins of the American Revolution*，Cambridge，Mass.：Harvard University Press.

5. Banfield，Edward C. ed.（1992），*Civility and Citizenship in Liberal Democratic Society*，New York：Paragon House.

6. Barber，Benjamin.（1984），*Strong Democracy*：*Participatory Politics for a New Age*，Berkeley：University of California Press.

7. Barry, Brian. (1995), *Justice as Impartiality*, Oxford: Clarendon Press.

8. Beiner, Ronald. (1992), "The Moral Vocabulary of Liberalism", in John W. Chapman, William A. Galston eds., *Virtue*, New York University Press.

9. Bernstein, Richard. (1983), *Beyond Objectivism and Relativism*, Philadelphia: University of Pennsylvania Press.

10. Bock, Gisela, Quentin Skinner, Maurizio Viroli eds. (1990), *Machiavelli and Republicanism*, Cambridge University Press.

11. Bohman, James. (2001), "Cosmopolitan Republicanism: Citizenship, Freedom and Global Authority", *The Monist*, Vol. 84, No. 1.

12. Brunkhorst, H. (2005), *Solidarity: From Civic Friendship to a Global Legal Community*, trans by Flynn, J., The MIT Press.

13. Burtt, Shelley. (1990), "The Good Citizen's Psyche: On the Psychology of Civic Virtue", *Polity*, Vol. 23, No. 1.

14. Calhoun, Cheshire. (2000), "The Virtue of Civility", *Philosophy and Public Affairs*, Vol. 29, No. 3.

15. Carr, David. (1991), *Educating the Virtues*, Routledge.

16. Chung, Ryoa. (2004), "The Cosmopolitan Scope of Republican Citizenship", in D. Weinstock and C. Nadeau eds., *Republicanism: History, Theory and Practice*. London: Frank Cass.

17. Davenant, Charles. (1971), *The Political and Commercial Works of Charles Davenant*, 5 vols, London.

18. Dworkin, Ronald. (1978), "Liberalism", in Stuart Hampshire ed., *Public and Private Morallity*, Cambridge University Press.

19. Earl, Donald. (1967), *The Moral and Political Tradition of Rome*, Ithaca: Cornell University Press.

20. Flower, Harriet. (1996), *Ancestor Masks and Aristocratic Power in Roman Culture*, Clarendon Press.

21. Galston, Miriam. (1994), "Taking Aristotle Seriously: Republican-Oriented Legal Theory and the Moral Foundation of Deliberative Democracy", *California Law Review*, Vol. 82, No. 2.

22. Giddens, Anthony. (1987), *Social Theory and Modern Sociology*, Cambridge: Polity Press.

23. Glendon, Mary Ann. (1993), *Rights Talk*, New York: Free Press.

24. Guas, Gerald F. & Kukathas, Chandraran. eds., (2004), *Handbook of Political Theory*, Sage.

25. Gutmann, Amy. (1989), "The Central Role of Rawls's Theory", *Dissent*.

26. Hanasz, Waldemar. (2010), "The Common Good in Machiavelli", *History of Political Thought*, Vol. 31.

27. Hankins, James. (2010), "Exclusivist Republicanism and the Non-Monarchical Republic", *Political Theory*, Vol. 38.

28. Hurka, Thomas. (1993), *Perfectionism*, New York: Oxford University Press, 1993.

29. Hutter, H. (1978), *Politics as Friendship: The Origins of Classical Notions of Politics in the Theory and Practice of Friendship*, Wateloo ON: Wilfred Laurier University Press.

30. Kapur and Badhwar eds., (1993), *Friendship: A Philosophical Reader*, Ithaca: Cornell University Press.

31. Kekes, John. (1984), "Civility and Society", *History of Philosophy Quarterly*, Vol. 1, No. 4.

32. Kloppenberg, James T. (Jun. 1987), "The Virtues of Liberalism: Christianity, Republicanism and Ethics in Early American Political Discourse", *The Journal of American History*, Vol. 74, No. 1.

33. Kymlicka, Will. (1989), "Liberal Individualism and Liberal Neutrality", *Ethics*, Vol. 99, No. 4.

34. Laks, André and Malcolm Schofield eds., (1995), *Justice and Gen-*

erosity, Cambridge University Press.

35. Linklater, Andrew. (2007), "Cosmopolitan Citizenship", in *Critical Theory and World Politics: Citizenship, Sovereignty and Humanity*. New York: Routledge.

36. Locke, John. (1980), *Second Treatise of Government*, Cambridge: Hackett Publishing Company.

37. Macedo, Stephan. (1990), *Liberal Virtues*, Oxford: Clarendon Press.

38. Mansfield, Harvey C. (1996), *Machiavelli's Virtue*, University of Chicago Press.

39. MacIntyre, Alasdair. (1981), *After Virtue: A Study in Moral Theory*, London: Duckworth.

—— (1985), "Rights, Practices, and Marxism", *Analyse & Kritik*, Vol. 7.

40. Mansfield, Harvey. ed., (1996), *Machiavelli's Virtue*. Chicago: University of Chicago Press.

41. Michelman, Frank. (1988), "Law's Republic", *The Yale Law Journal*, Vol. 97, No. 8.

42. Mill, John Stuart. (2008), *On Liberty and Other Essays*, Oxford: Oxford University Press.

43. Murphy, James B. (1993), *The Moral Economy of Labor: Aristotelian Themes in Economic Theory*, New Haven: Yale University Press.

44. Nagel, Thomas. (1991), *Equality and Partiality*, New York: Oxford University Press.

—— (1973), "Rawls on Justice", *Philosophical Review*, Vol. 82, No. 2.

45. Nederman, Cary. (2000), "Rhetoric, reason and Republic: Republicanism-Ancient, Medieval and Modern", in James Hankins

ed., *Renaissance Civic Humanism*: *Reappraisals and Reflections.* Cambridge: Cambridge University Press.

46. Nicgorski, Walter. (1991),. "Cicero's Focus: From the best Regime to the Model Statesman", *Political Theory*, Vol. 19, No. 2.

47. Pangle, Lorraine. (2003), *Aristotle and the Philosophy of Friendship*, Cambridge: Cambridge University Press.

48. Pangle, Thomas. (1988), *The Spirit of Modern Republicanism*: *the Moral Vision of the American Founders and the Philosophy of Locke.* Chicago: University of Chicago Press.

—— (1987), "Civic Virtue: The Founders' Conception and the Traditional Conception", in Gary C. Bryner & Noel B. Reynolds eds., *Constitutionalism And Rights*, Brigham Young University Press.

49. Parfit, Derek. (1986), "Overpopulation and the Quality of Life", in P. Singer (ed.), *Applied Ethics*, New York: Oxford University Press.

50. Pettit, Philip. (1997), *Republicanism*: *a Theory of Freedom and Government*, Oxford: Clarendon Press.

51. Pitkin, Hanna Fenichel. (1972), *The Concept of Representation*, Berkeley: University of California Press.

52. John Pocock, (1975), *The Machiavellian Moment*, Princeton and Oxford: Princeton University Press.

53. Rawls, John. (1999), *A Theory of Justice*, Cambridge, Mass.: The Belknap Press of Harvard University Press.

—— (1988), "The Priority of Right and Ideas of the Good", *Philosophy & Public Affairs*, Vol. 17, No. 14.

—— (1980), "Kantian Constructivism in Moral Theory", *Journal of Philosophy*, Vol. 77.

—— (1975), "Fairness to Goodness", *Philosophical Review*, Vol. 84,

No. 4.

54. Raz, Joseph. (1989), "Facing Up: A Reply", *Southern California Law Review*, Vol. 62.

55. Salvatore, Nick. (1982), *Eugene Debs: Citizen and Socialist*, Urbana, Illinois.

56. Sandel, Michael. (1984), "Morality and the Liberal Idea", *The New Republic*, May 7, 1984.

—— (1984), *Liberalism and Its Critics*, New York: New York University.

—— (1996), *Democracy's discontent*, Cambridge, Mass.: Belknap Press of Harvard University Press.

57. Schwarzenbach, S. A. (1996), "On Civic Friendship", *Ethics*, Vol. 107, No. 1.

58. Sher, George. (1997), *Beyond Neutrality: Perfectionism and Politics*, Cambridge: Cambridge University Press.

59. Sherry, Suzanna. (1995), "Responsible Republicanism: Educating for Citizenship", *University of Chicago Law Review*, Vol. 62, No. 1.

—— (1993), "Without Virtue, There Would Be No Liberty", *Minnesota Law Review*, Vol. 78.

60. Shklar, Judith N. (1984), *Ordinary Vices*, Cambridge, Mass.: Harvard University Press.

61. Shils, Edward. (1992). "Civility and Civil Society", in Edward C. Banfield ed. *Civility and Citizenship in Liberal Democratic Society*, New York: Paragon House.

62. Sunstein, Cass. (1993), *The Partial Constitution*, Cambridge, MA: Harvard University Press.

63. Skinner, Quentin. (1998), *Liberty before Liberalism*. Cambridge: Cambridge University Press.

—— (1978), *The Foundations of Modern Political Thought*, Vol. 1: *The Renaissance*, Cambridge: Cambridge University Press.

64. Strauss, Leo. (1978), *Thoughts on Machiavelli.* Chicago: University of Chicago Press.

65. Tinder, Glenn. (1975), *Tolerance: Toward a New Civility*, Amherst: University of Massachusetts Press.

66. Viroli, Maurizio. (1995), *For Love of Country: An Essay on Patriotism and Nationalism.* Oxford: Clarendon Press.

—— (2002), *Republicanism*, New York: Hill and Wang.

67. Walzer, Michael. (1974), "Civility and Civic Virtue in Contemporary America", *Social Research*, Vol. 41, No. 4.

—— (1983), *Spheres of Justice: A Defense of Pluralism and Equality*, New York: Basic Books.

—— (1990), "The Communitarian Critique of Liberalism", *Political Theory*, Vol. XVIII, No. 1.

—— (1994), *Thick and Thin: Moral Argument at Home and Abroad*, Notre Dame: University of Notre Dame Press.

68. White, Melanie. (2006), "An Ambivalent Civility", *The Canadian Journal of Sociology*, Vol. 31, No. 4.

69. Williams, Raymond. (1977), *Marxism and Literature*, Oxford.

70. Zuckert, Michael. (1998), *Natural rights and the New Republicanism*, Princeton University Press.